Wolfgang Eichler / Karl-Dieter Bünting
Deutsche Grammatik

athenäums studienbücher
Linguistik

Wolfgang Eichler / Karl-Dieter Bünting

Deutsche Grammatik

Form, Leistung und Gebrauch der Gegenwartssprache

4. Auflage

athenäum

... all grammars leak.

Noam Chomsky

CIP-Titelaufnahme der Deutschen Bibliothek

Eichler, Wolfgang: Deutsche Grammatik: Form, Leistung und Gebrauch
der Gegenwartssprache / Wolfgang Eichler; Karl-Dieter Bünting. – 4. Aufl. –
Frankfurt am Main: Athenäum, 1989
   (Athenäums Studienbücher: Linguistik)
   ISBN 3-610-02193-4
NE: Bünting, Karl-Dieter:

4. Auflage 1989
Athenäum Verlag GmbH, Frankfurt am Main
© 1978 Athenäum Verlag GmbH, Königstein / Ts.
Gesamtherstellung: Friedrich Pustet, Regensburg
Printed in West Germany
ISBN 3-610-02193-4

Inhaltsverzeichnis

Vorwort

Warum schreibt man 1976 eine Deutsche Grammatik?
Die Entwicklung in der Sprachwissenschaft und Linguistik hat in den letzten Jahrzehnten neue Methoden bei der Behandlung der klassischen Bereiche (Syntax, Morphologie, Phonologie und Semantik) und damit mehr Präzision gebracht und durch neue Fragestellungen die Sprache in wichtige Zusammenhänge gestellt: Sprechen als kommunikatives Handeln, Sprache als Zeichensystem neben anderen (Semiotik).

Es reizte uns, zu versuchen, die neuen Entwicklungen in eine Gesamtdarstellung der deutschen Sprache zu integrieren, zumal wir überzeugt sind, daß die Darstellung durch die Orientierung an neuen Methoden und durch die Integration neuer Fragestellungen an Klarheit gewonnen hat. Auf Verständlichkeit, Kompaktheit und Übersichtlichkeit wurde Wert gelegt, und das setzte der Rezeption der linguistischen Theorien Grenzen: es geht uns in erster Linie um Plausibilität und Nähe zum Erfahrungsobjekt Sprache.

Die drei im Untertitel genannten Aspekte einer Sprachbeschreibung standen prinzipiell gleichberechtigt nebeneinander. Bei der Form liegt der Schwerpunkt auf der Satzlehre und Wortartenlehre. Bei der Leistung kommen funktionale und semantische Gesichtspunkte sowie die Einbettung in einen kommunikativen und einem semiotischen Rahmen zum Tragen. Beim Gebrauch dominieren – neben der systematischen Anbindung an die pragmatische Dimension sprachlichen Handelns – Einzelhinweise.

Der Gegenstand Sprache wird aus dem Zusammenhang des kommunikativen Handelns ausgegliedert und systematisch – im Hinblick auf das Sprachsystem – beschrieben. Anschließend wird der Versuch gemacht, den Zeichencharakter und die Bedeutung der Sprachzeichen einerseits sowie das Handeln mit Sprache andererseits in einer Prinzipienlehre zu systematisieren. In einem Anhang werden die Lautlehre im Hinblick auf die Rechtschreibung und die Zeichensetzung behandelt.

Eine Grammatik kann man nicht schreiben, ohne auf viele, viele Vorarbeiten zurückzugreifen. Wir haben bewußt nicht zitiert, weil wir kein Handbuch der Sprachwissenschaft schreiben wollten, sondern eine Gebrauchsgrammatik. Der Fachmann wird unschwer Zusammenhänge zu Theorien herstellen können. – Von den deutschen

Grammatiken haben wir mit besonderem Nutzen die Grammatiken von Johannes Erben, Gerhard Helbig/Joachim Buscha, Walter Jung sowie Dora Schulz/Heinz Griesbach herangezogen.

Wenn das Äußere des Buches gelungen sein sollte, haben wir das nicht nur der sorgfältigen Herstellung durch den Verlag zu danken, sondern auch Frau Rosemarie Wilke, die das Manuskript ins Reine geschrieben und eingerichtet hat. Henning Bergenholtz sei für die Hilfe beim Erstellen des Registers gedankt – unseren Familien für ihre Geduld und Nachsicht.

Maasholm/Kettwig/Ludwigsburg   Wolfgang Eichler
Sommer 1976   Karl-Dieter Bünting

Bemerkung zur 2. Auflage

Für die 2. Auflage, die zugleich die Taschenbuchausgabe ist, wurden Druckfehler verbessert. Außerdem wurden eine Reihe kleiner Sachkorrekturen angebracht, die uns von Benutzern der Grammatik nahegelegt wurden.

W. E. und K.-D. B.

Hinweise für den Benutzer

Mit dieser Grammatik kann der Benutzer
erstens sich einen Überblick über die deutsche Gegenwartssprache
verschaffen,
zweitens sich einzelne Fragestellungen und Bereiche des Sprachsystems, des Sprechens und Schreibens erarbeiten
und drittens Einzelprobleme nachschlagen.
Im ganzen wird argumentierend und die Fragestellungen entwikkelnd vorgegangen, das ermöglicht eine fortlaufende Lektüre.
Die Kapiteleinteilung grenzt Bereiche der Sprache und Aspekte ihrer Beschreibung ab. Die Paragraphierung ermöglicht den gezielten Zugriff auf einzelne Phänomene und Gegenstände, das Schlagwortregister den Zugriff auf einzelne Regeln und Einzelheiten. Das Netz der Querverweise gestattet eine ausgreifende Orientierung von einer Fragestellung aus.

1. Sprache und Kommunikation

Wenn man einander etwas mitteilen will – miteinander kommuniziert – benutzt man meistens Sprache. Anders ausgedrückt: wenn man sich sprachlich äußert, dann hört gewöhnlich jemand zu, und beim Schreiben geht man davon aus, daß jemand lesen wird, was man geschrieben hat. Man spricht zu jemandem, mit jemandem. Man schreibt an jemanden, für jemanden. Im folgenden Abschnitt wird Grundlegendes zum Verhältnis von Sprache und Kommunikation, von Sprechen, Hören, Schreiben, Lesen und Miteinander-Kommunizieren behandelt.

1.1 Grundfaktoren der Kommunikation

In den Beispielen geht es um Instruktionen zum Herstellen eines Tongefäßes (aus: Ursula Weber, Kognitive und kommunikative Aspekte der Sprachentwicklung, Düsseldorf 1975)

Beispiel 1

A: *„Äh – dann wurde dieser Ball in die linke Hand genommen, mit dem rechten Daumen haben wir dann erstmal n Loch reingebohrt und zwar ungefähr / – na, ja – jedenfalls ziemlich tief rein nur nich ganz durch. Unten mußte noch ne schöne dicke Schicht frei bleiben. Äh – dann haben wir nen Daumen immer noch rausgeholt reingesteckt und wieder dringelassen, und – äh – den / den Ball mit der linken Hand gedreht, und so daß das Loch immer größer wurde – ja? verstehste?"*

B: *„Ja."*

A: *„Äh, ja und dann, nachdem das Loch groß genug war, haben wir dann äh /Pause/ weitergedreht mit links und mitm / rechten Daumen / – ja – der war – ja – drin in dem Loch und die restlichen Finger haben den Ton dann immer zusammengedrückt und wir haben das so gedreht. – Ja? – verstehste?"*

B: *„Von außen gegengedrückt?"*

A: *„Ja – von innen und von außen . . ."*

. . .

Beispiel 2

„Drücke mit dem Daumen ein Loch hinein, so tief, daß noch ein Boden erhalten bleibt. Wenn der Widerstand des Materials zu groß ist, empfiehlt es sich, den Daumen beim Eindrücken zu drehen.

Versuche danach, die Öffnung auseinanderzuziehen, indem du den Daumen darin läßt und zwischen ihm und den übrigen Fingern der einen Hand das Material drückst und ziehst . . ."

§ 1   MÜNDLICHE UND SCHRIFTLICHE KOMMUNIKATION

In den beiden Texten geht es um die gleiche Sache: jemand erklärt jemand anderem, wie man ein Tongefäß formt.

Im ersten Fall geschieht das *mündlich,* einem Anwesenden gegenüber, im zweiten Fall *schriftlich:* der Leser ist beim Schreiben nicht anwesend.

Man schreibt etwas, wenn man jemandem, der nicht anwesend ist, etwas mitteilen will oder muß: das gilt für Briefe ebenso wie für Zeitungsartikel und Bücher. Außerdem schreibt man, wenn man sich selbst für später etwas aufheben will: auf einen Merkzettel, ins Notizbuch, ins Schulheft, ins Tagebuch.

§ 2   ÄUSSERUNG

Das, was man beim Kommunizieren äußert und was andere sehen, hören oder anderweitig wahrnehmen können, nennt man eine *Äußerung* [→ § 22].

| Sprecher | – mündliche Äußerung – | (Zu)Hörer |

oder

| Schreiber | – schriftl. Äußerung – | Leser |

oder

| Kommunikations-partner | – Äußerung – | Kommunikations-partner |

§ 3 WECHSELSEITIGE UND EINSEITIGE KOMMUNIKATION

Wenn die Kommunikationspartner – zwei oder mehrere – beieinander, zusammen sind, werden sie gewöhnlich sowohl sprechen als auch zuhören, d. h. wechselseitig miteinander kommunizieren. Das geschieht im Gespräch des Beispiels 1.

Wechselseitige
Kommunikation

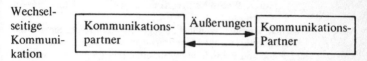

Wenn die Kommunikationspartner nicht beieinander, zusammen sind, dann können sie nicht wechselseitig kommunizieren; der eine übermittelt dem anderen etwas; Rückfragen, Einwände, Bestätigungen sind nicht möglich.

Einseitige
Kommunikation

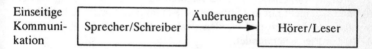

Schriftliche Kommunikation ist einseitige Kommunikation (vgl. Beispiel 2). Auch mündliche Kommunikation kann einseitig sein: ein Vortrag, Radio- und Fernsehsendungen.

§ 4 MEDIEN

Für das Zustandekommen sprachlicher Kommunikation ist Voraussetzung

- daß der Sprecher/Schreiber seine Mitteilung in der Form von Lauten oder Schriftzeichen wahrnehmbar macht
- daß der Hörer/Leser diese Laute oder Schriftzeichen tatsächlich wahrnimmt.

Das klingt sehr selbstverständlich; man denke aber an die mittlerweile sehr komplizierte Nachrichtentechnik, die daran arbeitet, immer neue Medien und Übertragungskanäle bereitzustellen. – Über die Grundform menschlichen Miteinanderredens im Wechselgespräch, den persönlichen Schriftverkehr und den Buchdruck hinaus gibt es heute u. a. folgende Medien:

Telefon: Wechselgespräch, mündlich, ohne Sichtverbindung der
Kommunikationspartner.
Radio: einseitig, mündlich, ohne Sichtverbindung.
Anmerkung:
Wenn in einer Sendung Gespräche, Interviews usw. übertra-
gen werden, dann geschieht dies als einseitige Kommunika-
tion von den miteinander Sprechenden zur Gesamtheit der
Hörer. Wechselseitige Kommunikation wird hier einseitig
übertragen.
Fernsehen: einseitig, mündlich, gelegentlich schriftlich, Sichtverbin-
dung einseitig: nur die „Übertragenen" werden gesehen.
Telegraphie und Fernschreiber: einseitig, schriftlich, ohne Sichtver-
bindung.

§ 5   Aussersprachliche Kommunikation

Beim mündlichen Kommunizieren mit Sichtverbindung bedient
man sich nicht nur der Sprache als Kommunikationsmittel; auch Gesten und Mienenspiel werden – als außersprachliche Kommunikationsmittel – verwendet.

Gestik: Körperhaltung und -bewegungen, Arm- und Handgebärden,
Bewegen des Kopfes, Fingerzeichen.
Mimik: Gesichtsbewegungen, Lachen, Schmunzeln, Verzerrungen,
Augenbrauen heben, „Nase rümpfen", Weinen.

Durch Gestik und Mimik drückt man häufig Gefühle und Einstellungen zum Gegenüber und zum Gesagten aus.
Einige Gesten haben feste Bedeutungen: z. B. Achselzucken für
„ich weiß nicht", Kopfnicken oder -schütteln als Bejahung oder Verneinung.
Durch die Intensität der Geste, z. B. Heftigkeit des Kopfschüttelns,
kann man die emotionale Beteiligung ausdrücken [zur Zeichenstruk-
tur → Semiotik § 142].

§ 6   Sprachbegleitende Mittel in der mündlichen Kommunikation

Bedingt zur Sprache selbst gehört die Art und Weise, wie die Äußerungen gesprochen werden: die sprachbegleitenden Mittel. Zweierlei
wird ausgedrückt:

1. Der *Tonfall* weist auf emotionale Beteiligung hin: Schärfe, Laut-
   stärke, Sprechschnelligkeit usw. weisen hin auf Aggressivität,
   Angst, Jovialität u. a. m.
2. Die *Intonation* gehört zum Sprachsystem selbst: Heben und Senken
   der Stimme bei Frage bzw. Abgeschlossenheit einer Aussage, Pausen bei Einschüben, Abweichen von der Grundstellung des Satzes
   [→ § 18, 25 f, § 165].

Im Beispiel 1 finden sich – trotz der schriftlichen Wiedergabe der
mündlichen Äußerungen – Hinweise auf die sprachbegleitenden Mittel:

- *äh* als Zeichen für Unterbrechen des Redeflusses; mögliche
  Gründe: Verlegenheit, Nachdenken, Worte suchen, dabei aber
  Verbindung zum Zuhörer halten
- *ja* mit gleicher Funktion wie *äh*
- Gedankenstriche: sie deuten auf Einschübe hin
- Pausen: Zeiten des Nachdenkens
- Senken und Heben der Stimme; im abgedruckten Text durch Punkt
  bzw. Komma gekennzeichnet.

§ 7 SPRACHBEGLEITENDE MITTEL IN DER SCHRIFTLICHEN KOMMUNIKATION

Bei schriftlicher Kommunikation sind Gestik und Mimik nicht,
Tonfall und Intonation nur teilweise durch Satzzeichen wiedergegeben; zum Teil sind Satzzeichen auch syntaktisch notwendig [→ 165 f].

Als sprachbegleitende Mittel wirken das Schriftbild (Drucktype
oder Handschrift) und der Lay-Out (Fettdruck, abgesetzte Überschriften, Anordnung der Absätze, Zeilenabstand, Einrückungen).

Das Fehlen der außersprachlichen und der lautgebundenen sprachbegleitenden Mittel bei schriftlicher Kommunikation wird ausgegli-
chen durch sprachliche Genauigkeit des Textes: durch vollständige
Sätze, korrekte grammatische Formen in der Flexion, sorgsame Wortwahl, sorgsame Wortstellung.

Beim Vergleich der Texte 1 und 2 sind diese Unterschiede zwischen
mündlichem und schriftlichem Sprachstil unmittelbar zu beobachten.

1.2 Kommunikation als Handeln

§ 8 BEGRIFF DES KOMMUNIKATIVEN HANDELNS

Kommunizieren heißt kommunikativ handeln: ein Sprecher tut etwas in der realen Welt. Unter dem Gesichtspunkt des Handelns sind Sprechen und Schreiben durchaus vergleichbar mit anderen Handlungen wie Fußballspielen, ein Tongefäß formen oder Musizieren. Handlungen haben einen *Sachaspekt,* sie unterliegen Sachzwängen, und Handlungen haben einen *Beziehungsaspekt,* sie erfahren ihre spezifische Regelung und Ausprägung durch die Beziehungen zwischen den beteiligten Personen, beim Kommunizieren also den Kommunikationspartnern. Handlungen haben außerdem einen *Situationsaspekt,* ein Sprecher (ein *Ich*) tut etwas an einem Ort (sein *Hier*) zu einem Zeitpunkt (sein *Jetzt*). Man erfaßt das mit dem Begriff der *Ich-Hier-Jetzt-Origo* (Ursprung) allen Handelns und allen Sprechens.

§ 9 SPRACHE UND WELT: SYMBOLFUNKTION UND SITUATIONSDEIXIS

Die Bindung des sprachlichen Handelns und der Sprache an die Sache und die Welt kommt zu allererst in den Grundelementen der Sprache zum Ausdruck, in den Wörtern. Die Wörter verweisen auf Sachen, Eigenschaften von Sachen und Vorgänge in der Welt. Mit Wörtern versucht der Sprecher/die Sprachgemeinschaft Dinge in der realen Welt ,auf Begriffe zu bringen'. Wörter sind Symbole für Sachen, Vorgänge und Konzepte. Sie sind Ausdruck der geistigen Tätigkeit der Menschen [→ Semiotik § 143 und Denotation § 149].

Daß sprachliche Handlungen einen Ich-Hier-Jetzt-Ursprung haben, ist für die Analyse sprachlicher Äußerungen von grundlegender Wichtigkeit. Es gibt Wörter und Wortteile, die die Situationseinbindung direkt leisten, zum semantischen Inhalt haben. Solche Wörter – die Pronomina, Präpositionen, Tempora beim Verb, Konjunktionen z. T. auch Adverbien – lassen sich mit dem Konzept der Ich-Hier-Jetzt-Origo erfassen. Dieses Verweisen in die Situation wird mit dem Begriff *Deixis* (griech. für das Zeigen, das Verweisen) bezeichnet.

Das *Ich* dominiert im Bereich der Pronomina; mit ihnen werden u. a. Kommunikationsrollen (Personalpronomina) ausgewiesen, mit ihnen verweist man direkt in die Handlungssituation (Demonstrativa, Fragepronomen, Indefinitpronomen: *dieser war es, jener nicht, auch nicht irgendeiner*) [→ Pronomina §§ 49–56].

Das *Ich* dominiert darüber hinaus im Bereich der Modi und Modalaussagen: die Urteile und Einschätzungen des Sprechers über Wirklichkeit, Unwirklichkeit, Möglichkeit, Wünschbarkeit, Notwendigkeit werden durch die Modi (Indikativ, Konjunktiv, Imperativ) und Modalaussagen (Modalverben und Modaladverbien) angezeigt. [→ Modalität § 71 ff]

Das *Hier* dominiert im Bereich der Präpositionen (Lage- und Raumorientierung) und im Bereich der ortsverweisenden Adverbien, die auf das Raumschema des Sprechers bezogen sind (*vor, hinter, über, unter, dort, da drüben, hier usw.* geben Raumkoordinaten des Sprechers an) [→ § 85, § 92].

Das *Jetzt* dominiert im Bereich der Zeitadverbien, der Zeitpräpositionen und des Tempussystems der Verben. Die Zeitangaben und die Zeitgliederung des Sprechers orientieren sich von ihm aus gesehen im *Jetzt* der *Sprechzeit,* in dem darauf bezogenen Zeitpunkt des im Satz berichteten Geschehens *(Aktzeit)* und in der im Satztempus eingenommenen *Betrachtzeit.* Beispiel:

> Der Lehrer sagt: *„Bis nächsten Mittwoch wirst du dir das Buch gekauft haben!"*
> Sprechzeit: Zeitpunkt, an dem der Lehrer spricht.
> Aktzeit: Zeitpunkt, zu dem der Angesprochene das Buch tatsächlich kauft, nach der Intention des Lehrers vor dem nächsten Mittwoch.
> Betrachtzeit: der nächste Mittwoch, der in der Rede hergestellte Zeitbezug.

[Zu den Einzelheiten → Tempus § 67 ff]

§ 10   SACHASPEKT DER KOMMUNIKATION

Beim Kommunizieren geht es immer um ein Thema. Man spricht oder schreibt über *etwas.* Die sachlichen Voraussetzungen wirken auf verschiedene Weise auf die kommunikativen Handlungen ein.

1. Sie sind der Ausgangspunkt der kommunikativen Handlung; sachliche Gegebenheiten in der Welt sind ein Anlaß zum Kommunizieren.
2. Sie sind das Thema, das sprachlich abgehandelt wird, weil die Kommunikationspartner die betreffenden Angelegenheiten regeln wollen.
3. Ziel der kommunikativen Handlungen ist ein Einwirken auf die sachlichen Gegebenheiten.

Beispiel:
Damit ein Verkaufsgespräch geführt wird und werden kann,
muß ein Gegenstand vorhanden sein, der verkauft werden
soll, und der Verkäufer muß darüber verfügen können. Beim
Autokauf z. B. ist der Gegenstand das Auto, seine sachliche
Beschaffenheit, seine Vor- und Nachteile. Die Absicht (Intention) beider Kaufpartner im Blick auf diesen Gegenstand
ist: Besitzwechsel durch Kauf. Zum Sachzusammenhang gehört somit auch die Finanzlage des Käufers.

Auch die Texte von Beispiel 1 und 2 [S. 12] stehen in einem Sachzusammenhang: Anfertigung eines Tongefäßes als Thema und Ziel
des Gesprächs bzw. der schriftlichen Instruktion.

1.2.1 Kommunikation und Beziehungsaspekt

Mindestens ebenso wichtig wie der Sachaspekt ist beim Kommunizieren der *Beziehungsaspekt*. Unter zwei Gesichtspunkten geht es um
die Beziehungen zwischen den Beteiligten.

1. Es geht um Angaben und Hinweise, wie das jeweils Gesagte gemeint ist (performatorischer Aspekt).
2. Es geht um Erwartungen, die die Kommunikationspartner sowohl
   hinsichtlich der aktuellen Situation als auch hinsichtlich ihres gesellschaftlichen Status voneinander und füreinander haben.

§ 11 PERFORMATIVE WENDUNGEN

Angaben und Hinweise darüber, wie das jeweils Gesagte gemeint
ist, nennen wir *performative Wendungen*. Gemeint sind Hinweise wie
ich warne Dich, ich verspreche Ihnen, ich schwöre, Wendungen, die
darauf hinweisen, welcher Art die kommunikative Handlung ist, die
vollzogen wird. In der Kommunikation muß der Hörer das oft aus der
Situation erschließen, immer dann, wenn der Sprecher es nicht durch
performative Wendungen ausdrückt.

Beispiel:
Die Äußerung – syntaktisch gesehen ein Fragesatz – *Ist es nicht kalt
hier?* kann je nach Situation verschiedenes sein:
– eine Aufforderung (oder Bitte usw.), das Fenster zu schließen
– eine Behauptung

- eine echte Frage
- eine Warnung vor einer möglichen Erkältung
- eine Empfehlung, sich wärmer anzuziehen
  u. a. m.

[Ausführliche Behandlung dieses Themas → Kap. 8 Sprechakte
§ 153 ff.]

§ 12 BEZIEHUNGSERWARTUNGEN

An jede kommunikative Handlung werden Erwartungen geknüpft.
Diese betreffen den Verlauf und das gewünschte Ergebnis der Kommunikation sowie die Beziehungen zwischen den Kommunikationspartnern. Die *Beziehungserwartungen* sind auf den gesellschaftlichen
Status des Partners [→ § 13] und auf die augenblickliche körperliche,
geistige und seelische Befindlichkeit und das Verhalten des Partners
gerichtet. Verhaltenserwartungen sind durch die Erfahrungen im
Umgang mit dem anderen, wenn und soweit man ihn kennt, und auf
allgemeine Erfahrungen gestützt. Solche Erwartungen sind z. B.:

- Wie reagiert der Kommunikationspartner auf das Nennen von
  Sachverhalten und auf Behauptungen dazu (Meinungen und An-
  sichten)?
- Wie reagiert er auf bestimmte Sprachhandlungen wie Befehl, Bitte,
  Überredung?
- Wie sind die persönlichen Beziehungen (Vertrautheitsgrad)?
- In welcher körperlichen und seelischen Verfassung befindet er sich
  (müde, abgespannt, erregt, aufgekratzt, fröhlich, traurig usw.)?
- Was versteht er von der Sache (spezielle sowie allgemeine Kennt-
  nisse und Informationen, allgemeine Auffassungsgabe und Intelli-
  genz)?

Beispiel:
Autokauf aus privater Hand
Angenommen, ein Kaufinteressent kommt aufgrund einer Zeitungs-
anzeige zum Verkäufer. Die beiden kennen sich nicht. Sie werden das
Gespräch tastend und vorsichtig führen mit dem Ziel, konkrete Erfahrungen mit dem anderen zu machen.
Der Verkäufer wird versuchen, seine Absicht, auf jeden Fall zu verkaufen, hinter Sachargumenten – z. B. Qualität, Erhaltungszustand
usw. – zu verbergen (Indirektheit der Kaufaufforderung). Er wird u. a.
versuchen zu ermitteln
- das tatsächliche Kaufinteresse

- die Vertrauenswürdigkeit des Interessenten (kann er be-
  zahlen?)
- auf welche Art von Argumenten der Interessent eingeht
  und auf welche er negativ reagiert (Schnelligkeit oder Soli-
  dität, Fahrkomfort oder Ökonomie usw.)

§ 13 ERWARTUNGEN ZUM SOZIALSTATUS

Von anderer Art sind die Erwartungen über den gesellschaftlichen
Status der Kommunikationspartner untereinander. Die Erwartungen
sind nicht auf individuelle Erfahrung gegründet, sondern auf gesell-
schaftliche Normen. Normierte Beziehungsverhältnisse sind z. B. Arzt
– Patient, Lehrer – Schüler, Polizist – Verkehrsteilnehmer, Vater –
Tochter, Schaffner – Fahrgast, Schiedsrichter – Spieler, Richter –
Staatsanwalt – Angeklagter – Verteidiger – Zeuge. Die Rechte und
Pflichten der jeweiligen Kommunikationspartner, ihre Rollen, sind
z. T. gesetzlich festgelegt, z. T. haben sie sich aus der Langzeiterfah-
rung einer Gesellschaft entwickelt und verfestigt. Man spricht hier von
sozialen Rollen (gesellschaftlichen Rollen). So ist ein erwachsener
Mann beispielsweise je nach Situation Vater, Lehrer, Käufer, Fahrgast, Verkehrsteilnehmer, Tennisspieler, Patient, Zeuge u. a. m.
Ein wichtiges Moment bei der Bewertung der Rollenbeziehungen
ist die Einschätzung, ob Gleichberechtigung (symmetrische Beziehung) oder ein Über-Unterordnungsverhältnis (asymmetrische Beziehung) vorliegt.
[Zu den Auswirkungen auf die Sprachverhaltensweisen → Kap. 8
Sprechakte § 154]

1.3 Soziale Normen und Sprache, Sprachnormen

§ 14 SOZIALE NORMEN

Die sozialen Normen, die Richtwerte und Orientierungsmaßstäbe
für Verhaltensweisen, die vom einzelnen gelernt werden müssen, sind
abhängig von verschiedenen Bedingungen. Solche sind insbesondere:
der Lebensraum (geographische Lage mit natürlicher Umwelt, Land-
schaft, Klima usw.), die Entwicklung der Zivilisation in der Lebensge-
meinschaft, die geschichtlichen Ereignisse und Erfahrungen ein-

schließlich der politischen Verhältnisse und – mit allem zusammenhängend – die kulturelle Entwicklung.
Auf verschiedenen Niveaus können unterschiedliche Normen be-
obachtet werden.

Beispiele:
- Regionen betreffend: Normen des Abendlandes, einer Nation, des
  Alpengebietes, aber auch des Walsertales oder des Stadtteils Ber-
  lin-Wedding.
- Gruppen betreffend: Normen einer Religionsgemeinschaft (etwa
  Katholiken gegenüber Protestanten, aber auch Christen gegenüber
  Moslems), Altersgruppennormen (Teenager einer Generation),
  Berufsgruppennormen (Seeleute, Ärzte, Werftarbeiter, Studen-
  ten), Normen von Freizeitgruppen (Fußballspieler, Golfspieler,
  Hobbygärtner, Musikliebhaber, Jazzfans).

Normvorstellungen schlagen sich nieder in Sitten und Gebräuchen
bis hin zu rituellen Handlungen und in ungeschriebenen Gesetzen des
Umgangs miteinander (Umgangsformen, Benehmen, z. B. Fairness
im Sport). Einige dieser Normen finden ihren Ausdruck in sprachlichen Handlungen, z. B. in rituellen Wendungen oder Begrüßungs-
und Entschuldigungsfloskeln; aber die vielfältigen Normen spiegeln
sich nur relativ indirekt und allgemein in der Sprache und im Sprachverhalten wieder.

§ 15 DIALEKTE

Man hört jemandem gewöhnlich schnell an, ob er aus der gleichen
Gegend kommt wie man selbst oder nicht. In verschiedenen Gegen-
den, in denen Deutsch gesprochen wird, haben sich in geschichtlicher
Zeit verschiedene Dialekte ausgeprägt und erhalten. *Dialekte* sind
sprachliche Normen, deren Vorkommen man geographisch eingren-
zen kann.
Sie unterscheiden sich auf mehreren Ebenen von der Standardsprache [zur Standardsprache → § 18].

- regelmäßig in der Lautung: *sein* (Standard) – *soan* (Bayrisch) – *soi*
  (Schwäbisch) – *singen* (Rheinland) – *saan* (Hannover)
- oft in den Wortformen: der *Kartoffel* (Rheinland) – *mit denne Kar-
  toffel(n)* (Schwäbisch) – *de Menschers* (Nordhessen)
- gelegentlich im Wortschatz: *Klock* für *Uhr* (Niederdeutsch) – *Kür-*

mel für *Unordnung* (Rheinland) – *Kruscht* für *Unordnung, Abfall* (Schwäbisch)
- selten in der Syntax: *er ist am Schreiben* (Verlaufsform, Rheinland, aber auch weiter verbreitet) – *der, wo immer zu spät kommt* (Relativanschluß mit *wo*, Schwäbisch).

§ 16　Soziolekte: Fach- und Sondersprachen

Sprachen, die nicht nur regional abgrenzbare Gruppen sprechen, nennt man *Soziolekte.* Genauer unterscheidet man zwischen *Fachsprachen* und *Sondersprachen.*

Fachsprachen sind Berufssprachen. Sie unterscheiden sich von der Standardsprache [→ § 18] durch einen Wortschatz, der genau definierte Fachausdrücke enthält.

Beispiele:
- *neunzehner Ringschlüssel:* ein ganz bestimmter Schraubenschlüssel (Automechaniker)
- *Luv* und *Lee:* windzugewandte und windabgewandte Seite des Schiffes (Seefahrt)
- *Appendicitis:* Blinddarmentzündung (Medizin)
- *Färse:* weibliches, tragendes Jungrind (Landwirtschaft)
- *Kammgriff:* bestimmte Griffart am Reck (Turnen)
- *Topspin:* bestimmte Art, den Ball anzuschneiden (Tennis und Tischtennis)

Sondersprachen sind nicht so sehr an Berufsgruppen gebunden, sondern an Lebensbereiche gesellschaftlicher Gruppen. Auch hier ist ein besonderer Wortschatz kennzeichnend, der allerdings nicht so eng umgrenzte Spezialwörter – eben Fachausdrücke – sondern bildhafte und eingängige Ausdrücke enthält (sogenannte ,starke' Ausdrücke).

Beispiele:
- *fummeln* und *Bomber* beim Fußball
- *heißer Ofen* für Motorrad (Teenager und Twens; letztere sind ihrerseits selbst sondersprachliche Wörter)
- *Spieß* (Sondersprache der Soldaten) für *Feldwebel* (Fachsprache des Militärs)
- *Giftblätter* für Zeugnisse (Schülersprache).

Normalerweise entwickelt auch jede Familie im Laufe des Zusammenlebens sondersprachliche Wendungen.

§ 17   GEBRAUCHSNORMEN

Während die bisher genannten Sprachnormen auf soziale Normen und Gruppierungen bezogen werden müssen, kann man weitere Sprachverhaltensweisen unterscheiden, die aus den Bedingungen der jeweiligen Kommunikation herzuleiten sind. Wir nennen sie *Gebrauchsnormen* oder *funktionelle Sprachnormen.*

Beispiele:
– Präzise Wortwahl, korrekte Flexion und Syntax sind für normale schriftliche Kommunikation funktional, während mündliche Kommunikation je nach Situation mehr oder weniger von den Standardnormen [→ § 18] abweichen kann.
– In Telegrammen findet man eine sehr reduzierte Sprache; nur die für den jeweiligen Empfänger absolut notwendige Information wird mitgeteilt (Telegrammstil).
– In juristischen und Verwaltungstexten, in denen Vorgänge, Geschehnisse und Handlungen als Sachverhalte und Tatbestände (Klassen von Handlungen) begrifflich erfaßt werden müssen, finden wir einen ausgeprägten Nominalstil: *Das Begehen des Grundstücks* statt *auf dem Grundstück zu gehen. – Die unerlaubte Verbringung der Tiere unter Umgehung der tierärztlichen Schutzbestimmungen . . .*
– Ähnliches gilt für die Sprache der Wissenschaft, die die Dinge ‚auf die Begriffe bringt‘.
– Beim Militär ist die Kommandosprache fast ausschließlich auf Befehle und Anordnungen beschränkt und verzichtet z. B. auf Rat und Bitte als Sprechakte des Aufforderns.

§ 18   STANDARDNORM UND STANDARDSPRACHE

Das, was man gemeinhin unter der standardsprachlichen Norm der deutschen Sprache versteht, ist keineswegs eine festumrissene, von allen Sprechern des Deutschen gleichermaßen beherrschte und gebrauchte Norm. Die Standardnorm ist in mehrfacher Hinsicht eine ideale Größe (im Sinne einer Abstraktion aus dem Sprachgebrauch) und kann unterschiedlich definiert werden.

1. Die Standardnorm ist das Inventar von Wörtern, Formen und syntaktischen Verknüpfungen, welches die Mehrzahl der deutschen Sprecher als allgemein gültiges Deutsch anerkennen würde.
2. Die Standardnorm ist die Sprachnorm, die die deutschen Sprecher

im überregionalen Sprachverkehr benutzen in der Erwartung, verstanden zu werden.

Anmerkung:
Weitere Definitionen könnten statistisch mit der Auswertung von Texten und Tonbändern ansetzen. Oder Standardnormen könnten von Schulbehörden oder anderweitig dazu berechtigten Personen vorgeschrieben werden.

Im Hinblick auf die Definitionen 1 und 2 kann die deutsche Standardnorm (Standardsprache) am besten in schriftlichen Sprachäußerungen und in Radio- oder Fernsehsendungen festgestellt werden. Mit den Vorstellungen von einem Standard verbinden sich Vorstellungen von Präzision, Wohlgeformtheit und Regelhaftigkeit. Diese werden – nach Überprüfen des Sprachverhaltens – in Regelwerken, in Grammatiken, niedergelegt.

Die Standardnorm gibt für die Gebrauchsnormen, für Dialekte und Soziolekte und generell für mündliche Äußerungen insofern einen Hintergrund ab, als die Besonderheiten als Abweichungen erfaßt werden können und von den Sprechern häufig als Abweichungen empfunden werden. Die Standardsprache ist eine Art idealer Kern, eine Verallgemeinerung und ein Orientierungsmaßstab zugleich für alle konkreten Varianten.

§ 19   Die deutsche Sprache

Der Begriff ‚die deutsche Sprache‘ deckt sich nicht mit dem der Standardnorm. Die deutsche Sprache umfaßt alle oben angesprochenen anderen Normen: Gebrauchsnormen, Soziolekte und Dialekte. Die deutsche Sprache umfaßt, geographisch gesehen, alle Sprachvarianten des deutschen Sprachraumes, einschließlich Österreichs und der Schweiz (Schwyzerdütsch). Sie umfaßt darüber hinaus die sogenannten Sprachinseln (z. B. Siebenbürgen, Wolgadeutsche) und die Randgebiete, bei denen das Deutsche neben anderen Sprachen (als Dialekt, z. B. im Elsaß oder in Südtirol) oder im fließenden Übergang (Holländisch – Deutsch) vorkommt.

§ 20 SPRACHE ALS SYSTEM

Vor dem Hintergrund einer standardsprachlichen Norm ist Sprache ein System aus Wörtern und Regeln ihrer Verknüpfung. Die *Wörter* werden durch *Laute* wiedergegeben, die ihrerseits regelhaft miteinander verknüpft sind. Die Laute können durch Schriftzeichen nach Verschriftungsnormen – der Rechtschreibkonvention z. B. – wiedergegeben werden [vgl. dazu 9. Anhang/Lautstruktur und Rechtschreibung § 159ff].

Den Regeln entsprechend verknüpfte Wörter, die einen abgeschlossenen Sinnzusammenhang ergeben, sind *Sätze*. Sinnvoll aufeinander bezogene Sätze nennen wir einen *Text*. *Wort, Satz* und *Text* sind Begriffe der systemorientierten Sprachbetrachtung; *Äußerung* und in einem anderen Sinne *Text* sind Begriffe der Betrachtung des Sprechens oder Schreibens als kommunikativer Vorgang.

§ 21 DIE GEGENSTÄNDE DES SYSTEMATISCHEN TEILS DIESER GRAMMATIK

Der Gegenstand dieser Grammatik ist somit definiert: Gegenstand ist die Standardsprache (Gemeinsprache) unter dem Gesichtspunkt der Regelhaftigkeit des Systems.

In der Sprache gibt es Bereiche, in denen Regeln generell gelten und die bis in die Einzelheiten mit generell geltenden Regeln beschrieben werden können: Syntax (Satzlehre), Wortformen und Wortbildung (Wortlehre) sowie die Laute und die Rechtschreibung. Diese Bereiche werden in den Kapiteln 2–6 (Syntax und Wortlehre) sowie im Anhang, Kap. 9 (Lautstruktur und Rechtschreibung), behandelt.

Darüberhinaus gibt es Bereiche der Sprache, die mit generell geltenden Regeln nicht – vom Stand der Sprachwissenschaft teilweise noch nicht – erfaßt werden können: Zeichencharakter (Semiotik), Bedeutung (Semantik) und sprachliches Handeln (Sprechen als kommunikatives Handeln). Sie werden in einer Art Prinzipienlehre in den Kapiteln 7 und 8 behandelt.

2. Grundbegriffe der Syntax

§ 22 Sprachliche Äusserung und Satz

Für die grammatische Analyse ist es notwendig, zwischen *Äußerungen* und *Sätzen* begrifflich zu unterscheiden.

Als *sprachliche Äußerungen* werden konkrete kommunikative Ereignisse, das, was ein Sprecher als kommunikative Einheit äußert, bezeichnet. Äußerungen sind empirische Größen. Sie sind, wie Sätze, abgeschlossene Sinneinheiten. Äußerungen können einerseits Ein-Wort-Beiträge sein, Beispiel: *Nein, Hallo, Los.* Sie können andererseits im grammatischen Sinn Texte sein, d. h. aus mehreren Sätzen bestehen.

Sätze sind Einheiten des grammatischen Systems. Sie sind abgeschlossene Sinneinheiten hinsichtlich der in ihnen gemachten Aussage; d. h. sie können für sich allein stehen. Es gibt für sie zudem verbindliche Intonationsmuster (Klanggestalten). Syntaktisch gesehen sind sie durch grammatische Korrektheit, Wohlgeformtheit und Vollständigkeit gekennzeichnet. Das besagt, daß man erst dann von einem Satz redet, wenn mindestens ein flektiertes Nomen und eine finite Verbform (konjugiertes Verb) verknüpft sind, Beispiel: *Vater schnarcht.*

In der Syntax einer Grammatik – und so auch in dieser – werden die Konstruktionsmuster der grammatisch korrekten Sätze der deutschen Standardsprache beschrieben. In der Sprache gibt es darüberhinaus geregelte Verkürzungen von Sätzen *(Satzellipsen),* die als sprachlich richtig akzeptiert werden.

> Beispiel:
> Frage eines der sieben Zwerge: „*Wer hat in meinem Bettchen geschlafen?*“ – Antwort: „*Schneewittchen.*“ Hinter der Ein-Wort-Antwort steht der Satz: „*Schneewittchen hat in Deinem Bettchen geschlafen.*“
> In einer Frage-Antwort-Folge müssen in der Antwort die in der Frage genannten syntaktischen Größen nicht wieder genannt werden. Verkürzte Sätze (Satzellipsen) sind an einen sprachlichen Kontext gebunden.

In Äußerungen gibt es weiterhin häufig *Abweichungen* vom grammatischen Standard, die sich aus der Situation ergeben.

Beispiel:
Wenn jemand in ein Geschäft geht, auf einen Hut deutet und zur Verkäuferin sagt: „*Den da!*", dann ist diese Äußerung für sich allein mit
grammatischen Standards nicht als grammatisch korrekt oder als kon-
textgeleitete Verkürzung zu erfassen. Allerdings ist es für den Hörer
– und einen Beobachter – möglich, einer solchen Äußerung ein Satzmuster zu unterlegen wie „*Den Hut da möchte ich anprobieren*": In
der konkreten Situation ist die Äußerung ohne weiteres verständlich.
– Die Situation, die eine Verkürzung zuläßt, kann sich auch aus dem
weiteren sprachlichen Kontext ergeben. „*Den da!*" könnte auch Antwort auf die Frage sein „*Welchen Hut möchten Sie anprobieren?*"

§ 23 Sätze und Wörter

Sätze bestehen aus Wörtern. *Satz* und *Wort* sind jedem geläufige
Begriffe von Einheiten des Sprachsystems. Im Schriftbild werden die
Wörter eindeutig voneinander abgegrenzt; auch beim Sprechen sind
sie, wenn auch nicht immer, als klangliche Einheiten zu erkennen. Außerdem kann prinzipiell nach jedem Wort im Satz eine Sprechpause
eingelegt werden, z. B. zum Nachdenken oder zur weiteren Sprech-
planung. Wörter sind Bedeutungselemente im Satz, sie tragen eine eigene Bedeutung [→ Wort, Wortarten, § 36f und Wortbildung
§ 137f].

§ 24 Satzglieder

Die Wörter sind nicht unmittelbar Strukturelemente eines Satzes:
sie sind zu Gruppen zusammengefaßt, zu Konstruktionstypen, die man
Satzglieder nennt. Man kann die Satzglieder eines Satzes ermitteln,
indem man versucht, im Satz umzustellen. Bedingung ist, daß der Sinn
des Satzes gleich bleibt.

Beispiel:
Der Wind bläst welke Blätter durch den Wald.
Varianten:
Welke Blätter/bläst/ der Wind/durch den Wald.
Durch den Wald/bläst/der Wind/ welke Blätter.

Die Wortgruppen, die beim Umstellen zusammenbleiben (hier
durch Schrägstriche gekennzeichnet) sind die Satzglieder eines Satzes;

eines der Satzglieder besteht nur aus einem Wort *bläst*. Satzglieder
sind Konstruktionen oberhalb der Wort- und unterhalb der Satzebene.

Wörter kommen in Sätzen nur in Satzgliedern vor. Man sieht das
unter anderem daran, daß flektierbare Wörter in bestimmten Formen,
den *Wortformen,* erscheinen. [Zur Flexion → § 37.]

§ 25   Wortstellung und Stil

Die Anordnung der Wörter im Satz wird traditionell *Wortstellung*
genannt, obwohl es sich genau genommen um die *Stellung der Satzglieder* handelt. In deutschen Sätzen sind die Satzglieder prinzipiell,
aber nicht beliebig umstellbar, wie das Beispiel in § 24 zeigt. Als abweichend (z. B. poetisch) empfunden wird[1], zum Beispiel:

> ? *Der Wind bläst durch den Wald welke Blätter.*
> ? *Welke Blätter bläst durch den Wald der Wind.*
> ? *Welke Blätter durch den Wald bläst der Wind.*
> ? *Welke Blätter der Wind bläst durch den Wald.*

Die Anordnung der nominalen Satzglieder eröffnet *Stilvarianten.*
Wird ein anderes nominales Satzglied als das Subjekt *(der Wind)* an
den Satzanfang gestellt, so wirkt das als besondere Hervorhebung, die
beim Sprechen durch Betonung noch einmal unterstrichen wird oder
werden kann.

§ 26   Wortstellung und Satzart

Der Beispielsatz mit dem Verb in Zweitstellung ist ein *Mitteilungs-*
oder *Feststellungssatz,* oft auch *Aussagesatz* genannt. Wenn man das
Verb aus der Zweitstellung an den Anfang des Satzes stellt – das Subjekt rückt dann an die zweite Position –, hat man keinen Mitteilungssatz, sondern einen *Fragesatz,* die sogenannte *Entscheidungsfrage,*
weil die Antwort *Ja* bzw. *Nein* nahegelegt wird: Beispiel: *Bläst der
Wind die Blätter durch den Wald?*.

Eine weitere Satzart mit Spitzenstellung des Verbs ist der *Auffor-
derungs-* und *Wunschsatz.* Hier gibt es drei Typen:

---

[1] Abweichende, aber mögliche Formen werden mit ? gekennzeichnet. Un-
grammatische und nicht akzeptable Formen werden mit * gekennzeichnet.

1. Verbformen im Imperativ, normalerweise ohne Subjekt:

> Beispiel:
> *Geh nach Hause! – Geht nach Hause!*
> selten: *Geh du (nur) nach Hause! –*
> *Geht ihr (doch endlich) nach Hause!*
> Bei *Du, geh nach Hause!* ist *Du* Anrede.

2. a) Verbform und Subjekt in der 2. Person:

> Beispiel:
> *Gehst du nach Hause!*
> Die Pluralform *Geht ihr nach Hause!* fällt infolge gleicher Flexions-
> form mit Typ 1 zusammen.

   b) Verbform in der 1. Person (Selbstaufforderung):

> Beispiel:
> *Gehe ich (doch endlich) nach Hause!*
> *Gehen wir nach Hause!*

3. Wunschsatz und irrealer Wunschsatz in allen Personen:

> Beispiel:
> *Möge er doch nach Hause kommen.*
> *Wäre er doch hier.*
> *Käme er doch bald.*
> [Zum Verhältnis von Satzart und kommunikativer Handlung
> (Sprechakt) → § 153–155]

§ 27 NORMALSTELLUNG DER SATZGLIEDER: GRUNDFORMEN DES DEUTSCHEN SATZES

Unter den Stellungstypen deutscher Sätze wird eine intuitiv als normale Stellung oder Grundstellung empfunden: der Mitteilungssatz mit
Subjekt in Spitzenstellung, Verb in Zweitstellung, gefolgt von den
Objekten oder Ergänzungen. Von einer solchen Grundstellung des
deutschen Satzes wird im weiteren ausgegangen. Die anderen Stel-
lungsmöglichkeiten werden als abgeleitete Formen behandelt. Das gilt
auch und insbesondere für Sätze mit *Attributen* und *adverbiellen Bestimmungen*.

> Beispiel: Gestern *blies der Wind* welke *Blätter durch den Wald.*

§ 28   Nominale und verbale Satzglieder als Grundkategorien

Die Umstellungsprobe zeigt, daß die Stellung der Satzglieder im Deutschen variiert. Dabei zeigt sich, daß im Mitteilungssatz diejenigen Satzglieder, die mit einem Nomen gebildet werden, umgestellt werden können, während das Satzglied, das mit dem Verb gebildet wird, an zweiter Stelle fest steht.

Als Grundkategorien des deutschen Satzbaus unterscheiden wir das *verbale Satzglied* mit einem Verb als wichtigstem, häufig einzigen, Wort und das *nominale Satzglied,* in dem ein Nomen oder Nomenersatz (Pronomen) als wichtigstes Wort vorkommt.

§ 29   Grammatische Kategorien und grammatische Funktionen

Sätze kann man – ähnlich wie Personen oder Dinge – unter zwei Gesichtspunkten betrachten: Wer oder was bist du? und Was leistest du, wozu dienst du? Die erste Frage ist die Frage nach der *Kategorie,* die zweite die Frage nach der *Funktion.*

Bisher haben wir den Bau deutscher Sätze unter dem Gesichtspunkt der Kategorie, der sprachlichen Form betrachtet: mit Begriffen wie Satz, Nomen, Verb, nominales Satzglied, verbales Satzglied sind grammatische Kategorien (Formen und Konstruktionsklassen) bezeichnet, nach denen das sprachliche Material geordnet werden kann.

Der *Wortschatz* wird nach den *Wortartkategorien* (Nomen, Verb usf.) klassifiziert. Die Konstruktionen oberhalb der Wortebene werden in *Konstruktionstypen* (bisher: nominales Satzglied, verbales Satzglied) und *Satzmustern* (bisher: Satzarten) eingeteilt.

Grundsätzlich ist davon auszugehen, daß alle grammatischen Kategorien grammatische Funktionen haben, auch wenn nicht alle Funktionen bei der grammatischen Analyse benannt werden.

§ 30   Grammatische Funktionen und Satzbedeutung

Die Leistung der Satzglieder für die Gesamtbedeutung des Satzes ergibt sich auch aus ihren grammatischen Funktionen, denn die Bedeutung eines Satzes entsteht aus zwei Komponenten:

1. Aus den lexikalischen Bedeutungen der Wörter [→ Wortarten § 37f und Wortbildung § 137.]
2. Aus den Bedeutungsleistungen, die die grammatischen Funktionen erbringen.

Beispiel: *Der Floh sucht den Menschen. – Der Mensch sucht den Floh.*

Hier werden mit denselben Worten zwei verschiedene Vorgänge ausgesagt. Die Worte sind dieselben. Sie bzw. die Satzglieder haben jedoch jeweils unterschiedliche grammatische Funktionen.

§ 31 GRUNDFUNKTIONEN IM SATZ: SUBJEKT UND PRÄDIKAT

Ausdrücke in zwei grammatischen Grundfunktionen konstituieren (lassen durch ihr Zusammenwirken entstehen) in jedem Standardsatz des Deutschen die Satzbedeutung: *Subjekt* und *Prädikat* (deutsch: *Satzgegenstand* und *Satzaussage*).

Die Funktion *Subjekt* wird durch ein *nominales Satzglied im Nominativ* ausgedrückt. Es steht in der Grundstellung an erster Stelle.

Die Funktion *Prädikat* wird durch den Rest des Satzes ausgedrückt, durch die *Verbalgruppe,* bestehend aus mindestens dem *verbalen Satzglied* sowie *nominalen Satzgliedern,* wenn sie vom Verb her notwendig sind. [Zu Einzelheiten → Verbklassen und Satzmuster § 58 und 93 ff].

Beispiele:

Subjekt		Prädikat
Vater	/	schnarcht.
Der Floh	/	beißt den Hund.
Der Postbote	/	bringt dem verliebten Mädchen einen Brief.
Der Junge	/	klopft dem Freund auf die Schulter.

Um die Verbalgruppe aus dem Satz auszugliedern, kann man das Verb in den Infinitiv setzen und dann eine Wortkette bilden:

> *Der Floh beißt den Hund. – beißen*
> *den Hund beißen: der Floh*
> *den Hund beißen:* Verbalgruppe als Prädikat
> (Rest) *der Floh:* nominales Satzglied als Subjekt.

Weitere Beispiele:
Der Postbote bringt dem verliebten Mädchen einen Brief. – bringen dem verliebten Mädchen einen Brief bringen / der Postbote.

> *Der Junge klopft dem Freund auf die Schulter. – klopfen*
> *dem Freund auf die Schulter klopfen / der Junge.*
> *Vater schnarcht. – schnarchen*
> *schnarchen / Vater.*

Das *Subjekt* eines Satzes kann man auch mit der Frage: Wer oder was tut etwas, ist etwas, geschieht? ermitteln. Diese analytische Frage macht deutlich, welche *Leistungen* das Subjekt für die Bedeutung des Satzes erbringen kann:

- Das Subjekt ist eine *Identifikationsgröße:* etwas oder jemand in der Welt wird identifiziert, genannt – dann wird im Prädikat etwas darüber ausgesagt. Daher der Name *Subjekt = Satzgegenstand.*
- Mit dem Subjekt kann jemand als *Handelnder,* als *Täter (Agens),* als *Geschehnisträger* gekennzeichnet werden.

> Beispiele:
> *Karin geht schwimmen.*   }
> *Mein Vater baut ein Haus.*   } Handelnder, Täter
> *Ein Unglück kommt selten allein.* }
> *Das Auto wird repariert.*   } Geschehnisträger
> [Zum Geschehnisträger → die Aktionsarten des Verbs § 59 und Passiv § 76.]

Das *Prädikat* kann sehr unterschiedliche Leistungen erbringen. Die Leistung hängt wesentlich von der *Semantik des Verbs* im Prädikat ab. Einige Hinweise:

- Das Verb kann semantisch fast leer sein und nur eine Eigenschaft zuordnen wie das Verb *sein* (sogenannte *ist*-Prädikation):
  Hans ist groß. – Hans ist ein großer Junge.
  Das Prädikat drückt hier aus, daß Hans Eigenschaften hat. Man könnte auch sagen: *der große Hans – der große Junge Hans.*
  Die *ist*-Prädikation kann auch eine Existenzaussage sein.
  Beispiele:
  Bonn ist eine Stadt am Rhein.
  Der Harz ist eines der deutschen Mittelgebirge.
- Das Verb kann ein ‚*Bewirken*' ausdrücken, der Handelnde bewirkt etwas:
  Mein Vater baut ein Haus. – Wir schaffen das moderne Deutschland.
- Das Verb kann ein ‚*Einwirken*', ein Betroffenmachen ausdrücken:
  Fritz schlägt Franz. – Ich lackiere das Boot.
- Das Verb kann einen Vorgang, ein Geschehen ausdrücken:
  Die Sonne scheint. – Der Motor läuft.

Bei diesen Unterscheidungen handelt es sich um Aspekte der im Verb ausgedrückten Handlungen, Vorgänge und Geschehnisse, sowie um Interpretationen, wie sich das beim Handlungsziel auswirkt.

In einer Strukturdarstellung (im sogenannten Strukturbaum) lassen sich die Beziehungen zwischen Satz, nominalem Satzglied als Subjekt und Verbalgruppe als Prädikat veranschaulichen:

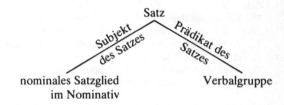

vereinfacht:

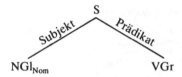

Beispiel:

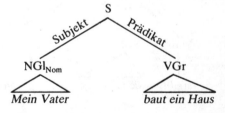

§ 32 Funktionen in der Verbalgruppe: Prädikatskern, Objekte, Ergänzungen und Prädikativ

In der *Verbalgruppe* sind gewöhnlich zwei Kategorien von Satzgliedern enthalten: das verbale Satzglied und nominale Satzglieder. Die Funktion des *verbalen Satzglieds* ist: *Prädikatskern;* die Funktion eines *nominalen Satzglieds* ist: *Objekt, Ergänzung* oder *Prädikativ.*

Weil es ohne verbales Satzglied keine Verbalgruppe gibt, ist das Verb der Kopf oder Kern der Verbalgruppe (Prädikatskern). Die meisten Verben haben nach Zahl und Art verschiedene nominale Satzglieder bei sich. Diese nominalen Satzglieder haben die Funktion von *Objekten* oder von *Ergänzungen* zum Prädikatskern (zum Verb) [→ Verbklassen und Satzmuster, Kapitel 4, § 93 ff].

Beispiele:

Der Hund folgt dem Herrn	(Dativobjekt)
Der Floh beißt den Hund.	(Akkusativobjekt)
Der Herr wartet auf den Zug.	(präpositionales Objekt) [→ § 35]
Er vergibt den Auftrag	(Akkusativobjekt und
an den Schiffsmakler.	präpositionales Objekt)
Der Zug fährt nach Hamburg.	(präpositionale Raumergänzung; Frage: wohin? [→ § 35])
Herr Müller ist Deutschlehrer.	(Prädikativ [→ § 108]).

Darstellung im Strukturbaum:

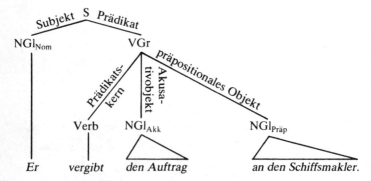

§ 33 Dativobjekt und Akkusativobjekt

Die fallbestimmten Objekte (Akkusativ- und Dativobjekt) kann man mit den analytischen Fragen (Hilfsfragen) wen oder was? und wem? ermitteln:

Beispiele:
Wen beißt der Floh? – den Hund.
Wem folgt der Hund? – dem Herrn.

Die *Leistung des Akkusativobjekts* wird als „direkt von einer Handlung oder einem Geschehen betroffen sein" gekennzeichnet. Deshalb findet man in mehreren Grammatiken die Bezeichnung *direktes Objekt*. Die Direktheit des Betroffenseins wird auch dadurch betont, daß das Akkusativobjekt als *Zielgröße* bezeichnet wird, als dasjenige, worauf die Handlung zielt.

Im Unterschied dazu ist das *Dativobjekt* nicht so unmittelbar von der Handlung oder dem Geschehen betroffen. Man spricht deshalb vom *indirekten Objekt*. Eine solche Annahme wird dadurch bestätigt, daß das Dativobjekt, wie auch das Präpositionalobjekt, gelegentlich weggelassen werden kann.

> Beispiel:
> *Ich bringe dir das Buch.*
> *Ich bringe das Buch.*

Daß man das Buch jemandem bringt, wird vorausgesetzt. *Wem* etwas gebracht wird, erscheint oft als weniger wichtig als das, *was* gebracht wird.

> Anmerkung:
> Man vergleiche dazu, daß das Akkusativobjekt nicht einfach fortgelassen werden kann. Wenn es wegen eines eindeutigen Kontextes fortfallen kann, muß es im Satz durch ein Pronomen *es* oder *sie* (Plural) angezeigt werden. (sogenannte ‚Platzhalter'):
> *Ich bringe dir das Buch. Hier ist es.*

Auf die Indirektheit des Dativobjekts wird auch mit der Bezeichnung *Zuwendgröße* hingewiesen. Diese Bezeichnung soll ausdrücken, daß man sich jemandem zuwendet oder daß das Geschehen jemandem gilt.

§ 34 ANGABEN: ATTRIBUTE UND ADVERBIELLE BESTIMMUNGEN

Neben denjenigen Satzgliedern, die zum Zustandekommen eines im grammatischen Sinne vollständigen Satzes notwendig sind (Subjekt, Prädikatskern, Objekte, Ergänzungen, Prädikative), gibt es Satzglieder und Erweiterungen einzelner Satzglieder, mit denen weitere – für die Aussage oft wichtige – Informationen hinzugefügt werden, die jedoch syntaktisch nicht notwendig, nicht obligatorisch sind. Syntaktisch nicht obligatorisch heißt hier: eine Konstruktion ist nicht Subjekt, ist nicht Prädikatskern und ist nicht vom Verb als Objekt, Ergänzung oder Prädikativ gefordert.

> Beispiel:
> *Zweimal am Tag geht die dänische Fähre nach Bagenkop.*
> In diesem Satz sind die Angaben *zweimal am Tag* und *dänische* syntaktisch nicht notwendig. Ein Satz ist auch: *Die Fähre geht nach Bagenkop.* – *nach Bagenkop* ist notwendige Richtungsergänzung.

Die Angabe *dänische* erweitert das nominale Satzglied *die Fähre* und bestimmt es näher. Sie hat deshalb den Funktionsnamen *Attribut (Beifügung).* Sie ist im Beispielsatz kategoriell ein Adjektiv. [Weitere Formen des Attributs → Adjektiv § 80 ff und Attribuierung § 129 ff.]

Die Angabe *zweimal am Tag* erweitert den ganzen Satz um eine Zeitangabe. Sie hat den Funktionsnamen *adverbielle Bestimmung,* weil in solchen Angaben Adverbien auftreten oder eingesetzt werden können, hier das Adverb *zweimal,* und weil eine nähere Bestimmung des Satzes, Verbs oder der Verbalgruppe erfolgt. – Sehr häufig erscheinen adverbielle Bestimmungen in der Form von präpositionalen Konstruktionen, hier *am Tag.* [Zu den verschiedenen Konstruktionstypen und strukturellen Einbindungen als Satzadverbial oder Verbadverbial → Adverbialisierung § 119 ff.]

§ 35 ABGRENZUNGSPROBLEME ZWISCHEN OBJEKT UND ANGABE SOWIE ZWISCHEN PRÄPOSITIONALER ERGÄNZUNG UND ADVERBIELLER BESTIMMUNG

Das Kriterium der Weglaßbarkeit ermöglicht kein sicheres Abgrenzen von Angaben gegenüber den Objekten.

Bereits in § 33 wurde die Weglaßbarkeit des Dativobjekts (wenn der sprachliche Kontext und die Semantik des Verbs es zulassen) behandelt. Dasselbe gilt auch für präpositionale Objekte; vgl. *Er vergibt den Auftrag (an den Schiffsmakler).* Solche weglaßbaren Objekte nennt man *fakultative Objekte.* Sie sind mit den Angaben nicht zu verwechseln, weil sie nicht durch ein Adverb ersetzt werden können.

> Anmerkung:
> Die prinzipiell immer mögliche Verkürzung von Sätzen im Sinne der regelhaften, sprachkontextgesteuerten Satzellipse oder der von der Situation gesteuerten Abweichung [→ § 22] ist hier nicht angesprochen.

Schwieriger ist die Unterscheidung zwischen präpositionaler Ergänzung und adverbieller Bestimmung. Alle Raum- und Zeitergänzungen können durch Adverbien ersetzt werden und werden deshalb leicht mit adverbiellen Bestimmungen verwechselt. Hier gibt es Grenzfälle, und die Intuitionen der Sprecher sind nicht gleichlaufend.

Beispiel: *Eine Fähre geht nach Bagenkop.*

Hier kann *nach Bagenkop* nicht weggelassen werden, es handelt sich um eine präpositionale Raumergänzung der Richtung.

Beispiel: *Der Wind bläst welke Blätter durch den Wald.*

Auch hier ist es kaum, aber etwas eher möglich, *durch den Wald* – also eine Ortsangabe – fortzulassen; wiederum wird man es als eine präpositionale Ergänzung klassifizieren.

Der Gepäckträger wuchtet den Koffer ins Gepäcknetz.

Hier kann man sich für eine präpositionale Ergänzung entscheiden, dann erkennt man

*? Der Gepäckträger wuchtet den Koffer.

nicht als grammatisch vollständigen Satz des Deutschen an. Erkennt man einen solchen Satz jedoch als vollständig an, dann ist *ins Gepäcknetz* eine adverbielle Bestimmung.

Beispiel: *Der Gepäckträger hebt den Koffer ins Gepäcknetz.*

Hier muß man sich für eine adverbielle Bestimmung entscheiden, denn

Der Gepäckträger hebt den Koffer.

ist ein vollständiger Satz des Deutschen.

Ob man diese präpositionalen Konstruktionen syntaktisch als Ergänzungen oder als adverbielle Bestimmungen einstuft, ändert am Verständnis deshalb nichts, weil hier die Bedeutungen der Einzelwörter, insbesondere der Präpositionen, das Verständnis steuern.

3. Wortarten des einfachen Satzes

3.1 Wort, Wortform und Wortart

§ 36 Zum Wortbegriff

So selbstverständlich jeder mit dem Begriff *Wort* umgeht und darunter eine feste Größe der Sprache versteht, so schwer ist es, eine abschließend verbindliche Wortdefinition zu geben. Man kann den Begriff Wort unterschiedlich definieren, je nachdem, ob man sich auf Äußerungen oder auf das Sprachsystem bezieht:

1. Das Wort ist eine für sich Bedeutung tragende, prinzipiell allein äußerbare Lautfolge; dem entspricht: es ist eine in schriftlichen Texten isoliert stehende, durch Zwischenräume eingegrenzte Buchstabenfolge.
2. Das Wort ist eine Einheit des Wörterbuchs, d. h. im Sprachsystem: es ist die unmittelbar erfahrbare Grundeinheit des Wortschatzes.

Jedes Wort ist zugleich eine semantische und eine syntaktische Einheit, d. h. es ist Sprachzeichen mit Verweis auf die Wirklichkeit [zur Semiotik der Zeichen → § 142 f], und es ist Element des Satzes mit syntaktischer Funktion. Man sieht das z. B. daran, daß Wörter zu Klassen zusammengefaßt werden können, weil sie immer wieder die gleiche Funktion im Satz erfüllen können, so daß wir von *Wortarten* sprechen.

§ 37 Wortformen und Flexion

Im Deutschen gibt es eine sehr große Erscheinungsvielfalt von Wörtern. Das liegt am reichen Ausbau des Wortschatzes durch Wortbildung [→ § 38 und Kap. 6 § 157 ff] und an einer vielfältigen Flexion. Beides führt im Neuhochdeutschen, bedingt durch die lautlichen Entwicklungen in der Sprachgeschichte, zu einer reichen Formenvielfalt. Von der äußeren Form her gesehen, lassen sich zwei Gruppen von Wörtern unterscheiden: *flektierende* und *nicht flektierende*. Die nicht flektierenden Wörter erscheinen immer in der gleichen Form. Die flektierenden Wörter erscheinen in verschiedenen Formen; die Erscheinungsformen von Wörtern nennen wir Wortformen.

Diese Wortformen enthalten alle ein *Stammorphem* (Morpheme sind die kleinsten bedeutungstragenden Einheiten des Sprachsystems [→ Wortbildung § 137]), das die semantische Bedeutung trägt und prinzipiell die Zugehörigkeit der Wortformen zu ein und demselben Wort im Sinne des Sprachsystems anzeigt [zum Wortartwechsel → § 38].

Beispiele:
Bett, Bettes, Bette, Betten;
schön, schöner, schöne, schönem, schönen, schönes.

Im Wörterbuch werden flektierbare Wörter unter einer Wortform, der *Zitierform* oder *Grundform*, aufgeführt, die gegebenenfalls endungslos sein kann.

Beispiele:
Infinitiv Präsens beim Verb: *laufen, schreiben*
Nominativ Singular beim Nomen: *(der) Mensch, (die) Frau, (das) Haus*
prädikative Form beim Adjektiv: *gut – (der Mensch ist) gut.*

Die Wortformen enthalten außerdem ein *Flexionsmorphem*, das von Wortart zu Wortart Unterschiedliches anzeigt *(äußere Flexion):*

– die Beziehung des Wortes zu anderen Wörtern im Satz [→ § 48 zur Kongruenz in nominalen Satzgliedern, § 58, 63. zur Kongruenz Verb – Subjekt]
– die syntaktischen Funktionen [→ § 31 zum Subjekt, § 33 zu den fallbestimmten Objekten]
– Genus, Numerus bei den Wortarten des nominalen Satzgliedes [→ §§ 45 ff]
– Tempus, Modus, Genera Verbi beim Verb [→ §§ 67 ff; zu Person und Numerus → Kongruenz Nomen – Verb § 58]
– Steigerung beim Adjektiv [→ § 83]

Die Flektierbarkeit und die Flexionsweisen von Wörtern gelten für alle Wörter einer Wortart. Im Rahmen der Flexion kann das Stammorphem lautlich variieren *(innere Flexion).*

Beispiele:
Ablaut beim Verb: *binden, band, gebunden*
Umlaute: *Haus, Häuser; Bund, Bünde; stark, stärker; band, bände, bändest.*

Wegen der Unterschiede in den äußeren Formen und der unterschiedlichen Leistungen der Flexion bei den Verben und den Nomina,

Pronomina, Artikeln sowie Adjektiven unterscheidet man zwischen der *Konjugation* der Verben und der *Deklination* der anderen flektierenden Wortarten.

§ 38 WORTART UND WORTARTWECHSEL

Die deutschen Wörter werden nach ihrer syntaktischen Leistung – die zugleich eine Leistung für die Satzbedeutung ist – zu Klassen zusammengefaßt, den *Wortarten,* auch Wortklassen genannt. Die Wortarten stellen ein grundlegendes Gliederungsprinzip des deutschen Wortschatzes dar: durch die Wortarten wird der Wortschatz in semantische Kategorien, wie Personen oder Dinge (Nomen), Vorgänge, Zustände oder Handlungen (Verben) und Eigenschaften (Adjektive und ein Teil der Adverbien) eingeteilt. Diese Kategorien werden als die *Hauptwortarten* bezeichnet, sowohl wegen ihrer besonderen Leistung im Satz als auch wegen der großen Zahl der Wörter, die in diese Klassen gehören. – Die anderen Wortarten enthalten wesentlich weniger Wörter.

Von der Wichtigkeit der Hauptwortarten her ist es auch zu erklären, daß die Stammorpheme dieser Wortarten fast durchgehend in allen drei Hauptwortarten auftreten *(Wortartwechsel).* Auch bei Wortartwechsel bleibt von der Semantik der Grundwortart viel erhalten: das Stammorphem wird nur syntaktisch neu markiert.

> Beispiel:
> *Sinn – sinnen – sinnlich; gut – Güte – vergüten.*

Für die Einstufung eines Wortes in die Wortarten gibt es drei Möglichkeiten:

1. Die Einstufung in die Grundwortart anhand der Semantik des Stammorphems.
2. Bei Wortartwechsel Einstufung in die abgeleitete Wortart anhand der Wortbildungs- und Flexionsmorpheme.
3. Die Einstufung nach dem syntaktischen Gebrauch.

Zu 1: Jedes Stammorphem läßt sich aufgrund seiner semantischen Leistung einer Wortartkategotie zuordnen: So ist das Stammorphem ‚*fahr*‘, das z. B. in *fahren, Fahrt* und *fahrig* erscheint, ein Verbstamm, weil es eine Bewegung und damit einen Vorgang zum Inhalt hat. Das Stammorphem ‚*mann*‘, das z. B. in den Worten *Mann, männlich, be-*

mannen erscheint, ist ein Nomen, weil es eine Person zum Inhalt hat; entsprechendes gilt für *Haus, hausen, häuslich* mit dem Stamm ,*haus*' und einem Ding bzw. Gegenstand als Inhalt. Der Stamm ,*lieb*' hat eine Eigenschaft zum Inhalt und somit die Grundwortart Adjektiv, erscheint aber nicht nur in *lieb*, sondern in *lieben, Liebe* und anderen Wörtern mehr.

Zu 2: Die Stammorpheme gehen, wie die Beispiele zeigen, in verschiedene Wörter unterschiedlicher Wortarten ein: *fahren* ist Verb wie sein Stamm, *-en* ist hier Flexionsendung. *Fahrt* ist durch das Morphem *-t* zu einem Nomen abgeleitet; *fahrig* durch *-ig* zu einem Adjektiv. Die Information über die Wortart ist in den hinzugefügten Morphemen enthalten, die den Wortartenwechsel bewirken, ein neues Wort bilden, und deshalb *Wortbildungsmorpheme* heißen.Wortartwechsel kann auch ausschließlich durch das Flexionsmorphem angezeigt werden, das dann zugleich Wortbildungsleistung erbringt, Beispiel: *Tag – tagen, schön – schönen.* Wortartwechsel geschieht auch durch die Wortbildungs- und Flexionsmorpheme *-lich* und *be-. . . -en* beim Stamm ,*mann*' und *-e* sowie *-en* beim Stamm ,*lieb*'. Auch bei kleineren Wortarten finden wir den angezeigten Wortartwechsel: *nach – nachdem, trotz – trotzdem.*

Zu 3: In einigen Fällen wird der Wortartwechsel in der Grundform nicht gesondert angezeigt, er geht aus dem syntaktischen Gebrauch hervor.

Beispiele:
– Jedes Adjektiv kann als Adverb gebraucht werden. Es gibt die endungslose prädikative Form des Adjektivs: *Das Auto ist schnell.,* die als Adverb gebraucht werden kann: *Das Auto fährt schnell.*
– Jedes Verb kann als Nomen gebraucht werden – und wird dann entsprechend dekliniert –: *Das Rattern der Motoren – wegen des Ratterns der Motoren.* (Hier könnte man auch der Flexionsendung wie unter 2 den Wortartwechsel zuschreiben, aber die Grundform ist endungslos.)
– Gelegentlich gibt es auch den Wechsel bei den kleineren Wortarten. Beispiele: *während des Essens* (Präposition) – *während er aß* (Konjunktion) – *bis ich nach Hamburg fahre* (Konjunktion) – *bis nach Hamburg* (Präposition).

3.2   Wortarten im nominalen Satzglied

§ 39   STRUKTUR DES NOMINALEN SATZGLIEDS

Im nominalen Satzglied treten regelmäßig folgende Wortarten auf: Nomen, Artikel, Pronomen als Personal-, Demonstrativ-, Relativ-, Indefinit- und Fragepronomen sowie Adjektiv und Zahlwort. Beispiele für nominale Satzglieder:

> *Hans, das Haus, es, dieser Mann, jener, ein anderer, wer, die kleine Maus, schönes Wetter, zwei Freunde.*

Adjektiv und Zahlwort stehen in einem engen funktionalen [vgl. Angaben und Kategorien (Wortartwechsel)] Zusammenhang mit dem Adverb und werden deshalb mit diesem in einem gesonderten Kapitel behandelt [→ §§ 79 ff]. [Zu Präpositionen→ §§ 89 ff.]

Beispiele

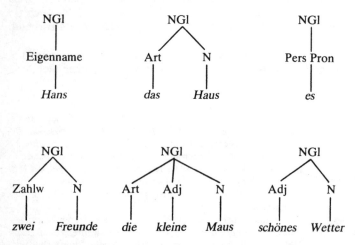

§ 40   DAS NOMEN ALS KOPF DES NOMINALEN SATZGLIEDES

Das nominale Satzglied hat seinen Namen deshalb nach dem Nomen, weil ein Wort dieser Wortart immer stehen muß, sofern es nicht durch einen Nomenersatz (Pronomen) vertreten wird.

Auch für die semantische Leistung des nominalen Satzgliedes ist das Nomen das bestimmende Element: nominale Satzglieder sind im Satz Geschehnisträger als Handelnde oder Betroffene [→ dazu §§ 31–33].

Aus diesen Gründen nennt man das Nomen den *Kopf des nominalen Satzglieds,* der durch die übrigen Elemente *modifiziert* (ergänzt, erweitert, abgewandelt) und *determiniert* (näher bestimmt) wird.

3.2.1 Das Nomen

§ 41 Semantische Leistungen der Nomina

Mit den Nomina werden überwiegend Dinge und Lebewesen in der Welt benannt, deshalb hat man *Nomen* (*Namenwort* und *Nennwort*) und *Dingwort* als Bezeichnungen. Der ebenfalls gebräuchliche Name *Substantiv* ist auf den alten lateinischen Terminus *nomen substantivum* zurückzuführen und bedeutet soviel wie ‚selbständiges, für sich stehendes Wort‘. Da dies auch für Verben und wohl auch für Adjektive gilt, scheint der Begriff nicht glücklich gewählt, ebenso wie der Begriff *Hauptwort,* der nur nahelegt, daß das Nomen das wichtigste Wort sei.

Neben der Benennung von Dingen und Lebewesen in der Welt – konkreten Gegebenheiten, weshalb man die entsprechenden Wörter *Konkreta* nennt – leistet das Nomen auch die sprachliche Benennung von geistigen Konzepten und Gefühlen – abstrakten Gegebenheiten, weshalb man die entsprechenden Wörter *Abstrakta* nennt.

Unter *Abstrakta* faßt man alle diejenigen Nomina zusammen, die geistige Konzepte über Erscheinungen in der Welt (Vorgänge, Zustände, Eigenschaften, Beziehungen), gedanklich Existierendes und Gefühlsregungen und -werte ‚auf die Begriffe bringen‘. Beispiele von Abstrakta sind:

> *Leben, Schreiben, Lauf, Bewegung, Dasein, Schlaf, Liebe, Klugheit, Treue, Stunde, Jahr, Freundschaft, Zuneigung, Nation, Langeweile.*

Metaphorischer Gebrauch eröffnet zusätzlich die Möglichkeit des Überganges in die andere Gruppe, Beispiel: *Quelle* als Gattungsname und als geistiges Konzept in *die Quelle meines Schaffens.* [Zur Metaphorik → § 148.]

Anmerkung:
Von der Gesamtleistung der Nomina her gesehen, sowohl
Konkreta (Dinge und Lebewesen) als auch Abstrakta zu benennen, ist die Bezeichnung *Dingwort* zu eng, so daß die Bezeichnungen *Nomen, Namenwort* und *Nennwort* die ange-
messensten zu sein scheinen.

§ 42 BEDEUTUNGSKLASSEN KONKRETER NOMINA

Die *Konkreta* lassen sich in Bedeutungsklassen unterteilen.
1. Eigennamen:

> *Peter, Franz, Sabine, Meier, Schmidt, Hamburg, Bonn, Deutschland,*
> *Frankreich, Europa, Asien.*

2. Gattungsnamen; Benennungen für Dinge und Lebewesen:

> *Haus, Tisch, Lampe, Baum, Nadelbaum, Tanne, Fisch, Vogel, Käfer,*
> *Mensch, Frau, Kind, Bürgermeister, Klavier, Klavierspieler, . . .*

3. Kollektiva (Sammelnamen); sie geben einer Mehrzahl von Lebewesen, Dingen, Vorgängen und Tätigkeiten, die jeweils als abgegrenzte Gesamtheiten gesehen wird, Namen. Dazu gehören insbesondere die Ableitungen mit *Ge-:*

> *Gefieder* – Gesamtheit aller Federn eines Vogels (gegenüber ‚*Federn*‘
>   als Plural und Gattungsname)
> *Gebirge* – räumlich begrenzte Gesamtheit von Bergen, z. B. die Al-
>   pen (gegenüber ‚ich habe *drei Berge* im Urlaub bestiegen‘)
> *Gebell* – zeitlich begrenztes und zusammenhängendes Bellen.

Kollektiva mit dem Charakter von Abstrakta sind auch einige Bildungen auf *-heit (Christenheit)* und *-schaft (Beamtenschaft, Gesellschaft, Bruderschaft).*
Ob man Nomina wie *Herde, Wald, Vieh* als Kollektiva im Sinne ab-
gegrenzter Gesamtheiten ansieht, sei dahingestellt.
Der Gebrauch des Plurals setzt Kollektiva mit Gattungsnamen
gleich: *die Gebirge der Erde, Die Bruderschaften.*

4. Stoff- und Materialnamen benennen einen Stoff im Sinne des Materials. In dieser Funktion stehen sie immer im Singular, oft ohne
Artikel.

> *Wasser ist naß. – Eisen ist schwer. – Holz schwimmt. Brot, Kuchen,*
> *Milch, Bier, Gold, Metall, Lehm, . . .*

Mit Artikeln und insbesondere im Plural gebraucht sind diese Wörter Gattungsnamen: *die Brote, die Hölzer, die Öbste* (→ § 148 Text von Morgenstern).
Bei einigen Materialnamen ist dieser Konstruktionstyp und damit diese Sichtweite nicht möglich: *Fleisch, Gold, Eisen, Milch.*

5. Mengenangaben; hiermit ist die kleine Gruppe von Nomina erfaßt, die Mengen benennt; sie haben ein zweites Nomen als Gattungsnamen bei sich.

> *eine Anzahl Bücher, eine Menge Kuchen, ein Dutzend Eier, ein Haufen Leute, ein Pfund Butter,* . . .

§ 43 Wortbildung zum Nomen (Wortableitung)

Man kann den sehr reichhaltigen Wortartwechsel zum Nomen unter verschiedenen Gesichtspunkten betrachten:

1. Inhaltlich nach den semantischen Leistungen der Wortableitungen, z. B. Tätigkeitsbenennung (nomen actionis) wie bei *Lauf, Hoffnung, Klingelei, Wanderschaft.*
2. Unter Gesichtspunkten des Wortartwechsels: von wo wird gewechselt (Herkunft)? So unterscheidet man etwa *Deadjektiva (frisch – Frische, Frischling, schön – Schönheit, bange – Bangigkeit)* und *Deverbativa (schreien – Schrei, singen – Gesang).*
3. Unter dem Gesichtspunkt der Wortbildungsmuster unterscheidet man *Suffixbildungen,* z. B. auf *-el (Nebel, Deckel, Ärmel)* oder -*ung (Hoffnung, Versuchung)* von *Präfixbildungen (Gesang, Geschrei, Untier).*

Wir gliedern nach den beiden ersten Prinzipien, die insofern zusammenhängen, als die Wortarten selbst über Inhalte konstituiert sind, mit denen das Herkunftsprinzip dann auch oft übereinstimmt. [Zu Wortbildungsmustern → Kap. 6 § 138 ff.]
Folgende Bedeutungsgruppen entstehen durch Wortableitung oder werden durch sie ausgebaut.

A Neubildungen aus Verben (Deverbativa)

1. *Nomina actionis (Tätigkeitsnomina);* sie sind das Ergebnis einer Nominalisierungstransformation [→ §§ 122, 125.4] aus verbalen Aussagen:
   > *jemand ruft – der Ruf.*
   Es gibt mehrere Ableitungstypen.

a) Der Verbstamm wird (gegebenenfalls in Ablautform) ohne Ableitungsmorphem nominal gebraucht:
   Ruf, Stich, Band.
b) Jeder Infinitiv des Deutschen kann nominal gebraucht werden:
   das Lachen, das Weinen, das Leben, das Sterben.
c) Ableitung mit einem Ableitungsmorphem:
   Umleitung, Wagnis, Fummelei, Gebrüll, Getue.

2. *Nomina acti* (Nomen einer ausgeführten Handlung): sie resultieren aus einer Nominalisierung aus der Sicht des Betroffenen (objektbezogen) bzw. in passivischer Sicht:
   jemand wird geschlagen   – er ist ein Geschlagener
   etwas wird aufgeschüttet – das Aufgeschüttete.

Ableitungstypen:
a) Nominaler Gebrauch von Formen des Partizips Perfekt:
   der Geschlagene, der Abgeordnete, der Vernichtete, der Erlöste, der Zerstörte.
b) Ableitungen aus verbalem Stamm ohne Ableitungsmorphem:
   Bund, Schutt, Erlös, Gewinn.
c) Ableitungen mit Ableitungsmorphem:
   Mitbringsel, Waschung, Erkältung, Pflegling.

   Anmerkung:
   Die Nomina acti sind insofern eng mit den Nomina actionis verwandt, als der Unterschied zwischen passivischer und aktivischer Sicht nicht immer deutlich wird, etwa bei
   jemand ruft – der Ruf, und *jemand wird berufen – der Ruf,*
   (auf eine Professur z. B.) oder *etwas wird gerufen – der Ruf*
   – (der Ruf tönt) jemand vernichtet – Vernichtung
   etwas wird vernichtet – Vernichtung

3. *Nomina agentis* (Nomen des Handelnden); Personen und Tiere werden nach ihrer Tätigkeit, ihrem Verhalten bezeichnet; es handelt sich um eine Nominalisierung aus verbaler Aussage:
   er lehrt – er ist ein Lehrer.

Ableitungstypen:
a) Die Verbform des Partizips Präsens und seltener des Partizips Perfekt werden nominal gebraucht:
   Reisender, Vorsitzender, Hinterbliebener.
b) Mit Ableitungsmorphem gebildet:
   Bäcker, Maler, Schneider, Schriftführer, Regenpfeifer, Lieferant, Regent.

4. *Nomina instrumenti* (Nomen als Mittel): Kennzeichnung als Träger einer Handlung oder eines Vorgangs bzw. Mittel (Werkzeug) einer Tätigkeit.

Ableitungen mit Ableitungsmorphem:
   Deckel, Leuchter, Sammler (Kläranlage), *Stöpsel, Leuchte, Vorsorge, Anzeige.*

B Neubildungen aus Adjektiven (Deadjektiva):

5 *Nomina qualitatis* (Nomen der Qualität): sie bezeichnen Eigenschaften und Zustände. Sie sind das Ergebnis einer Nominalisierungstransformation aus prädikativen Adjektiven:
>   *etwas ist stark – die Stärke*
>   *jemand ist dick – der Dicke*
Ableitungstypen:
a) Nominaler Gebrauch der Grundform des Adjektivs mit Genus Neutrum:
>   *das Grün, das Gut, das Hoch, das Tief.*
b) Nominaler Gebrauch des attributiven Adjektivs, teilweise mit Umlaut:
>   *das Gute, die Güte, das Tiefe, das Hohe, die Höhe.*
>   *Anmerkung:*
>   Aus *gut* und *hoch* ist hier zweimal abgeleitet worden; ahd. *guoti, hôhi* wurde durch Lautwandel zu *Güte, Höhe;* später erneut Ableitung mit der Flexionsendung *-e.*
c) Ableitung mit Ableitungsmorphem:
>   *Klugheit, Dummheit, Schönheit, Einsamkeit, Schludrigkeit, Süßigkeit, Launenhaftigkeit, Eigentum, Banalität, Plastizität* (aus *plastisch*), *Schönling, Feigling.*
d) Rückbildung aus zusammengesetzten Ableitungen;
aus *kleinmütig* wurde *Kleinmut:* dieser Rückbildungsprozeß ist sprachgeschichtlich nachgewiesen, wird aber heute wohl nicht mehr nachvollzogen.
Weitere Beispiele: *Habgier, Eigensinn, Freimut, Kleinstadt.*
6. *Diminutiva* (Verkleinerungen) mit affektiver Bedeutung, Kosewörter und Verniedlichungen:
>   *Dummchen, Klugchen, Goldchen, Dummerlein.*

C Neubildungen aus Nomina

7. *Personenbezeichnungen*
Neubildungen mit Ableitungsmorphemen
a) aus Eigennamen: *Hegelianer, Berliner, Amerikaner*
b) aus Gattungsnamen: *Dichterling, Postler, Drogist, Mariner, Alkoholiker*
c) Genuswechsel: *Lehrerin, Partnerin, Drogistin, Berlinerin.*
8. *Sammelbezeichnungen*
Neubildungen mit Ableitungsmorphem:
*Beamtenschaft, Bürgerschaft, Bücherei, Meierei, Abtei Ge-*Bildungen [→ Kollektiva § 41]: *Gebirge, Gestühl, Gehörn.*
9. *Diminutiva,* Verkleinerungen, oft Kosenamen und Verniedlichungen (vgl. auch Gruppe 6) [zu den Konnotationen → § 139].
Neubildungen mit Wortbildungsmorphem:

Herzchen, Kindchen, Kinderchen, Dämchen, Kindlein,
Tischlein, Tierlein, Rehlein.
Anmerkung:
im Süddeutschen häufig mit dialektalem *-le* (Schwäbisch):
Tierle, Mädle, Büble, Bettle.
10. Grenzfälle zu Zusammensetzungen
   Zu Grenzfällen, z. B. Bildungen auf *-zeug (Werkzeug), -kram*
   (Spielkram), sowie zu Präfixbildungen *Un- (Unmensch)* und *Ur-*
   (Urtier) → Wortbildung § 138.

§ 44 Die Deklination des Nomens

Die deutsche Deklination erbringt folgende Leistungen:
1. Unterscheidung nach dem *Genus.*
2. Unterscheidung nach dem *Numerus.*
3. Unterscheidung nach dem *Kasus.*
Die Deklination der Nomina wird sowohl durch Endungen (äußere
Flexion) und durch Umlaut (innere Flexion) als auch durch den das
Nomen im Satz oft begleitenden Artikel [→ § 48] ausgeformt.

§ 45 Genus (grammatisches Geschlecht)

Nach dem Genus teilt man die Nomina in drei Klassen ein, die in
der Grundform durch die Artikel mit *der – die – das* unterschieden
werden. Diese Klassen haben die Bezeichnungen *Maskulinum, Femi-*
ninum und *Neutrum* (Deutsch in Adjektivform gebräuchlich: *männ-*
lich, weiblich, sächlich). Da die grammatischen Bezeichnungen nicht
immer mit dem natürlichen Geschlecht der mit den jeweiligen Nomina
bezeichneten Lebewesen übereinstimmen, spricht man hier von einem
grammatischen Geschlecht.

Beispiele:
der Junge – der Ofen – der Gedanke   (Maskulinum)
die Tante – die Säge – die Treue   (Femininum)
das Mädchen – das Rohr – das Problem   (Neutrum)

Mit Wortbildungselementen gebildete Nomen erhalten das grammatische Geschlecht durch das Wortbildungsmorphem.

Beispiele:
der König – die Königin, das Königtum
die Frau – das Frauchen, das Fräulein, das Frauentum
schön – die Schönheit, der Schönling
schneiden – der Schneider, die Schneiderin, die Schneiderei
malen – der Maler, die Malerin, das Gemälde
winden – das Gewinde, die Winde, die Windung

Alle als Nomina gebrauchten Wörter, soweit sie nicht Personen bezeichnen, werden als Neutrum eingestuft, wenn sie in der Grundform übernommen werden:

das Fahren, das Bellen, das Du, das Es, das Pro und Kontra, das Grün, das Für und Wider, das A und O.

Wenn Lebewesen gemeint sind, wird das grammatische Geschlecht dem natürlichen Geschlecht angeglichen:

der Taubstumme – die Taubstumme
der Kranke – die Kranke
der Getriebene – die Getriebene
der Reisende – die Reisende.

Einige Besonderheiten

a) Mit einigen maskulinen Nomina sowie mit feminin gebrauchten Titelnamen werden sowohl männliche als auch weibliche Personen bezeichnet:

der Mensch, der Gast, der Star, der Minister, ohne Artikel: *Doktor, Professor, Ingenieur*
(aber *Ärztin, Architektin* für die Berufsbezeichnungen).
Umgangssprachlich auch *die Professorin, Doktorin, Ministerin.*

b) Einige Nomina haben verschiedenes grammatisches Geschlecht, dadurch werden Bedeutungen unterschieden (streng genommen handelt es sich um lautgleiche Wörter, z. T. um Metaphern und z. T. um Homophone) [Zur gleichen Lautgestalt verschiedener Wörter (Homophonie) → Semiotik § 147].

Beispiele:
der Teil (Stück eines Ganzen im Ganzen: *der Teil eines Buches*) *– das Teil* (abtrennbares oder abgegrenztes im Ganzen: *das Ersatzteil*), *der See – die See, der Erbe – das Erbe, der Gehalt – das Gehalt, der Verdienst – das Verdienst, der Tau – das Tau, der Leiter – die Leiter, der Tor – das Tor, der Kiefer – die Kiefer.*

§ 46 NUMERUS

Das Deutsche kennt nur zwei Numeri: *Singular (Einzahl)* und *Plural (Mehrzahl)*.

> Anmerkung:
> Andere Sprachen kennen darüberhinaus z. B. einen *Dual* (Zweizahl); im Deutschen ist er noch umgangssprachlich in der Flexionsform *zween* von *zwei* vorhanden.

Aus sprachgeschichtlichen Gründen ist die Pluralbildung im Deutschen sehr vielfältig. Auf sprachgeschichtliche Ursachen ist auch das heute ungeregelt erscheinende Hinzutreten des Umlauts im Plural zurückzuführen.

Ursache war ein -*i* in der Folgesilbe. Es bewirkte in ahd. Zeit Umlaut der ‚dunklen' Vokale, z. B. *Hahn – Hähne, Huhn – Hühner, Gott – Götter.* Im Laufe der Geschichte ist das zum Teil ‚nachgemacht' worden (Analogieprinzip), zum Teil aber auch nicht.

Die wichtigsten Formen der Pluralbildung sind:

a) Ohne besondere Pluralendung, aber teilweise mit Pluralkennzeichnung durch Umlaut stehen eine Reihe von Maskulina und Neutra.

> Beispiele:
> *der, die Schlingel, Hebel; der die Ober; der, die Bäcker; der, die Humpen; der, die Brocken; das, die Mädchen; das, die Fenster;, das, die Messer; das, die Kapitel; Ofen – Öfen, Bruder – Brüder, Apfel – Äpfel, Schnabel – Schnäbel, Hafen – Häfen.* Regelmäßig mit Umlaut gebildet werden umlautfähige Femina auf -*er;* sonst Plural auf -*n* (→ Typ c): *Mutter – Mütter, Tochter – Töchter.*

b) -*e* bei allen drei Genera: *Hahn – Hähne, Schaf – Schafe, Tor – Tore, Maus – Mäuse*

c) -*en* oder –*n* bei allen drei Genera: *Mensch – Menschen, Murmel – Murmeln, Rose – Rosen, Herz – Herzen*

d) -*er* bei Maskulinum und Neutrum: *Geist – Geister, Gott – Götter, Licht – Lichter, Faß – Fässer.*

e) -*s* bei vielen Fremdwörtern und einigen deutschen Wörtern, bei letzteren oft umgangssprachlich:
   – bei Fremdwörtern: *Motels, Girls, Autos, Sofas, Kulis, Echos, Cafes, Büros, Salons, Apparatschniks, Espressos, Gurus*
   – bei deutschen Wörtern, die auf Vokal (außer -e) enden: *Uhus, Muttis, Vatis, Bubis*
   – bei Kurzwörtern aus Silben oder Buchstaben: *Vopos, Akkus, VWs, BMWs, Unis* (aber *Asta – Asten*), *Spezis*

– bei Wörtern, die aus dem Niederdeutschen kommen oder dia-
lektal gebraucht werden: *Decks, Wracks, Haffs, Steppkes, Jungs*
– umgangssprachlich finden sich einige Wörter und viele Spontan-
und Scherzbildungen auf *-s: Mädels, Jungens, Kumpels; Fuß-
ballspielers* und *Fußballers, Schreibers, Schlingels, Onkels,
Menschers, Muffels, Dackels*

f) Besonderheiten

– Einige Nomen mit verschiedener Bedeutung aber gleicher Lautgestalt [Homophone → Semiotik § 147] unterscheiden sich im
Plural:

Beispiele:
Bank – Bänke, Banken; Mutter – Mütter, Muttern (Schrauben);
Strauß – Sträuße, Strauße (Vögel) *Mann – Männer, Mannen* (alter
Plural); *Schild – Schilde.* (Schutzschilde) *Schilder; Wort – Worte* (ei-
ner Äußerung, zusammenhängend, geflügelte Worte), *Wörter* (ein-
zeln, im Wörterbuch).

– Einige Fremdwörter werden in der fremdsprachlichen Pluralform im Deutschen dekliniert; daneben findet man umgangssprachlich häufig die Form auf *-s: Komma – Kommata, Kommas; Balkon – Balkone, Balkons*
– Einige Fremdwörter bilden unregelmäßige Pluralformen:
Thema – Themen, auch *Themata; Firma – Firmen, Schema –
Schemata* (fälschlich auch *Schemen), Mineral – Mineralien, Fos-
sil – Fossilien, Ministerium – Ministerien, Atlas – Atlanten,
Album – Alben*

g) Stoffnamen haben keinen Plural; zum Gebrauch in Pluralform als
Gattungsname → § 42.
Mais-, Heu-, Eisen-

h) Ebenfalls keinen Plural haben Maßbezeichnungen, die Maskulina
oder Neutra sind, wenn sie vor einem anderen Nomen stehen:
*20 Grad Celsius, drei Glas Bier, fünf Mann Besatzung, zwei Pfund
Mehl.*
Bei femininen Maßbezeichnungen hat man jedoch Plural:
zwei Tassen Tee, drei Tüten Milch.

§ 47 Kasus

Mit den *Kasus* (deutsch: *Fällen*) werden den nominalen Satzgliedern unterschiedliche syntaktische Werte (Funktionen) als Objekte
und als Angaben im Satz zugewiesen.

Die lateinischen Namen der Kasus sind, wie der Name Kasus selbst, geschichtlich überlieferte, aber durchaus nicht in allen Fällen korrekte Bezeichnungen der Leistungen, die mit dem Kasus angezeigt werden.

1. *Nominativ* (der zur ‚Nennung‘ dienende Fall)

Diese Benennung deutet an, daß der Nominativ im Gegensatz zu den anderen drei Fällen derjenige ist, der außerhalb jeder syntaktischen Verwendung als Grundform in Nennfunktion und als Einwortäußerung gebraucht werden kann; deshalb wird er auch ‚casus rectus‘ genannt; dieser Name verweist zusätzlich auf die besondere Stellung des Subjekts (des im Nominativ stehenden nominalen Satzglieds) im Satz [→ dazu § 31, § 108, *ist*-Prädikation]. Die ‚übrigen‘ Fälle (‚casus obliqui‘) zeigen eine syntaktische Einordnung an; ihr Gebrauch ist an einen syntaktischen Rahmen gebunden.

2. *Genitiv* (auch *Genetiv;* falsche Benennung als der ‚Zeugende‘)

Eigentlich ist der Genitiv ein Kasus des Bereichs; er gibt Zugehörigkeit, Herkunft, Qualität usw. an und wird deshalb vorwiegend in attributiven Angaben gebraucht *der Herr des Hauses* [→ Attribut § 132]. Darüberhinaus gibt es adverbialen Gebrauch (z. B. *eines Morgens* → § 108,2]. Als Genitivobjekt kommt er nur bei wenigen Verben vor (z. B. *sich einer Sache erinnern* → § 97)

3. *Dativ* (‚der zum Geben gehörende Fall‘)

Er kennzeichnet als ‚Objekt‘ jemanden oder etwas, dem eine Handlung, ein Vorgang, ein Geschehen gilt oder zugewendet ist [→ § 32].

4. *Akkusativ* (falsche Benennung ‚der die Anklage betreffende Fall‘)

Eigentlich der Kasus des Bewirkten und Betroffenen [→ zu den Leistungen § 32].

> Anmerkung:
> Das deutsche Kasussystem ist keineswegs allen Sprachen gemein. Selbst in den Vorstufen des Deutschen und in verwandten Sprachen wie dem Lateinischen und Griechischen gab bzw. gibt es weitere Kasus, z. B. Ablativ, Lokativ, Instrumental, Vokativ.
> In deutschen Schulgrammatiken und Sprachbüchern findet man für die Kasus Benennungen wie wer-Fall, wes-Fall, wem-Fall, wen-Fall oder 1., 2., 3. und 4. Fall.

Die Endungsformen der Kasusdeklination waren im Althochdeutschen noch ausgebauter und differenzierter. Sie sind im Neuhochdeutschen auf ganz wenige Endungen zusammengeschrumpft, und zwar *-s (-es)* für den Genitiv Singular Maskulinum und Neutrum, *-n*

(-en) für den Dativ Plural sowie seltenes *-e* für den Dativ Singular Maskulinum und Neutrum. Die Fälle werden in erster Linie durch Artikel und, soweit vorangestellt, attributive Adjektive angezeigt. Das Femininum flektiert im Singular endungslos.

Ebenfalls ein sprachgeschichtlicher Rest ist die Unterscheidung in die sogenannte ‚starke‘ und ‚schwache‘ Deklination. Maskulina flektieren stark und schwach, die Neutra immer stark, wie in der Tabelle zusammengefaßt; eine Ausnahme bilden nominalisierte Adjektive auf *-e*, die alle schwach flektieren.

Maskulina

stark:

Nom.	der	Schüler	Deckel	Wal	Uhu	Mann	Kolibri
Gen.	des	Schülers	Deckels	Wal(e)s	Uhus	Mannes	Kolibris
Dat.	dem	Schüler	Deckel	Wal(e)	Uhu	Mann(e)	Kolibri
Akk.	den	Schüler	Deckel	Wal	Uhu	Mann	Kolibri

schwach:

Nom.	der	Mensch	Bär	Hase	Affe	Knabe
Gen.	des	Menschen	Bären	Hasen	Affen	Knaben
Dat.	dem	Menschen	Bären	Hasen	Affen	Knaben
Akk.	den	Menschen	Bären	Hasen	Affen	Knaben

Neutra

stark:

Nom.	das	Tier	Lager	Gut	Auge	Kabel	Gnu
Gen.	des	Tieres	Lagers	Gut(e)s	Auges	Kabels	Gnus
Dat.	dem	Tier(e)	Lager	Gut(e)	Auge	Kabel	Gnu
Akk.	das	Tier	Lager	Gut	Auge	Kabel	Gnu

Femina deklinieren ohne Flexionsendung im Singular

Nom.	die	Frau	Tür	Suppe	Schwester	Menagerie
Gen.	der	Frau	Tür	Suppe	Schwester	Menagerie
Dat.	der	Frau	Tür	Suppe	Schwester	Menagerie
Akk.	die	Frau	Tür	Suppe	Schwester	Menagerie

Nominalisierte Adjektive auf -e deklinieren schwach

	Mask.	Fem.	Neutr.
Nom.	der *Gute*	die *Gute*	das *Gute*
Gen.	des *Guten*	der *Guten*	des *Guten*
Dat.	dem *Guten*	der *Guten*	dem *Guten*
Akk.	der *Gute*	die *Gute*	das *Gute*

Anmerkung:
Das -e im Dativ Singular der starken Deklination ist im
Schwinden begriffen und wirkt im normalen Sprachgebrauch
seltsam.
Der Genitiv wird heute nicht selten – besonders umgangs-
sprachlich – durch präpositionales *von* und Dativ ersetzt *Das
Haus von Vater – Die Regierung von Deutschland.*

Die Pluralformen sind zwar der äußeren Gestalt nach vielfältig [→
§ 46], außer durchgehendem -*n* (-*en*) im Dativ Plural gibt es, abgesehen von Plural auf -*s*, jedoch keine Flexionsendungen.

Nom.	*die* Mädchen	Fenster	Öfen	Äpfel	Tore	Mäuse	Rosen	Fässer	Autos
Gen.	*der* Mädchen	Fenster	Öfen	Äpfel	Tore	Mäuse	Rosen	Fässer	Autos
Dat.	*den* Mädchen	Fenstern	Öfen	Äpfeln	Toren	Mäusen	Rosen	Fässern	Autos(!)
Akk.	*die* Mädchen	Fenster	Öfen	Äpfel	Tore	Mäuse	Rosen	Fässer	Autos

3.2.2 Der Artikel

§ 48   Der bestimmte und der unbestimmte Artikel

Das Deutsche kennt zwei Artikel, den bestimmten und den unbestimmten Artikel. Die Artikel dienen überwiegend der Kennzeichnung der syntaktischen Funktion der Nomina im Satz, und der Differenzierung nach Genera, Numeri und Kasus (in Kongruenz zum
Nomen).
Der *bestimmte Artikel* hat sich aus dem Demonstrativpronomen
entwickelt; entsprechend kann er auch heute noch als Demonstrativum gebraucht werden: *d e r Mann da – d e n meine ich – d a s Haus
möchte ich haben* [→ § 53].
Der *unbestimmte Artikel* hat sich aus dem gleichlautenden Indefinitpronomen und Zahlwort entwickelt [→ § 56 und § 84].
Die Ursache für die Herausbildung der Artikelformen in geschichtlicher Zeit (ahd. und später) ist im Verfall der Deklinationsendungen
des Nomens zu sehen.

Die Formentabelle zeigt die morphologische Variation der Artikel-deklination.

		Maskulinum	Femininum	Neutrum
Singular	Nom.	der	die	das
	Gen.	des	der	des
	Dat.	dem	der	dem
	Akk.	den	die	das
Plural	Nom.		die	
	Gen.		der	
	Dat.		den	
	Akk.		die	
Singular	Nom.	ein	eine	ein
	Gen.	eines	einer	eines
	Dat.	einem	einer	einem
	Akk.	einen	eine	ein

Den unbestimmten Artikel im Plural gibt es nicht.

Semantische Leistungen

Neben der grammatischen Kennzeichnung der Nomina erbringen die Artikel auch semantische Leistungen.

Mit dem *bestimmten Artikel* wird ein Nomen als irgendwie Bestimmtes und Bekanntes gekennzeichnet. Typische Fälle:

– Kollektiva und allgemein bekannte Begriffe, sofern sie unter dem Gesichtspunkt der Bekanntheit geäußert werden:
   Die Ehe ist eine Institution. – Aber: *Sie führen eine gute Ehe.*

– allgemein bekannte Begriffe, auch religiöser und ethischer Art:
   Das Leben ist hart. – *Die Menschheit, die Kultur, der Buddhismus, der Himmel, die Erde*

– Personen oder Sachen im Singular, die als repräsentativ für eine Gattung genannt werden:
   Der Hund ist der Freund des Menschen.
   Im Plural entfällt hier der Artikel, außer im Genitiv:
   Hunde sind Freunde der Menschen.

Mit dem *unbestimmten Artikel* wird ein beliebiges, als unbestimmt vorausgesetztes oder noch nicht genanntes Einzelnes angezeigt. Der Aspekt der Zahl wird dabei einmal mehr und einmal weniger betont.

Im Plural wird kein unbestimmter Artikel gebraucht. Wenn der Zahlaspekt betont werden soll, steht ein unbestimmtes Zahlwort:

> *Ein Matrose kommt selten nach Hause. – Matrosen kommen selten nach Hause.*
> *Er probierte einen Apfel. – Er probierte Äpfel.*
> *Er probierte einen Anzug an. – Er probierte viele (mehrere) Anzüge an.*

Kein Artikel wird normalerweise gesetzt:

– wenn attributiv gebrauchte Pronomina, Adjektive oder Zahlwörter den Kasus anzeigen oder ein Genitivattribut vorangestellt wird:

> *dieser Mann – jene Frau – welches Kind? – irgendein Dummkopf – alle Leute* (aber auch *all die Leute*) *– wenig Kluges – etwas Honig – schönes Wetter – jeder Mensch – sein Geld – des Königs Grenadiere – Kiels Polizeipräsident – Frau Meiers Pelzmantel – Peters Freundin*

– bei Eigennamen:

> *Müller schießt viele Tore. – Goethe lebte in Weimar. – Franz und Franziska lieben sich.*
> Gelegentlich wird bei Eigennamen der bestimmte Artikel verwendet, entweder wenn eine bestimmte Person gemeint ist, die als bekannt vorausgesetzt wird *(Die Venus von Milo. – Der Faust von Goethe. – Er ist der Napoleon Deutschlands. – Der Müller schießt dieses Jahr nicht so viele Tore.)*, oder mit selbstabgrenzendem Nebensinn *(Die Petra geht gern tanzen, die Marion nicht.)*

– wenn ein Nomen in einem allgemeinen Sinne genannt ist:

> *Ein Leben in Leidenschaft. – Friedrich Barbarossa, König von Gottes Gnaden.*

– Stoffnamen, wenn sie allgemein aufzufassen sind:

> *Milch ist gesund. – Wir kaufen Brot. – Gold glänzt.*

– in Sprichwörtern und allgemeinen Redewendungen, vor allem bei Präpositionen:

> *Reden ist Silber, Schweigen ist Gold. – Kind und Kegel – mit Mann und Maus – in Saus und Braus – mit Haut und Haar – nach Hause – an Bord – bei Tisch – zu Bett – über Leichen gehen – unter Angabe von Gründen – als Fachmann muß ich sagen.*

– Bei einer Reihe von Präpositionen verschmilzt der Artikel mit der Präposition (enklitischer Artikel)

an das Fenster – ans Fenster, an dem Fenster – am Fenster;
aber: *an die Türe, an der Türe*

Weitere Präpositionen mit enklitischem Artikel sind:

aufs (aber *auf dem, auf den*), *ins* (aber *in der*), *im, fürs* (aber *für den*),
beim, zum, zur, vom . . .

3.2.3 Die Pronomina

§ 49 Leistung der Pronomina

Im Deutschen gibt es einen festen, kaum noch erweiterungsfähigen
Bestand an Pronomina. Wie der Name *Pronomen* („für das Nomen')
schon sagt, ist es die Hauptleistung von Pronomina, an der Stelle von
Nomina zu stehen. Sie können ganze nominale Satzglieder im Satz und
Text vertreten. *(Der Hund bellt. Er ist wütend.)* Außerdem können
sie wie ein attributives Adjektiv gebraucht werden, d. h. vor das Nomen treten. *(Irgendein Hund bellt in der Ferne.)*

Die Pronomina sind Ausdruck der ich-Origo des Sprechers [→ § 9].
Mit ihnen verweist der Sprecher auf Rollenträger im Satz *(ich, du, er,
sie, es)* und paßt seine sprachlichen Äußerungen in den Redekontext
bzw. Schreibkontext, z. B. *Der Hund bellt, er wedelt mit dem
Schwanz, er* . . . und in den Situationskontext ein, z. B. durch Zeige-
geste und demonstratives *Den da will ich!.* Außerdem fällt der Sprecher mit den Pronomina Urteile – über Mengen und Zahlen z. B. mit
den Indefinitpronomina: *viele, manche, einige, einzelne* . . .

Die Kontext-, Rollen-, Situations- und Urteilsgebundenheit der
Pronomina bedingt, daß man ihre Semantik, wenn man sie für sich betrachtet, als ‚relativ' empfindet und beurteilt.

Mit den ersetzenden Pronomina kann jedes beliebige Nomen und
damit dessen Inhalt in einem Text und in einer Situation aufgegriffen
werden, dieses Nomen muß den am Gespräch Beteiligten bzw. dem
Leser aus dem Sprachkontext oder aus der Gesprächssituation gegenwärtig sein.

Bei adjektivischem Gebrauch ordnen die Pronomen das durch sie
näher bestimmte Nomen in den sprachlichen Kontext oder den situativen Kontext der Kommunikation ein:

dieser Mensch   – jemand wird aus einer Gruppe herausgehoben
jener Mensch   – Jemand wird gegen ‚*diesen*' abgehoben

irgendein Mensch – jemand wird als in der Gesamtheit aller Menschen vorhandener angesprochen

welcher Mensch? – jemand wird gesucht, als nicht bekannt angesprochen

Die Pronomina sind damit diejenigen Redemittel, die Sätze zu Äußerungen, zu kommunikativen Handlungen machen *(deiktische Funktion, Verweisfunktion).*

Nach ihren inhaltlichen und syntaktischen Leistungen unterscheidet man das Personalpronomen und das Reflexivpronomen, das Possesivpronomen, das Demonstrativpronomen, das Relativpronomen, das Interrogativpronomen (Fragepronomen) und das unbestimmte Pronomen.

§ 50   Das Personalpronomen

Personalpronomina sind *Rollenwörter.* Sie spiegeln die Kommunikationsrollen im Satz wieder. Diese sind:

    der Sprecher   – *ich*
    der Angesprochene (Hörer)   – *du*
    der, die, das Besprochene   – *er, sie, es*

Als Rollenwörter fügen die Anredepronomina der 2. Person *(du, ihr, Sie)* die sozialen Beziehungsverhältnisse und den Grad der Vertrauheit der Gesprächspartner in die Rede ein [→ § 13].
– Man pflegt sich zu duzen, wenn man sich gut kennt.
– So ist es üblich, sich auf einer Baustelle oder in einem Sportverein zu duzen, auch wenn man sich nicht kennt, im Bundestag hingegen nicht.
– Manchmal wird eine solche Vertrauheit und Solidarität auch in gesellschaftlichen Gruppen dokumentiert, vgl. etwa die Anrede *du* und *Genosse* zwischen Parteimitgliedern der Sozialdemokratischen Partei.
– *Du* ist immer Anrede Kindern gegenüber.
– Darüberhinaus gibt es kollektives *Du* in der Bedeutung von *man: Da glaubst du nun, du hast bei der letzten Lohnerhöhung einen Gewinn gemacht, und jetzt nimmt alles die Steucr!*

> Anmerkung:
> In der Dichtung sind feudale Anredeformen überliefert. Der Fürst, Herr usw. redete seine Untergebenen in der 3. Person

Singular an: *Johann, hol Er die Pferde! – Mamsell, hol Sie mir den Spiegel!*

Das *wir* in der 1. Person Plural wird im Deutschen in zweierlei Weise gebraucht:

– als *solidarisches wir;* man setzt voraus oder will erreichen oder suggerieren, daß die mit *wir* Gemeinten das Gesagte solidarisch mitvertreten *(Wir Sportkameraden sind immer fair.).*

– als *ex-cathedra wir* eines Redners oder Referenten, der die Zuhörer einschließt *(Das andere behandeln wir später.);* eine Variante davon ist das *pädagogische wir (Wir nehmen heute die Pronomina durch. – Wir werden doch bei so etwas nicht gleich weinen.).*

Formenbestand

Nur die 3. Person Singular unterscheidet die Genera. Sie dienen meist zur Wiederaufnahme von nominalen Satzgliedern. [Zu Einzelheiten und Bedingungen → Pronominalisierung § 135 f.]

Die Kasusdeklination flektiert ‚stark' mit Abweichungen.

		1. Person	2. Person	Höfliche Form	3. Person		
Singular	Non.	*ich*	*du*	*Sie*	*er*	*sie*	*es*
	Gen.	*meiner*	*deiner*	*Ihrer*	*seiner*	*ihrer*	*seiner*
		mein	*dein*		*sein*		*sein*
	Dat.	*mir*	*dir*	*Ihnen*	*ihm*	*ihr*	*ihm*
	Akk.	*mich*	*dich*	*Sie*	*ihn*	*sie*	*es*
Plural	Nom.	*wir*	*ihr*			*sie*	
	Gen.	*unser*	*euer*			*ihrer*	
	Dat.	*uns*	*euch*			*ihnen*	
	Akk.	*uns*	*euch*			*sie*	

Besonderheiten des Gebrauchs von *es:*

Neben der üblichen Funktion des Personalpronomens hat *es* noch eine Reihe anderer, grammatisch bedingter Verwendungsweisen. Das Pronomen *es* drückt den Träger eines Vorgangs aus bei Verben mit Konstruktionen folgender Arten:

– bei Verben der Witterung: *es regnet – es schneit – es blitzt – es stürmt*

– bei Zeitangaben mit *ist: Es ist 12 Uhr Mittag.*

– bei der allgemeinen Einführungsformel für Personen, Dinge, Vorgänge: *es gibt*

– bei Verben des Mangels, der Empfindung und bei Ereignisverben (häufig mit Reflexivpronomen, das auf das logische Subjekt verweist)

> *es friert mich – es schüttelt mich – es jammert mich – es fehlt mir an – es ist um sie geschehen – es gelingt ihm nicht – es glückt ihr*

– zum Passiv bei objektlosen Sätzen → § 78
– als Platzhalter steht *es* für ausgegliedertes Subjekt und Objekt und besonders für Subjekt- und Objektsätze (sogenannte Extraposition) [→ dazu Subjekt- und Objektsätze § 125 f].

§ 51 DAS REFLEXIVPRONOMEN

Das *Reflexivpronomen* erbringt überwiegend syntaktische und nur begrenzt auch inhaltliche Leistungen. Rein syntaktisch wird es bei den reflexiven Verben als sogenanntes Funktionsobjekt gebraucht:

> *er geduldet sich – er erholt sich – sie schämt sich nicht*

[→ dazu Satzmuster § 95 u. a.].
Ansonsten drückt das Reflexivpronomen die Identität des Subjekts mit dem Objekt aus:

> *Er schenkt sich ein Glas ein.* versus *Er schenkt ihr ein Glas ein.*

[Zur Wendung *sich selbst* → Demonstrativum § 53].
Neben dem einfachen Reflexivpronomen gibt es das *reziproke* Pronomen *einander*. Nicht selten wird eine Wechselrückbezüglichkeit auch durch *sich* ausgedrückt: *Sie lieben einander. – Sie lieben sich.*

> Anmerkung:
> Eine geläufige Redewendung ist *an sich, an und für sich* in der Bedeutung *eigentlich, schlechthin* oder *als solches: An sich ist das Pronomen ein Nomen. Das Pronomen an sich . . .*

Formenbestand
Das Reflexivpronomen hat nur die Form *sich*, in der 1. und 2. Person Singular werden die entsprechenden Formen des Personalpronomens benutzt.

	Singular			Plural		
	1. Person	2. Person	3. Person	1. Person	2. Person	3. Person
Gen.	*meiner*	*deiner*	*seiner*	*unser*	*euer*	*ihrer*
			selbst			*selbst*
			ihrer			
			selbst			
Dat.	*mir*	*dir*	*sich*	*uns*	*euch*	*sich*
Akk.	*mich*	*dich*	*sich*	*uns*	*euch*	*sich*

§ 52 DAS POSSESSIVPRONOMEN

Der Besitz im weitesten Sinne wird mithilfe des *Possessivpronomens* angegeben (deutscher Name: besitzanzeigendes Fürwort). Das Possessivpronomen ist in seiner Systematik dem Personalpronomen ähnlich. Deshalb haben wir die 1., 2. und 3. Person. Die Possessivpronomina werden wie der unbestimmte Artikel flektiert; sie können ein nominales Satzglied vertreten oder als Attribut verwendet werden.

		Mask.	Singular Fem.	Neutr.	Plural Mask. Fem. Neutr.
1. Pers.	Nom.	*mein*	*meine*	*mein*	*meine*
Sing.	Gen.	*meines*	*meiner*	*meines*	*meiner*
	Dat.	*meinem*	*meiner*	*meinem*	*meinen*
	Akk.	*meinen*	*meine*	*mein*	*meine*
1. Pers.	Nom.	*unser*	*uns(e)re*	*unser*	*uns(e)re*
Plur.	Gen.	*uns(e)res*	*uns(e)rer*	*uns(e)res*	*uns(e)rer*
	Dat.	*uns(e)rem*	*uns(e)rer*	*uns(e)rem*	*uns(e)ren*
	Akk.	*uns(e)ren*	*uns(e)re*	*unser*	*uns(e)re*
2. Pers.	Nom.	*dein*	*deine*	*dein*	*deine*
Sing.	Gen.	*deines*	*deiner*	*deines*	*deiner*
	Dat.	*deinem*	*deiner*	*deinem*	*deinen*
	Akk.	*deinen*	*deine*	*dein*	*deine*
2. Pers.	Nom.	*eurer*	*eu(e)re*	*euer*	*eu(e)re*
Plur.	Gen.	*eu(e)res*	*eu(e)rer*	*eu(e)res*	*eu(e)rer*
	Dat.	*eu(e)rer*	*eu(e)rer*	*eu(e)rem*	*eu(e)ren*
	Akk.	*eu(e)ren*	*eu(e)re*	*euer*	*eu(e)re*

		Singular			Plural
		Mask.	Fem.	Neutr.	Mask. Fem. Neutr.
3. Pers.	Nom.	*sein*	*seine*	*sein*	*seine*
Mask.	Dat.	*seinem*	*seiner*	*seinem*	*seinen*
	Akk.	*seinen*	*seine*	*sein*	*seine*
3. Pers.	Nom.	*ihr*	*ihre*	*ihr*	*ihre*
Sing.	Gen.	*ihres*	*ihrer*	*ihres*	*ihrer*
Fem.	Dat.	*ihrem*	*ihrer*	*ihrem*	*ihren*
	Akk.	*ihren*	*ihre*	*ihr*	*ihre*
3. Pers.	Nom.	*sein*	*seine*	*sein*	*seine*
Sing.	Gen.	*seines*	*seiner*	*seines*	*seiner*
Neutr.	Dat.	*seinem*	*seiner*	*seinem*	*seinen*
	Akk.	*seinen*	*seine*	*sein*	*seine*
3. Pers.	Nom.	*ihr*	*ihre*	*ihr*	*ihre*
Plur.	Gen.	*ihres*	*ihrer*	*ihres*	*ihrer*
	Dat.	*ihrem*	*ihrer*	*ihrem*	*ihren*
	Akk.	*ihren*	*ihre*	*ihr*	*ihre*

Anmerkung:
Statt des -*e*- der dem Stamm folgenden Silbe kann bei den
Endungen aus -*es*, -*em*, -*en* auch das Endungs -*e* ausfallen,
also: *unserm, euers, euern.*

Wird das Possessivpronomen anstelle eines nominalen Satzgliedes
gebraucht, kann es mit und ohne Artikel stehen:

Das Buch ist mein(e)s.
Das Buch ist das meine.

Beim Bezugsnomen stehende Formen werden klein geschrieben
(s. o.). Vom Bezugsnomen entfernt stehende Formen werden groß
geschrieben, desgleichen Formen mit -*ig:*

Hast Du die Deinen in Stuttgart getroffen?
Ich kenne die Deinigen noch nicht.

§ 53   DIE DEMONSTRATIVPRONOMINA

Demonstrativpronomina weisen mit Nachdruck auf kontextuell
schon bekannte oder in der Situation als bekannt vorausgesetzte Lebewesen, Sachen, Begriffe hin oder weisen auf sie im Text voraus. Sie
haben sehr starke *deiktische Funktion:* nicht selten werden sie zusammen mit einer zeigenden Gebärde und deiktischen Wörtern wie *hier,*

da, dort gebraucht: *Die dort! – Jene da! – Dieser hier!* (Solche Äuße-rungen sind typische Standardabweichungen [→ § 22]).

Die Demonstrativa sind in besonderem Maße durch die Redesitua-tion oder den Kontext determiniert. Sie können an die Stelle von no-minalen Satzgliedern treten oder attributive Funktion wahrnehmen:

> *der, die, das –* Plural *die*
> *dieser, diese, dieses –* Plural *diese*
> *jener, jene, jenes –* Plural *jene*
> *derjenige, diejenige, dasjenige –* Plural *diejenigen*
> *derselbe, dieselbe, dasselbe –* Plural *dieselben*
> *selbst, selber*
> *solcher, solche*

Von den Demonstrativa haben *der* und *derselbe* lediglich Hinweis-charakter, die anderen zusätzlichen eigenen Bedeutungsgehalt.

1. *der, die, das –* Plural: *die*
Sie sind die ältesten auch heute noch gebräuchlichen Demonstra-tiva. Aus ihnen sind der Artikel und das Relativpronomen hervorge-gangen. Sie haben reinen Hinweischarakter im Sinne von *der da und kein anderer.* In der Rede sind sie vom Artikel durch stärkere Beto-nung unterschieden: *Dér Mann gefällt mir!*

Der Formenbestand ist derselbe wie beim bestimmten Artikel [vgl. § 48]; abweichend werden der Genitiv Singular (*dessen, deren*) und der Genitiv Plural (*deren, derer* als Sonderform) und Dativ Plural (*denen*) flektiert.

Besonderheiten:
a) *das* ist für alle drei Genera Hinweisgeste:

> *Das ist ein dummer Junge!*
> *Das ist ein schönes Boot!*
> *Das ist eine hübsche Frau!*

b) Die Genitivformen *dessen, deren* werden auch zum Ausdrücken komplizierter Besitzverhältnisse gebraucht:

> *Er fuhr mit seinem Bekannten in dessen neuem Wagen.*

2. *dieser, diese, dieses,* Plural: *diese*
jener, jene, jenes, Plural: *jene*
Diese beiden Pronomina sind durch gegensätzliche eigene Bedeu-tungsanteile gekennzeichnet. Sie stehen nicht selten komplementär (einander ergänzend) nebeneinander:

> *Dieses Haus ist mir zu klein, jenes zu groß.*

Dieser weist noch deutlicher als *der, die, das* auf das Bezeichnete hin und verleiht ihm mehr den Ausdruck der Unmittelbarkeit. Dagegen weisen Formen mit *jener* auf entfernter Liegendes oder auf Distanz des Sprechers hin. Das zeigt sich auch an der Verwendung von *jener* zur Einführung in die sogenannte Erzählzeit [→ erzählendes Präteritum § 70,2].

In Argumentationen und längeren Texten überhaupt kann man mit *dies* oder *dieses* längere Ausführungen wieder aufnehmen:

> Am Ende eines Vortrages sagt der Referent: *Dies war es, was ich Ihnen sagen wollte.*

Dieser und *jener* werden beide für ein nominales Satzglied oder attributiv verwendet. Sie flektieren wie *der, die, das.*

3. derjenige, diejenige, dasjenige, Plural: diejenigen

Diese Demonstrativa werden – vor allem in amtlichem Sprachgebrauch – verwendet, wenn durch die Formengleichheit von Artikel und Demonstrativpronomen *der, die, das* eine Verwechslung möglich ist; *derjenige* kündigt als Ersatz für ein nominales Satzglied oder Attribut einen Relativsatz an: *derjenige, der,* häufig auch *derjenige, welcher . . .*

Formenbestand

In der Flexion nimmt der erste Wortteil *(der-)* die Formen des bestimmten Artikels an und der zweite *(-jenige)* folgt der Adjektivdeklination:

| | Singular | | | Plural |
	Maskulinum	Femininum	Neutrum	alle Genera
Nom.	*derjenige*	*diejenige*	*dasjenige*	*diejenigen*
Gen.	*desjenigen*	*derjenigen*	*desjenigen*	*derjenigen*
Dat.	*demjenigen*	*derjenigen*	*demjenigen*	*denjenigen*
Akk.	*denjenigen*	*diejenige*	*dasjenige*	*diejenigen*

Wenn das Demonstrativpronomen und das Relativpronomen im selben Fall stehen würden *(derjenige, der)*, kann auch das Fragepronomen *wer, wem, wen, was* stehen:

> *Diejenigen, die heute zu spät gekommen sind, . . .*
> *Wer heute zu spät gekommen ist, . . .*

4. *derselbe, dieselbe, dasselbe,* Plural: *dieselben*

Dieses Demonstrativpronomen bezeichnet die Identität von Genanntem:

> *Jeden Tag gibt es dasselbe miese Essen.*
> *Bei der Morgengymnastik hört sie immer dieselbe Schallplatte.*

derselbe usw. flektiert wie *derjenige* (s. o.).

Während mit *derselbe* die Identität bezeichnet wird, wird mit dem Adjektiv *gleich* die Ähnlichkeit ausgedrückt:

> *derselbe Wagen* (mein Wagen) gegenüber *der gleiche Wagen* (der Wagen meines Nachbarn, aber ebenfalls ein VW).

Insofern bei Gattungsnamen und Begriffen, je nach Sichtweise, die Ähnlichkeit der Individuen oder die Identität der Gattung angesprochen werden können, werden *derselbe* und *der gleiche* oft ausgetauscht.

5. *selbst, selber*

Das Demonstrativum *selbst* bzw. *selber* ist nur in diesen beiden Formen erhalten. Es weist darauf hin, daß nur die genannte Person oder Sache gemeint ist. – Es wird dem Bezugsnomen nachgestellt:

> *Ich selbst habe ihn abgeholt.*

Steht *selbst* vor dem Bezugs(pro)nomen, kann es Rangattribut sein:

> *Selbst ich kann daran nichts ändern.*

Selbst in attributiver Funktion ist zu trennen von dem einer adverbiellen Bestimmung nahe kommenden Gebrauch. Vergleiche:

> *Ich habe es selbst getan. = Ich selbst habe es getan.*
> *Ich habe ihn selbst gefragt. = Ich selbst habe ihn gefragt.*
> oder: *Ihn selbst habe ich gefragt.*
> aber: *Ich habe ihn selbst* (in eigener Person) *gefragt.*

6. *solcher, solche, solches,* Plural: *solche*

Dieses Demonstrativpronomen bezeichnet eine Qualität oder Intensität unspezifiziert. Es wird an Stelle eines nominalen Satzgliedes oder attributiv gebraucht.

> *Solches ist nicht gut.* (nominales Satzglied)
> *Solches Wetter hatten wir lange nicht.* (attributiv)

Solcher kommt endungslos und unflektiert *(solch)* oder flektiert vor; es steht entweder ohne Artikel oder mit dem unbestimmten Artikel, und zwar vor- oder nachgestellt; es kann vor einem Adjektiv stehen.

Ein solcher dekliniert wie *derjenige* (s. o. 3).

Solch dekliniert gar nicht oder wie ein Adjektiv. Zu Stellungs- und Deklinationsvarianten vergleiche die Tabelle:

	ohne Adjektiv	mit Adjektiv
ohne Artikel	*solch Wetter* *solches Wetter*	*solch schönes Wetter* *solches schöne Wetter*
mit Artikel	*solch ein Wetter* *ein solches Wetter*	*solch ein schönes Wetter* *ein solches schönes Wetter*

Statt *solch* kann auch adverbielles *so* stehen; und zwar

> vor Adjektiven:
> > *(ein) solch dickes Buch*
> > *(ein) so dickes Buch*
> vor dem unbestimmten Artikel:
> > *solch ein (dickes) Buch*
> > *so ein (dickes) Buch*

§ 54 DIE RELATIVPRONOMINA

Die Relativpronomina leiten Attributsätze ein [zu diesen und ihrem strukturellen Zusammenhang → Attribuierung § 133f]. Mit einem Relativpronomen wird ein Geschehen oder Sein – das im Relativsatz ausgesagte – einem nominalen Satzglied oder Nomen zugeordnet. Von diesem Nomen übernehmen die Relativpronomen Genus und Numerus. Der Kasus richtet sich nach der syntaktischen Funktion des Pronomens im Gliedsatz:

> *Der Vogel, der übers Haus flog, ...*
> *Der Vogel, den ich singen höre, ...*
> *Der Vogel, dem wir Futter streuen, ...*
> *Die Katze, deren Beute der Vogel nicht werden soll, ...*
> *Das Futter, das wir dem Vogel streuen, ...*

Die älteste und auch heute noch gebräuchlichste Form des Relativpronomens ist *der, die, das* usw. Es entstand aus dem Demonstrativpronomen und flektiert wie dieses.

welcher, welche, welches, das bis ins Spätmittelalter nur Interrogativ-pronomen war (Flexion → dort § 55), wird als Relativpronomen ge-braucht, wenn Wiederholungen gleicher Formen als Relativpronomen und Artikel vermieden werden sollen. Es wirkt häufig etwas seltsam.

> *Die alte Dame, die die schwere Tasche nicht tragen kann,* . . .
> *Die alte Dame, welche die schwere Tasche* . . .

In manchen Grammatiken werden auch Sätze, die durch verallge-meinerndes *wer, was* oder *derjenige, welcher* eingeleitet werden, als Relativsätze erklärt. Es handelt sich jedoch um Subjekt- bzw. Objekt-sätze, z. T. mit der Leistung von indirekten Fragesätzen [zu Subjekt- und Objektsätzen → § 125, 128].

> *Wer gut zuhört, (der) versteht alles.*
> . . . . . . *, dem kann geholfen werden.*
> *Was du mir gesagt hast, (das) kommt mir unwahrscheinlich vor.*
> *Ich weiß, wen ich gern habe.*
> *Ich glaube nicht, was du mir sagst.*

Mit verallgemeinerndem Relativpronomen *was, wo* und *wie* einge-leitete Relativsätze gibt es, wenn ein echter semantischer Träger vor-handen ist:

> *Das Beste, was ich je gegessen habe,* . . .
> *Das Haus, wo ich aufgewachsen bin,* . . .
> *Die Art, wie er lacht,* . . .

Neben dem Relativsatz im engeren Sinne gibt es den relativischen Anschluß. Es handelt sich um einen loseren Anschluß an den ganzen Satz, nicht nur an ein Nomen [→ auch §§ 87, 121, 128]:

> *Er kam zu spät, was ihm einen Tadel einbrachte.*
> *Er drehte den Schlüssel, wodurch der Wagen gestartet wurde.*

§ 55 Die Interrogativpronomina

Interrogativpronomina (Fragepronomina) leiten meistens, aber nicht immer [→ § 54] Fragehandlungen ein, Äußerungen, die darauf abzielen, etwas in Erfahrung zu bringen. Im Gegensatz zu den meisten sprachlichen Handlungen, die auf nichtsprachliches Handeln gerichtet sind [→ §§ 8, 10], zielt eine Fragehandlung auf eine sprachliche

Handlung, auf eine Antwort [Näheres zur Fragehandlung → Sprechakte § 155].

1. *wer, was*

Mit dem Fragepronomen *wer* fragt man überwiegend nach Personen, manchmal nach Tieren; nach Pflanzen, Sachen, Begriffen und Sachverhalten fragt man überwiegend mit *was*. Die Entscheidung, ob mit *wer* oder mit *was* gefragt wird, ist auf Vermutungen des Sprechers über das Erfragte gegründet:

> *Wer hat das Haus gebaut?* – *der Architekt*
> *Wer hat dich gebissen?* – *der Hund*
> *Was hast du dir angeschafft?* – *einen Hund*
> *Was blüht da im Garten?* – *Rosen*
> *Was hast du gemacht?* – *die Blumen gegossen* (Sachverhalt).
> aber: *Wer hat dich umgeweht?* – *der Wind* (eine Art Personalisierung)

Wer und *was* sind vom Genus oder Numerus des Nomens, das erfragt wird, unabhängig:

> *Wer fährt nach Hamburg?* – *Das Kind* – *der Vater* – *die Mutter* – *der Urlauber*
> *Was hast du repariert?* – *den Staubsauger* – *die Waschmaschine* – *das Radio* – *drei Lampen.*

Formenbestand:

Nom.	wer	was
Gen.	wessen	wessen
Dat.	wem	(*wem* nur im Sinne der Personalisierung)
Akk.	wen	was

[Zum Gebrauch als Indefinitpronomen → § 56].

2. *welcher, welche, welches*

Das Fragepronomen *welcher* usw. fragt nach Lebewesen, Sachen, Begriffen aus einer als bekannt vorausgesetzten Gruppe. Es ist normalerweise Attribut:

> *Welchen Wein trinken wir heute?*
> *Welche Gefühle hast du gehabt?*

Als nominales Satzglied kann *welcher* grundsätzlich nur gebraucht werden, wenn die Gruppe, aus der gefragt wird, im sprachlichen oder situativen Kontext als gegenwärtig vorausgesetzt wird:

Da stehen viele Autos. Welches ist Ihres?

oder:

Eine Frau betrachtet Hüte im Geschäft. Die Verkäuferin fragt: *Welcher gefällt Ihnen?*

Sonderfall: Beim Verb *sein* kann *welches* (nur diese Singularform) manchmal als Subjekt vor dem Prädikativ stehen:

Welches sind die größten Flüsse Deutschlands?
Welches war dein schönstes Ferienerlebnis?

Formenbestand

welcher, welche, welches flektiert durch alle Genera und im Plural wie der bestimmte Artikel [→ § 48] außer im Genitiv Singular Maskulinum, wo es zwei Formen *welches* und *welchen* gibt:

$\left.\begin{array}{l}\text{\textit{Welches}}\\\text{\textit{Welchen}}\end{array}\right\}$ *Wegs bist du gekommen?*

3. *was für ein, welch ein*

Die Wendungen *was für ein* (Singular) und *was für* oder *was für welche* (Plural) fragen nach Eigenschaften und unterscheidenden Merkmalen:

Was für ein Auto fährst du?
Was für Blumen möchten sie?
Ich will Äpfel. – Was für welche?

[Zum Gebrauch als Attribut oder nominales Satzglied → Pkt. 2.] Wendungen mit *was für ein* oder *welch ein* findet man auch als Ausruf, nicht nur als Frage:

Was für ein schöner Tag!
Welch schönes Wetter!

4. Mit einer Frage kann man auch nach einem Zeitpunkt, einem Ort, einer Richtung, einer Modalität fragen: *wenn, wo, wohin, wie* usw. Solche Fragewörter werden auch Frageadverbien und Pronominaladverbien bezeichnet. [→ dazu auch Adverb § 87 Anmerkung, § 128].

5. Zum relativischen Anschluß → Relativpronomen § 53.

§ 56 DIE INDEFINITPRONOMINA

Es gibt eine ganze Reihe von Pronomina, die gebraucht werden, wenn auf nicht näher bezeichnete Personen, Sachen, Sachverhalte usw. unbestimmt Bezug genommen wird; man faßt sie unter der Bezeichnung *Indefinitpronomina (unbestimmte Pronomina)* zusammen. Einige von ihnen können auch unbestimmte Zahlbegriffe ausdrücken (z. B. *alle, einige;* → auch Zahlwörter § 84).

Eine Reihe der Indefinita können nur mit Bezug auf Personen gebraucht werden: *man, jedermann, jemand, niemand.* Andere können nur mit Bezug auf Sachen gebraucht werden: *etwas, irgendetwas, nichts.* Die größere Zahl kann mit Bezug auf Personen, Sachen, Sachverhalte usw. gebraucht werden. Bei diesen finden sich deshalb Genusmerkmale in der Deklination (z. B. *keiner, keine, keines*).

Die Semantik der Indefinita läßt sich klassenmäßig nicht beschreiben. Einige Hinweise zur Bedeutungsbeschreibungen der einzelnen Indefinita werden bei der Darstellung des Formenbestandes gegeben.

Die meisten Indefinita können an der Stelle eines nominalen Satzgliedes oder attributiv verwendet werden. *Nur* an der Stelle eines nominalen Satzgliedes stehen: *man, jemand, irgendwer (-was).*

Die Indefinita haben in gewissen Grenzen einen unterschiedlichen Formenbestand. Grundsätzlich flektieren diejenigen, die flektieren, entweder wie der Artikel *der, die, das* (,stark') oder nach der sogenannten ,schwachen' Adjektivdeklination [→ § 82], vergleiche: *einzelne – die einzelnen.*

Zu den Indefinita im Einzelnen:

1. *alle, alles*
   In der Regel steht die starke Flexion:

   > *in aller Regel – Morgenstund ist aller Laster Anfang – von allen Sinnen.*

   Genitiv Singular Maskulinum flektiert heute in der Regel schwach:

   > *es bedurfte allen Fleißes* – vgl. auch *allenfalls.*

   Die nicht deklinierte Form *all* steht häufig, wenn der Artikel oder ein Pronomen folgt:

   > *all der Ärger – all mein Hoffen, all mein Sehnen – all mein Hab und Gut*
   > aber auch: *alle meine Entchen.*

Alle steht auch als Prädikatsergänzung; es bedeutet dann soviel wie ‚aufgebraucht', ‚zu Ende':

> *Die Brötchen sind alle. – Das Geld ist alle.*

2. *anderer, andere, anderes*
   ander- wird wie ein Adjektiv dekliniert und immer klein geschrieben, auch nach Artikel in nominalem Gebrauch: *Die anderen folgen nach.*

> Anmerkung:
> Die Form *anders* ist Adverb.

3. *einer, irgendeiner, welche, keiner*
   einer ist aus dem Zahlwort *eins* entstanden und wird an Stelle eines nominalen Satzglieds verwendet. Vor dem Nomen ist es der Artikel [§ 48]:

> *Er hat den ganzen Abend nur mit einer getanzt.* (Pronomen) aber: *Er hat den ganzen Abend nur mit einem Mädchen getanzt.* (Artikel)

irgendeiner ist Verallgemeinerungsform.
Als Plural wird *welche* gebraucht, außer bei der Wendung *die einen . . . die anderen.*
Die Negativform *keiner* hat den Plural *keine,* flektiert sonst wie *einer.*

	Maskulinum	Femininum	Neutrum
Nom.	*einer*	*eine*	*ein(e)s*
Gen.		entfällt	
Dat.	*einem*	*einer*	*einem*
Akk.	*einen*	*eine*	*ein(e)s*

4. *ein bißchen, das bißchen*
   Der dabeistehende unbestimmte Artikel kann unflektiert stehen: *mit einem bißchen Glück – mit ein bißchen Glück.*
   bißchen kann auch ohne Artikel stehen, besonders vor Adjektiven: *bißchen warm hier*
   ein bißchen steht auch als adverbielle Bestimmung:
   Ich schlafe ein bißchen.
   Umgangssprachlich, besonders süddeutsch: *bissel.*

5. *ein paar*
   ein paar meint eine unbestimmte Menge im Gegensatz zu
   ein Paar

ein paar Schuhe = mehrere Schuhe
ein Paar Schuhe = zwei zusammengehörende Schuhe
ein paar steht immer unflektiert.

6. *einige, etliche, einzelne, mehrere, mehr*
Alle stehen nur im Plural und ohne Artikel, nur *einzelne* kann nach Artikel stehen, hat dann auch einen Singular und flektiert wie ein Adjektiv.
Einige Jungen lachten. – Einzelne Jungen lachten. – Die einzelnen Jungen lachten.
Die unflektierte Form *mehr* steht immer vor Kollektiva:
mehr Getreide, mehr Geld.

7. *etwas, irgendetwas, nichts*
Steht unflektiert und nur im Singular.
irgendetwas ist die Verallgemeinerungsform (vgl. auch *irgendwas*).
nichts ist Negativform.
Umgangssprachlich wird *etwas* auch zu *was* verkürzt.
etwas steht häufig als Vertreterelement (Platzhalter) vor Infinitiven:
etwas zu essen.

8. *irgendwer, irgendwas, irgendwelche*
ist die indefinit gebrauchte Verallgemeinerungsform des Fragepronomens, Pluralform *irgendwelche*. Es dekliniert wie die Fragepronomina, im Genitiv Singular keine Form.
(Verwandte *irgendwo, irgendwie* usw. sind Adverbien.)

9. *jeder*
gibt es nur im Singular; es flektiert stark vor Nomen, und wenn es allein steht:
jeder Mensch – jedes Menschen – jede Frau – jedes Kind
Nach *ein* flektiert es schwach: *eines jeden Menschen Pflicht.*
Altertümlich wird statt *jeder* auch *jeglicher*, meist mit unbestimmtem Artikel, gebraucht: *ein jeglicher nach seiner Weise.*

10. *jedermann*
hat keine Deklination außer im Genitiv Singular:
Jedermann kann lesen. – Es ist jedermanns Pflicht, lesen zu lernen.

11. *jemand, niemand*
niemand ist nicht *jemand* (Negativform zu *jemand*).
Beide stehen nur im Singular und flektieren wie folgt:

Nom.	*jemand*
Gen.	*jemand(e)s*
Dat.	*jemand(em)*
Akk.	*jemand(en)*

Vor nominalem Adjektiv stehen beide oft ohne Flexionsendung:
jemand Großes – niemand Berühmtes (Adjektiv im Neutrum).

12. man

wird nur im Nominativ Singular gebraucht. Der Dativ und der Akkusativ werden durch *einem, einen* ausgefüllt.

man wird zur Verschleierung des Täters oder als eine Art Normwort gebraucht im Sinne von *alle, jeder:*
Man tut das nicht. – Man trägt wieder Nerz. – Sonntags ging man ins Kino.
Ein täterloses Passiv kann in einem Aktivsatz mit *man* umgeformt werden [zum Passiv → § 76 ff]:
Von ihm wird Gutes berichtet. – Man berichtet Gutes von ihm.

13. mancher, manche, manches; manch

steht im engen Gebrauchs- und Funktionszusammenhang zum Demonstrativum *solcher, solch.* → dort auch zur Flexion [§ 53].

14. viele, wenige, sämtliche

Sie können als nominale Satzglieder und attributiv stehen, flektieren ohne Artikel stark, nach bestimmtem Artikel schwach:
Sämtliches Geld ist weg. – Das sämtliche Geld ist weg.
Gelegentlich steht *viel* und *wenig* undekliniert:

> *viel Mühe – viele Mühe*
> *wenig Zeit – wenige Zeit.*

Bei der Wendung *ein wenig* wird der Artikel nicht dekliniert:

> *Mit ein wenig Geduld.*

3.3   Die Struktur der Verbalgruppe

§ 57 STRUKTUR UND BAUPRINZIPIEN DER VERBALGRUPPE: DEPENDENZ
UND KONSTITUENZ

In der Verbalgruppe treten neben dem Verb nominale Satzglieder,
letztere auch mit Präpositionen, sowie Adverbien auf. Im folgenden
sind Möglichkeiten der Struktur aufgezeigt [zur erschöpfenden Aufzählung → Kap. 4, Satzmuster].

Beispiele:

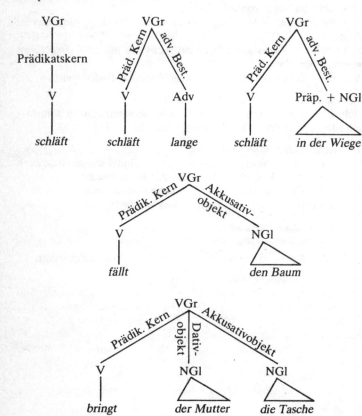

EXKURS: DEPENDENZ UND KONSTITUENZ

In der heutigen Sprachwissenschaft konkurrieren zwei Prinzipien zur Beschreibung von Satzstrukturen: *Dependenz* und *Konstituenz* (letzteres im Rahmen der Transformationsgrammatik). Die dependentielle Analyse geht von der Vermutung aus, daß Abhängigkeitsbeziehungen zwischen den Elementen im Satz bestehen, und setzt das Verb in die höchste Position der Hierarchie. Die Konstituentenstrukturanalyse betont dagegen die Relation des ‚Etwas-ist-in-Etwas-enthalten‘ und beschreibt die hierarchischen Beziehungsgefüge zwischen Wörtern, Satzgliedern und Sätzen.

Die Dependenzanalysen sind der Versuch, von inhaltlichen Kategorien der Verben her die syntaktischen Strukturen von Sätzen (in Satzbauplänen) zu erfassen und zu begründen.

Die Konstituenzanalysen hingegen sind der Versuch, vom Formaspekt der Sprache ausgehend, die syntaktischen Strukturen von Sätzen und davon ausgehend, die semantischen Leistungen der Beziehungen im Satz (Subjekt, Prädikat, Objekt, Attribut, adverbielle Bestimmung) zu erfassen. Dieser Ansatz, Sätze zu analysieren, entspricht im Grunde der klassischen Schulgrammatik und der abendländischen Tradition.

Wir haben uns aus folgenden Gründen für die Darstellung von der Konstituentenstruktur her entschieden:

– weil wir meinen, daß zwischen Inhalt, Form und Leistung keine durchgehenden direkten Abbildungsbeziehungen festgestellt werden können; das zeigt sich z. B. an Konstruktionen mit dem sogenannten ‚grammatischen Subjekt‘ *es,* wo syntaktisch gesehen die Subjektstelle besetzt werden muß, auch wenn aus der Sicht des Sprechers kein Geschehnisträger festgestellt und benannt werden kann oder soll.
Beispiele:
Es regnet seit drei Tagen. – Es klopft an die Tür. bzw. *Jemand klopft an die Tür* (Indefinitpronomen).
– weil die Konstituentenstruktur vor allem bei der Darstellung der komplexen Syntax größere Klarheit bringt. Die Gliedsätze können nach ihrer jeweiligen Satzfunktion als Subjektsätze, Objektsätze, Ergänzungssätze, Attributsätze, Adverbialsätze in der Struktur eingeordnet werden.
– weil bei den Abhängigkeiten vom Verb, und erst recht bei der Dependenz vom Nomen, Adjektiv, Adverb usw., die dependentielle Analyse weitgehend nur als intuitive Entscheidung über inhaltliche Beziehungen leistbar ist und deshalb nicht verallgemeinert werden

kann. Nichtsdestotrotz wird auch von uns dem Verb und den Verbklassen hinsichtlich der Organisation der Verbalgruppe der erste Rang zugewiesen im Sinne des Dependenzprinzips, der Valenz oder Wertigkeit des Verbs, das Leerstellen für nominale Satzglieder eröffnet [→ unten Kap. 4 Satzmuster, §§ 93 ff].

3.4   Das Verb

3.4.1   Leistung, Wortbildung und Konjugation

§ 58   Die Leistung der Verben

Die *Verben* (lat. verba ‚Wörter') erfüllen zentrale Aufgaben im Rahmen des Satzes.

> Anmerkung:
> Die deutschen Bezeichnungen *Tätigkeitswort, Tuwort, Tunwort* und *Zeitwort* geben jeweils nur Aspekte der Leistung des Verbs wieder und sind deshalb zu eng.

Unter semantischem Aspekt kann man diese Aufgaben auf die *kategoriale Grundbedeutung* der Verben – der Wortart Verb – zurückführen: Verben bezeichnen ein Geschehen, und zwar unter verschiedenen Aspekten

a) als Vorgang (Ablauf, Bewegung, Veränderung, Entwicklung)

> *strömen, regnen, wachsen, reifen, brennen, leuchten, strahlen, leben, sterben*

b) als Handlung (Tätigkeit, Verhalten, Bewegung)

> *tun, machen, geben, denken, gehen, laufen, suchen, rechnen, sprechen* (und alle sogenannten Performativa, die Sprechhandlungen bezeichnen, → dazu Sprechakte § 153)

c) als Zustand (Sein, Haben, Befinden, Bestehen)

> *sein, existieren, haben, besitzen, dürsten, hungern, schlafen, sich fühlen, stehen*

Die Gruppen lassen sich nicht immer scharf abgrenzen. Oft ist die nominale Umgebung und der gesamte Satzkontext für eine Zuordnung entscheidend, es geht eben um Aspekte von Geschehen in der realen Welt. Vergleiche:

Der Motor läuft. (Vorgang)
Seine Geschäfte laufen gut. (Vorgang)
Der Sportler läuft. (Handlung)
Die Maschine steht. (Zustand)
Der Baum steht im Wald. (Zustand)
Er steht unsicher auf seinen Beinen. (Handlung)

Im Hinblick auf ihre kategoriale Grundbedeutung bilden die Verben den Kern der Aussage des Satzes, weil der Satz selbst Ausdruck eines Geschehens, Handelns oder Seins ist (das Verb ist Kern der Prädikation eines Satzes).

Zentrale Leistungen erbringen die Verben auch unter strukturellem Aspekt hinsichtlich der syntaktischen Organisation des Satzes: zwar richtet sich das Verb in Numerus und Person nach dem Nomen bzw. dem Personalpronomen des Subjekts [→ Kongruenz § 37], aber innerhalb der Verbalgruppe ist das Verb für die Zahl und die Art der Objekte und Ergänzungen nach Inhalt und Form ausschlaggebend. Unter diesem syntaktisch-strukturellen Gesichtspunkt unterscheidet man folgende Verbklassen [→ auch Satzmuster §§ 93 ff]:

a) absolute Verben (sie können in der Verbalgruppe für sich allein stehen):

regnen, schlafen, blühen, existieren

b) transitive Verben (sie stehen mit einem Akkusativobjekt):

bauen, werfen, küssen, erfreuen, beschimpfen, zerstören

c) intransitive Verben (sie sind auf Objekte in anderen Kasus als dem Akkusativ bezogen, und auch die absoluten Verben der Gruppe a) zählen dazu):

ich folge dir, ich warte auf den Bus, sie ähnelt ihrer Mutter, er gleicht seinem Vater

d) reflexive Verben (sie stehen immer mit Reflexivpronomen):

sich schämen, sich freuen, sich bedanken, sich davonstehlen (transitive Verben stehen immer dann mit Reflexivpronomen, wenn Subjekt und Objekt identisch sind: *sie lieben sich; ich wasche Wäsche – ich wasche mich*)

e) Verben mit prädikativer Ergänzung oder *ist*-Prädikation

sein (er ist klug), werden (er wird Lehrer), scheinen (er scheint nicht dumm), heißen (sie heißt Elise), bleiben (er bleibt mein Freund)

f) Verben, die sowohl als Hilfsverben gebraucht werden als auch als Vollverben:

> *sein, werden, haben;* die sogenannten Modalverben wie *sollen, dürfen, müssen* [→ Modalität § 75].

Diese Verbklassen kann man nicht scharf trennen, weil viele transitive und intransitive Verben, die ein Objekt fordern, auch absolut gebraucht werden können (und zwar nicht nur im Sinne eines verkürzten Satzes), vergleiche:

> *Ich singe ein Lied. – Ich singe.*
> *Er springt über den Zaun. – Er springt.*

Darüberhinaus können die meisten deutschen Verben, oft mit feinen oder stärkeren Unterschieden in der Bedeutung, mit einer unterschiedlichen Art und Zahl von Objekten verwendet werden:

> *Die Uhr schlägt. – Mutter schlägt die Schlagsahne. – Der Adler schlägt die Maus. – Friedrich schlägt Fritz. – Deutschland schlägt Holland im Fußball. – Er schlägt über die Stränge. – Der Reiter schlägt dem Pferd die Reitgerte in die Flanken. – Der Reiter schlägt das Pferd mit der Reitgerte in die Flanken.*
> [→ zur Wertigkeit des Verbs und den Satzmustern §§ 93 ff].

Eine Sonderstellung nimmt das Verb auch in der *Wortstellung* ein: Das verbale Satzglied umschließt die Verbalgruppe, wenn es aus zwei Elementen besteht *(verbale Satzklammer),* und zwar
– bei analytischen (zusammengesetzten) Verbformen:

> *Wir* haben *die Eisenbahn* aufgebaut.

– bei Konstruktionen mit Modalverben:

> *Wir* wollen *heute nachmittag mit der Eisenbahn* spielen.

– bei Verben mit trennbaren Präfixen:

> *Der Zug* fährt *in fünf Minuten* ab. (abfahren)

Abgesehen von solchen inhaltlich und syntaktisch orientierten systematischen Gliederungen kann man die Verben auch nach ihrem Formenbestand, nach den Konjugationsklassen einteilen. Man unterscheidet dann nach ihrer Präteritalflexion (Tempusformen der Vergangenheitstempora) starke (ablautende) und schwache (nicht ablautende) Verben, innerhalb der starken Tempora wiederum nach Ablautgruppen [zur Flexion → §§ 64 ff]. Beispiele:

stark	schwach
binden – band – gebunden	*stellen – stellte – gestellt*
trinken – trank – getrunken	*tränken – tränkte – getränkt*
sein – war – gewesen	*erleben – erlebte – erlebt*

Schließlich und nicht zuletzt sind die Verben unter dem Gesichtspunkt der Wortbildung, des Ausbaus des verbalen Bestandes, zu betrachten. Die Verben erhalten aus anderen Wortarten reichlichen Zugang. Es werden jedoch mit Präfixen und Suffixen auch sehr viele neue Verben aus vorhandenen Verben gebildet:

> *stellen – abstellen – erstellen – verstellen – bestellen – aufstellen – abbestellen – vorstellen, vorbestellen – nachstellen, nachbestellen – unterstellen – einstellen – . . .*

Im Zusammenhang mit der Wortbildung ist auch auf eine semantische Differenzierung nach Aktionsarten, Bedeutungsaspekten der verbalen Handlung einzugehen [→ § 59].

§ 59   Wortbildung beim Verb: Aktionsarten

Der verbale Wortschatz des Deutschen wird durch zahlreiche, auch heute sehr produktive Ableitungstypen stetig ausgebaut und erweitert. Bei den Verben gibt es, wie bei den Nomina, verschiedene Analyse- und Gliederungsprinzipien:

1. Gliederung nach der Wortart des Grundworts (Neubildung aus Verben, Deadjektiva, Denominativa); die Einordnung ist manchmal schwierig und ohne historische Kenntnisse nicht möglich (z. B. stammt *tagen* von *Tag* ab, *Lauf* jedoch von *laufen*).

2. Gliederung nach Bildungstypen (Präfixbildung, Suffixbildung).

3. Inhaltliche Gliederung nach Bedeutungsaspekten (Aktionsarten).

Die Bedeutungsleistungen von Neubildungen lassen sich beim Verb nicht so klar fassen wie beim Nomen: am ehesten lassen sie sich auf Aspekte der im Verb ausgedrückten Handlung, des im Nomen ausgedrückten und zur Handlung gemachten Seins, der verbalisierten Eigenschaft des Adjektivs im Sinne der sogenannten *Aktionsarten* zurückführen. Es geht um Aspekte im Sinne von

– Anfang (ingressiver A.): *erblühen; tagen = Anfangen des Tages*
– Dauer (durativer A.): *blühen*

- Vollendung und Abschluß (perfektiver A.): *verblühen*
- Faktizität (etwas machen, faktitiver A.): *setzen = sitzen machen*
- Intensität (Verstärkung des Geschehens): *horchen* gegenüber *hören, fahnden* gegenüber *finden*
- Verkleinerung (diminutiver A., Gegensatz der Intensität): *tänzeln, lächeln, hüsteln*
- Iteration (Wiederholung eines Geschehens): *fächeln, flattern, bimmeln, klingeln* (wiederholt klingen), *wuseln*
- Instrumentalität (mit etwas wird umgegangen): *schnäbeln, hobeln, pflügen, ärgern*

Oft lassen sich die Aspekte nicht klar unterscheiden: *faulen* ist der Anfang des faul werdens oder die Dauer des Prozesses, je nach Kontext. Deshalb ist eine klare Gliederung nach Aktionsarten, nach Aspekten der Handlung, nach Phasen des Verlaufs nicht möglich, zumal nur indirekte Zuordnungsmöglichkeiten zu einzelnen Bildungstypen bestehen.

Wir gliedern deshalb nach Bildungstypen, nennen Grundwortarten und geben Hinweise auf Bedeutungsaspekte im Sinne von Aktionsarten, soweit das ohne differenzierte Analyse möglich ist.

§ 60   PRÄFIXBILDUNGEN

1. Feste Präfixbildungen mit untrennbaren Präfixen
    Eine Reihe von Präfixen ist fest mit dem Stamm verbunden, sie werden bei der Konjugation nicht abgetrennt:

> *versprechen – ich versprach* aber
> *vorsprechen – ich sprach vor.*

a) *be-*
Zahlreiche Deverbativa, und zwar mit zweierlei Leistung:
- aus einem intransitiven Verb wird ein transitives, d. h. es wird eine Objektbeziehung zum direkten Akkusativobjekt hergestellt:

> *beglücken, befolgen, beschreiten, besiegen, begleichen, bestürmen*
> Sonderfall: *bedürfen* mit Genitivobjekt

- bei transitiven Grundverben wird der Objektbezug unterstrichen (Wechsel vom effizierten [bewirkten] zum affizierten Objekt, d. h. zum Objekt, auf das eingewirkt wird):

> *begreifen, bebauen, besingen, bedenken, behalten*

Denominativa (nominaler Stamm, z. T. dem von einfachen Verben gleich):

> *bekleiden, behausen, begrüßen, bestuhlen*

Deadjektiva:

> *bestärken, begleichen, begrünen, begütigen*

b) *ent-*
Deverbativa:

> *entfliehen, entschlafen, entwinden, entschwinden, entstehen, entgleiten, entlassen*

Denominativa:

> *entkleiden, entkräften, entlarven, enterben, entsalzen*

Deadjektiva:

> *entwirren, entfremden, entfernen, enteignen, entmutigen*

c) *er-*
Deverbativa:

> *erblühen, sich erholen, ersterben, ersetzen, ertrinken, erfahren, erscheinen*

Denominativa:

> *erarbeiten, sich ermannen*

Deadjektiva:

> *sich erkälten, erkalten, erbleichen, erlösen, erhöhen, ermutigen* (mit nominalem Stamm *Mut*)

d) *ge-*
ist heute wenig produktiv, es entstehen fast ausschließlich deverbale Bildungen, weil das Präfix *ge-* vor alle Verben treten konnte und heute, im Partizip Perfekt, Flexionsmorphem ist. Es handelt sich um sehr alte Bildungen:

> *gefallen, gehorchen, gehören, gedenken, gestehen, geloben, gelingen, gewöhnen*

e) *miß-* ist wenig produktiv:

> *mißfallen, mißdeuten, mißraten, mißlingen*

f) *ver-* ist sehr produktiv:
Deverbativa (hier kann *ver-* intransitive zu transitiven Verben machen, vgl. oben *be-*)

> *versenken, versinken, versprechen, verlassen, versaufen, versuchen, verlieren, verlachen, verdienen, verschlafen*

Denominativa:

> *verdampfen, vereisen, verkohlen, vergrämen*

Deadjektiva:

> *verlieben, versüßen, versauern, verkleinern, vergrößern, verniedlichen, verkürzen, verlängern*

Deadverbia:

> *verneinen, verspäten, versehren* (bereits ahd. abgeleitet)

g) *zer-*
Deverbativa:

> *zerschlagen, zerstören, zernichten* (kein einfaches Verb erhalten, aber *vernichten*) *zerbeißen, zergehen*

Denominativa:

> *zerfasern, zerkrümeln*

Deadjektiva:

> *zerkleinern, zermürben*

2. Bildungen mit Präfixen, die sowohl untrennbar (fest) als auch trennbar (unfest) sind (als letztere eigentlich Zusammensetzungen):
bei untrennbaren wird der Stammvokal betont, bei trennbaren das Präfix:

untrennbar	trennbar
übersétzen (das Buch)	*übersetzen* (über den Fluß)
durchsétzen (mit etwas)	*sich dúrchsetzen*
wiederhólen	*sich wíeder holen* (immer getrennt)

untrennbar	trennbar
umfáhren (die Pfütze)	*úmfahren* (den Mast)
unterhálten (sich gut)	*únterhalten* (darunter)
widersprechen	
widerrufen	
widerfahren	

3. Unfeste Bildungen mit trennbaren Präfixen (Zusammensetzungen mit Präpositionen) werden mit vielen Präpositionen (vgl. auch 2.) zahlreich gebildet:

> *abfahren, annehmen, aufsetzen, ausschalten, beidrehen, da(r)stellen, einholen, herbringen, hinzuführen, mitlaufen, nachdenken, verstellen, zugeben.*

Es gibt zahlreiche Doppelpräfixe:

> *dabeibleiben, d(a)raufsetzen, heraufholen, herunterstoßen, hinaufgehen, herumfahren, hinzufügen, umherfahren, vorausschauen, zurückkommen*

Es gibt auch die Kombination unfester und fester Präfixe:

> *einbeziehen, wegberufen, abbestellen, einverleiben, vorbestellen, abgewöhnen, vorenthalten, miterleben*

§ 61   ABLEITUNG MIT SUFFIXEN

Bei der Ableitung mit Suffixen sind zwei Gruppen zu unterscheiden: die Gruppe der alten ‚schwachen‘ Verben und die neueren Bildungen mit erkennbarem Suffix.

1. Einmal gibt es die sogenannten schwachen Verben, die in sprachgeschichtlicher Zeit aus Verben, Nomina und Adjektiven usw. gebildet worden sind. Ihre Suffixe sind heute nicht mehr erkennbar. Im Althochdeutschen waren es folgende Suffixbildungen:

a) *-jan*
mit faktitiver oder kausativer Bedeutung (s. o. Aktionsart): *tränken = trinken machen, füllen = Ursache für voll sein* bzw. *voll machen;*

> *setzen* (zu *sitzen*), *fällen* (zu *fallen*), *lösen* (zu *los*)

b) *-ōn*
mit intensivierender, faktitiver oder instrumentaler Aktionsart:

    beten zu *bitten*   (intensive A.)
    bessern zu *besser*   (faktitive A.)
    pflügen zu *Pflug*   (instrumentale A.)

c) *-ēn*

bildete Verben mit ingressiver und durativer Aktionsart:

    tagen zu *Tag* (ingressive A.)
    faulen zu *faul* (fängt an, in Fäulnis überzugehen bzw. *macht faul*)

Alle diese Verben enden heute nur noch auf *-en*. Die einfache Ableitung mit *-en* ist immer noch produktiv, die Zahl der schwachen Verben nimmt laufend zu, z. T. treten auch starke Verben in die Klasse der schwachen über (vgl. *backen – buk – gebacken, backen – backte – gebacken* (Partizip noch stark); *stecken – stak* und *stecken – steckte – gesteckt* [→ dazu auch Konjugationstypen § 64].

2. Bei der zweiten Gruppe der mit Suffixen abgeleiteten Verben ist das Suffix noch zu erkennen. Diese Klassen sind heute noch produktiv.

d) *-eln*

mit teilweiser iterativer Aktionsart: „etwas immer wieder tun“:

    bimmeln, klingeln, gurgeln, nageln, schwänzeln, winseln

teilweise diminutive Aktionsart: *tänzeln, quängeln* (zu *quälen*), *nieseln* (kleine Tropfen)
und iterativ: *fieseln, nieseln* (= stetig fallend).

e) *-ern*

(z. T. iterative A.):

    hämmern, federn, wittern, plätschern, zittern, wimmern

f) *-igen*

Die Verben waren ursprünglich Adjektive auf *-ig (erübrigen, beruhigen),* heute dient *-igen* zur Ableitung aus zusammengesetzten Nomen *(benachrichtigen);* vorhanden ist eine ganze Reihe Bildungen mit *be-:*

    belobigen, befestigen, belästigen, befriedigen, behelligen

g) *-nen* (z. T. faktitive Aktionsart)

    trocknen, regnen, segnen, ebnen, öffnen, zeichnen

h) alte Ableitungen auf *-s* und *-sch: klecksen, hopsen,*

    (ab)murksen, grinsen (gegen *grienen*), *herrschen, feilschen*

i) *-ieren (-isieren, -ifizieren)*
kommt aus dem Burgundischen, für Lehn- und Fremdwörter und ist
heute sehr produktiv mit Fremdwortstämmen:

> *finanzieren, transportieren, irisieren, technisieren, multiplizieren,
> mumifizieren*

§ 62 Funktionsverben (Streckverben)

Neben der Möglichkeit, bestimmte Handlungsaspekte durch Wortbildung zu betonen (dem Verbstamm andere Aktionsarten zu verleihen), gibt es auch die Möglichkeit, verbale Syntagmen zu bilden. Dabei wird das zugrundeliegende Verb nominalisiert und mit einem
weiteren Verb – dem Funktionsverb –, gestreckt', das den Handlungsaspekt hervorhebt. Der Gebrauch von Streckverben und somit ein
Nominalstil sind typisch für Fachsprachen. [Zur Nominalisierung →
§ 122.]
   Vier aktionsartige Streckungen sind besonders typisch.
a) Bildungen des Veranlassens (faktitive A.)
   – Selbstveranlassung:

> *in Gang kommen, in Fahrt kommen, zum Sieden kommen*

   – Fremdveranlassung:

> *in Gang setzen, in Bewegung setzen, zum Reden bringen, lachen ma
> chen, ausreden lassen*

   – hypertrophe Wendungen:

> *zur Durchführung bringen, zur Ausführung gelangen*

b) Bildungen des Verlaufs (vgl. die Verlaufsform des Verbs im Englischen, z. B. *he is eating*):

> *er ist beim Essen – er ist am Reden – es ist im Gange – Geld ist im
> Umlauf – er fährt mit dem Brüllen fort (fortfahren zu brüllen) – das
> Klappern dauert an*

c) Betonung der im Verb ausgedrückten Handlung (intensivierende
   Aktionsart); durch die Nominalisierung kommt zugleich ein
   Aspekt der Verdinglichung der Handlung hinzu, deshalb typisch für
   amtlichen Stil in Rechtsprechung und Verwaltung:

> *Angaben machen – Beweis führen – Beschwerde führen – Antrag stellen – Andeutung machen – Antwort erteilen – Veränderung erfahren – Veränderung bewirken – in Angriff nehmen – Vorsorge treffen – Verzicht leisten*

d) Wiederholung der Handlung (iterative A.):

> *er pflegte zu hüsteln – er war das Rauchen gewohnt;* mit gleicher Funktion: *er quatscht und quatscht.*

§ 63   KONJUGATION DES VERBS: LEISTUNGEN

Jeder deutsche Satz enthält mindestens eine konjugierte Verbform im Prädikat, die sogenannte *finite Verbform* [zu den infiniten Verbformen des Infinitivs → § 66, der Partizipien → Adjektive § 81].
Die deutsche Konjugation erbringt folgende Leistungen:

1. Mit der *Personalform* und dem *Numerus* wird die *Kongruenz zwischen Subjekt und Prädikat* hergestellt; damit wird der Geschehnisträger noch einmal im Satz signalisiert. Die Personalform wird durch Suffixe ausgedrückt.

2. Mit der Tempusform wird Zeitpunkt und Zeitrelation des im Satz ausgesagten Geschehens, bezogen auf den Sprecher, angegeben [zum Tempus → §§ 67 ff]. Die Tempusform wird durch Suffixe, Präfixe, Lautwandel des Stammvokals und analytische Formen (umschriebene bzw. umschreibende Formen aus dem Hilfsverb in der finiten Verbform und Vollverb in infiniter Form) gebildet.

3. Mit den *Modi* (Modalformen, Indikativ, Imperativ, Konjunktiv, Modalverben) wird eine Einstufung des Geschehens durch den Sprecher hinsichtlich Wirklichkeit, Möglichkeit, Wünschbarkeit, Notwendigkeit u. a. m. gegeben [→ Modalität §§ 71 ff]. Der Modus wird durch Suffixe, Lautwandel des Stammvokals, analytische Formen und Bildungen mit Modalverben ausgedrückt.

4. Durch die sogenannte *Genera verbi* (*Aktiv* und *Passiv*) werden verschiedene Redeweisen und Sichtweisen zur Darstellung des Täters und Betroffenen einer Handlung gegeben [→ §§ 76 ff], ausgedrückt mittels analytischer Formen mit *werden*.

§ 64 Konjugationstypen

Unter dem Gesichtspunkt der Formen kann man zwei Konjugationstypen unterscheiden, die über die Präteritalformen erkennbar sind:

1. Die ‚starken' Verben, bei denen die Tempusstufen und einzelne Modi durch Ablaut, Aufhellung (Umlaut usw.) im Stammvokal ausgedrückt sind und bei denen das Partizip Perfekt auf *-en* endet *(binden, band, gebunden)*.

2. Die ‚schwachen' Verben, die im Wortstamm immer gleich bleiben, die aber in den Präteritalformen regelmäßig ein *-t-* oder *-et-* Infix zwischen Stamm und Personalendung haben und deren Partizip Perfekt auf *-t* oder *-et* endet *(arbeiten, arbeitete, gearbeitet, geführt)*.

3. Die Verben *sein, werden* und *haben* (Hilfsverben) sowie die Modalverben konjugieren unregelmäßig [→ Tabelle § 66, B].

4. Schwankungen zwischen starker und schwacher Konjugation

   a) Einige Verben folgen der schwachen Konjugation, ändern aber ihren Wortstamm. Beispiele:
   rennen – rannte, brennen – brannte, senden – sandte, bringen – brachte

   b) Die Verben *mahlen, salzen, spalten* bilden das Partizip Perfekt mit *-en: gemahlen, gesalzen, gespalten.*

   c) Manche Verben konjugieren stark und schwach mit jeweils unterschiedlicher Bedeutungsvariante. Beispiele:

   wiegen – wog – gewogen (auf der Waage)
   wiegen – wiegte – gewiegt (das Kind in der Wiege)
   schaffen – schuf – geschaffen (ein Werk)
   schaffen – schaffte – geschafft (bei der Arbeit)

   Weitere: *schleifen, schwellen, backen*

   d) Einige Verben konjugieren als intransitive Verben stark, als transitive schwach:

   erschrecken – erschrak – erschrocken (ich erschrak)
   erschrecken – erschreckte – erschreckt (jemanden erschrecken)

   Weitere: *hängen, pflegen, quellen, stecken.*

   e) Einige Verben folgen als einfache Verben der schwachen Konjugation, in Neubildungen der starken (hier sind die ursprünglich starken einfachen Verben in die schwache Konjugation übergetreten):

bleichen – bleichte – gebleicht
erbleichen – erblich – erblichen

Weitere: *löschen – erlöschen, verlöschen.*

§ 65 DIE ABLAUTREIHEN DER STARKEN VERBEN

Bei den starken Verben gibt es verschiedene Erscheinungsformen der Modifikation des Stammvokals. Sie lassen sich zu Klassen nach Ablautreihen zusammenfassen. Die Lautentwicklung und Neubildungen und Übertritte von ahd. Zeit an haben viel von der Klarheit der Ablautreihen verwischt. Die folgende Tabelle gibt die heutigen Ablautverhältnisse mit jeweils einem Beispiel wieder.

In der Tabelle ist auch der sogenannte ,kombinatorische Lautwandel' – vor ehemals *i* und *u* der ehemaligen Folgesilbe wurde der Stammvokal aufgehellt und umgelautet *(lesen – liest, stoßen – stößt)* – eingearbeitet, der die unterschiedlichen Erscheinungsformen des Stamms im Präsens bewirkt hat.

Ablautreihen der starken Verben mit allen Varianten an Beispielen (–: Länge, ◡: Kürze)

Gruppe 1: Präteritum und Partizip Perfekt gleich

ei	ī	ī	*bleiben*	*blieb*	*geblieben*
ei	ĭ	ĭ	*schneiden*	*schnitt*	*geschnitten*
ä	ō	ō	*erwägen*	*erwog*	*erwogen*
au	ō	ō	*schnauben*	*schnob*	*geschnoben*
ē	ō	ō	*bewegen*	*bewog*	*bewogen*
ī	ō	ō	*fliegen*	*flog*	*geflogen*
ö	ō	ō	*schwören*	*schwor*	*geschworen*
ü	ō	ō	*betrügen*	*betrog*	*betrogen*
ă	ŏ	ŏ	*erschallen*	*erscholl*	*erschollen*
au	ŏ	ŏ	*saufen*	*soff*	*gesoffen*
ĕ-ĭ	ŏ	ŏ	*fechten (ficht)*	*focht*	*gefochten*
ī	ŏ	ŏ	*fließen*	*floß*	*geflossen*
ĭ	ŏ	ŏ	*erklimmen*	*erklomm*	*erklommen*
ö	ŏ	ŏ	*erlöschen*	*erlosch*	*erloschen*
ū	ā	ā	*tun*	*taṭ (!)*	*getan*
ē	ă	ă	*stehen*	*stand*	*gestanden*

Gruppe 2: Präteritum abgeleitet, Infinitiv und Partizip Perfekt gleich

ē-ī	ā	ē	geschehen (geschieht)	geschah	geschehen
ē-ĭ	ā	ē	treten (tritt)	trat	getreten
ĕ-ĭ	ā	ĕ	essen (ißt)	aß	gegessen (!)
ŏ	ā	ŏ	kommen	kam	gekommen
ā-ä	ū	ā	graben (gräbt)	grub	gegraben
ă	ū	ă	schaffen	schuf	geschaffen
ā-ä	ī	ā	raten (rät)	riet	geraten
au-ä	ī	au	laufen (läuft)	lief	gelaufen
ei	ī	ei	heißen	hieß	geheißen
ō-ö	ī	ō	stoßen (stößt)	stieß	gestoßen
ū	ī	ū	rufen	rief	gerufen
ă-ä	ī	ă	ă	ließ	gelassen
ă-ä	ĭ	ă	å	fing	gefangen

Gruppe 3: Alle Formen mit verschiedenen Stammvokalen

ī	ā	ē	liegen	lag	gelegen
ĭ	ā	ē	bitten	bat	gebeten
ĭ	ā	ĕ	sitzen	saß	gesessen
ä	ā	ō	gebären	gebar	geboren
ē-ĭ	ā	ŏ	nehmen (nimmt)	nahm	genommen
ĕ-ĭ	ā	ŏ	stechen (sticht)	stach	gestochen
ĕ-ĭ	ă	ŏ	werfen (wirft)	warf	geworfen
ĭ	ă	ŏ	sinnen	sann	gesonnen
ĭ	ă	ŭ	binden	band	gebunden
ē	ĭ	ă	gehen	ging	gegangen
ä	ĭ	ă	hängen	hing	gehangen

Bei einer Reihe von Verben ändert sich der stammauslautende *Konsonant* (sogenannter ‚grammatischer Wechsel') in anderen Zeitstufen:

> *schneiden – schnitt – geschnitten*
> *erkiesen – erkor – erkoren.*

§ 66   FORMENBESTAND: KONJUGATIONSPARADIGMEN

In der folgenden Tabelle sind für starke und schwache Verben sowie
für die unregelmäßig konjugierenden Hilfs- und Modalverben die im
Deutschen vorkommenden Formen angegeben. Zu den Leistungen
der der Kategorien vergleiche die folgenden Paragraphen.

A. Regelmäßige Konjugation

AKTIV

Präsens	Starkes Verb Indikativ	Konjunktiv	Schwaches Verb Indikativ	Konjunktiv
ich	fahre	fahre	stelle	stelle
du	fährst	fahrest	stellst	stellest
er, sie, es	fährt	fahre	stellt	stelle
wir	fahren	fahren	stellen	stellen
ihr	fahrt	fahret	stellt	stellet
sie	fahren	fahren	stellen	stellen

Präteritum				
ich	fuhr	führe	stellte	stellte
du	fuhrst	führest	stelltest	stelltest
er, sie, es	fuhr	führe	stellte	stellte
wir	fuhren	führen	stellten	stellten
ihr	fuhrt	führet	stelltet	stelltet
sie	fuhren	führen	stellten	stellten

Perfekt				
ich	bin gefahren	sei gefahren	habe gestellt	habe gestellt
...	...	...	...	...

Plusquamperfekt				
ich	war gefahren	wäre gefahren	hatte gestellt	hätte gestellt
...	...	...	...	...

Futur I				
ich	werde fahren	werde fahren	werde stellen	werde stellen
...	...	...	...	...

	Starkes Verb Indikativ	Konjunktiv	Schwaches Verb Indikativ	Konjunktiv

Futur II

| ich | werde gefahren haben | | werde gestellt haben | |

Imperativ

| Singular | fahr(e)! | fahren Sie! | stell(e)! | stellen Sie' |
| Plural | fahrt! | | stellt! | |

Infinitiv

| Präsens | fahren | | stellen | |
| Perfekt | gefahren haben | | gestellt haben | |

Partizip

| Präsens | fahrend | | stellend | |
| Perfekt | gefahren | | gestellt | |

PASSIV

ich	werde gefahren	werde gefahren	werde gestellt	werde gestellt
du	wirst gefahren	werdest gefahren	wirst gestellt	werdest gestellt
er, sie, es	wird gefahren	werde gefahren	wird gestellt	werde gestellt
...	...	...	...	...

Präteritum

| ich | wurde gefahren | würde gefahren | wurde gestellt | würde gestellt |
| ... | ... | ... | ... | ... |

Perfekt

| ich | bin gefahren worden | sei gefahren worden | bin gestellt worden | sei gestellt worden |
| ... | ... | ... | ... | ... |

Plusquamperfekt

| ich | war gefahren worden | wäre gefahren worden | war gestellt worden | wäre gestellt worden |
| ... | ... | ... | ... | ... |

	starkes Verb		schwaches Verb	
	Indikativ	Konjunktiv	Indikativ	Konjunktiv

Futur I

ich	werde gefahren werden	werde gefahren werden	werde gestellt werden	werde gestellt werden
...	...	...	...	...

Futur II

ich	werde gefahren worden sein	werde gefahren worden sein	werde gestellt worden sein	werde gestellt worden sein
...	...	...	...	...

Infinitiv

Präsens	gefahren werden		gestellt werden	
Perfekt	gefahren worden sein		gestellt worden sein	

Partizip

Präsens	(ein zu) fahrendes		(ein zu) stellender	
Perfekt	gefahren		gestellt	

B. Konjugationstabelle der (unregelmäßigen) Hilfsverben *haben, sein, werden* und Beispiel eines Modalverbs *(mögen)*

Nur Aktiv

Präsens

	Ind.	Konj.	Ind.	Konj.	Ind.	Konj.	Ind.	Konj.
ich	bin	sei	werde	werde	habe	habe	mag	möge
du	bist	seist	wirst	werdest	hast	habest	magst	mögest
er	ist	sei	wird	werde	hat	habe	mag	möge
wir	sind	seien	werden	werden	haben	haben	mögen	mögen
ihr	seid	seiet	werdet	werdet	habt	habet	mögt	möget
sie	sind	seien	werden	werden	haben	haben	mögen	mögen

Präteritum

ich	war	wäre	wurde	würde	hatte	hätte	mochte	möchte
du	warst	wärest	wurdest	würdest	hattest	hättest	mochtest	möchtest
er	war	wäre	wurde	würde	hatte	hätte	mochte	möchte
wir	waren	wären	wurden	würden	hatten	hätten	mochten	möchten
ihr	wart	wärt	wurdet	würdet	hattet	hättet	mochtet	möchtet
sie	waren	wären	wurden	würden	hatten	hätten	mochten	möchten

Perfekt

ich	bin	sei	bin	sei	habe	habe	habe	habe
		gewesen		geworden		gehabt		gemocht
...	...	...	...	...	...	...	...	...

Plusquamperfekt

ich	war	wäre	war	wäre	hatte	hätte	habe	hätte
		gewesen		geworden		gehabt		gehabt
...	...	...	...	...	...	...	...	...

Futur I

ich	werde	werde	werde	werde	werde	werde	werde	werde
	sein	sein	werden	werden	haben	haben	mögen	mögen
...	...	...	...	...	...	...	...	...

Futur II

ich	werde –	werde –	werde –	werde –
	gewesen	gewesen	gehabt	gemocht
	sein	sein	haben	haben

Imperativ

Sing.	sei!	werde!	habe!	möge!
	seien Sie!	werden Sie!	haben Sie!	mögen Sie!
Plur.	seid!	werdet	habet!	möget!

Infinitiv

	sein	werden	haben	mögen

Partizip

Präsens	seiend	werdend	habend	mögend
Perfekt	gewesen	geworden	gehabt	gemocht

C. Perfektformen mit *haben* und *sein*

a) Die meisten deutschen Verben bilden das Perfekt mit dem Hilfsverb *haben:*

1. alle transitiven Verben
2. alle reflexiven Verben
3. viele intransitive Verben, vor allem mit durativer Aktionsart, z. B. *sitzen, stehen, schlafen, denken . . .*
4. alle Modalverben
5. die unpersönlichen Verben,

   Beispiel:
   es hat geregnet, es hat geschneit
   Ausnahmen:
   es ist bekannt, es ist geglückt, es ist gelungen, es ist vorgekommen, es ist passiert.

b) Das Perfekt mit dem Hilfsverb *sein* bilden:

1. intransitive Verben, die eine Zustandsänderung beschreiben oder eine Ortsveränderung angeben.

   Beispiele: *einschlafen, sterben, aufwachen, verschwinden, gehen, fahren, laufen.*

2. Die Verben *sein, werden, bleiben.*

c) Verben, die sowohl intransitiv als auch transitiv und dann entweder handlungsorientiert oder vorgangsorientiert gebraucht werden, bilden als transitives Verb das Perfekt mit *haben,* als intransitives mit *sein;* das gilt auch für Verben der Fortbewegung.

   Beispiele:
   Die Hitze hat das Eisen geschmolzen.
   Das Eisen ist geschmolzen.
   Er hat ihm den Arm gebrochen.
   Der Bann ist gebrochen.
   Ich habe den Wagen gefahren.
   Ich bin nach Hause gefahren.
   Der Beilhieb hat das Holz gespalten.
   Ich bin innerlich gespalten.
   Sie hat die Erdbeeren in der Gefriertruhe eingefroren.
   Das Schiff ist im Packeis eingefroren.
   Der Bademeister hat den Gang gespritzt.
   Das Wasser ist in die Schuhe gespritzt.

   Der vorgangsorientierte Gebrauch mit *sein* ähnelt häufig dem Zustandspassiv [→ § 76].

d) Besonderheiten:

> *Ich habe in dieser Sache geirrt.*
> *Ich bin durch den Wald geirrt.*
> *Die Nase hat getropft.*
> *Der Tau ist auf das Gras getropft.*

3.4.2 Zeitverweis: Tempus

§ 67 TEMPUSBEZEICHNUNGEN

Die lateinischen Tempusbezeichnungen *Präsens, Präteritum, Perfekt* und *Futur I und II* geben die Leistungen, die die Tempora im deutschen Sprachsystem erbringen, nur ungenau, wenn nicht sogar unkorrekt wieder. Die deutschen Bezeichnungen *Gegenwart, vollendete Gegenwart, Vergangenheit, Zukunft, vollendete Zukunft* und *vollendete Vergangenheit* tun dies noch weniger und sind ungenau; es ist zweckmäßiger, die lateinischen Benennungen beizubehalten und sie nur als Namen für die Verbformen aufzufassen. Die Bezeichnung *Imperfekt* für das Präteritum ist, vor allem im Vergleich zum Perfekt, so irreführend, daß sie heute durch die Benennung Präteritum abgelöst ist.

Die Tempora verweisen – vom Sprecher aus gesehen – auf Gegenwart, Vergangenheit und Zukunft. Sie verweisen weiter auf relative Zeitstufen: Gleichzeitigkeit, Vorzeitigkeit, Nachzeitigkeit, jeweils im Vergleich zu einer anderen, im selben Satz ausgesagten Handlung oder zu mehreren im Satzgefüge. Orientierungspunkt ist der Sprecher.

§ 68 DIE TEMPORA ALS AUSDRUCK DER JETZT-ORIGO

Die verbalen Tempusformen samt ihren Modifikationen und Determinationen durch Zeitadverbien – wie z. B. *gestern, neulich, später, bald* oder andere adverbielle Bestimmungen der Zeit, wie z. B. *in Kürze, voriges Jahr, am nächsten Tag* – sind sprachliche Ausdrucksmittel, mit denen der Sprecher, bezogen auf sein Jetzt, zeitliche Gegebenheiten, Abläufe, Zeitpunkte und Zeitverhältnisse ausdrückt. Diese Jetzt-Origo des Sprechers und seines Sprechens wird in den Merkmalen, mit denen man die semantischen Leistungen der Tempora heute erfaßt, zum Ausdruck gebracht.

Zur näheren Kennzeichnung der Tempora verwenden wir drei zeit-
verweisende Merkmale – *Sprechzeit, Aktzeit und Betrachtzeit* – sowie
als nichttemporale Merkmale einen sogenannten *‚Vermutungsfaktor'*
für die Angabe von Vermutungen und Wahrscheinlichkeiten und einen *Stilfaktor,* der Sprecherhaltungen anzeigt.

Die Merkmale sind im einzelnen:

Sprechzeit = Zeitpunkt, zu dem der Sprecher den Satz äußert; die
Sprechzeit fällt grundsätzlich mit der Sprechgegen-
wart zusammen. Eine Ausnahme ist die indirekte
Rede, wo es zwei Sprechzeiten gibt, die des Zitierens
und die des Zitierten (Beispiel: *Fritz: „Hans sagte
mir, er sei gestern auf dem Fußballplatz gewesen";*
Sprechzeit des Zitierens = wenn Fritz spricht;
Sprechzeit des Zitierten = wenn Hans spricht). [→
dazu unten und § 158 zum Zitieren, § 73,2c zum
Konjunktiv.]

Aktzeit = die objektiv-reale Zeit der ausgesagten Handlung des
Aktes, im obigen Beispiel: Zeitpunkt, zu dem Hans
tatsächlich auf dem Fußballplatz war.

Betrachtzeit = die zeitliche Perspektive, die der Sprecher einnimmt
und von der aus er den Akt (sprachlich) betrachtet;
im Beispiel von oben wird ausgesagt, daß der Akt in
der Vergangenheit stattgefunden hat.

Ein weiteres Beispiel: *Gestern war ich in der Stadt einkaufen.*
Sprechzeit: *Jetzt des Sprechers*
Aktzeit: *gestern*
Betrachtzeit: fällt hier mit Aktzeit zusammen (Perspektive ‚gestern')
oder: *Wir sind gestern in der Stadt einkaufen gewesen.*
Sprechzeit: *Jetzt*
Aktzeit: *gestern*
Betrachtzeit: *Jetzt* (also gleich Sprechzeit).

Vermutungsfaktor   – bei einer Reihe von Tempusformen ist
zugleich ein Aspekt des Vermutens ge-
geben.
Beispiel: *Er wird den Brief geschrieben
haben.*
Dieser Satz schließt eine Vermutung
seitens des Sprechers ein, daß die Handlung geschehen ist. Der Vermutungs-

aspekt wird häufig durch eine modale adverbielle Bestimmung ausgedrückt; vergleiche:

Er wird gestern abgefahren sein.

Er wird gestern wohl (wahrscheinlich, sicherlich, hoffentlich) abgefahren sein.

Der Vermutungsfaktor ist hier durch das Modaladverb ausgedrückt.

Stilfaktor (Erzählhaltung) – gemeint ist eine Sprechhaltung, die bei erzählendem Sprachduktus – beispielsweise in Erzählungen und Darstellungen – durch einen charakteristischen Tempusgebrauch ausgedrückt wird, z. B. durch das sogenannte ‚historische Präsens', weitgehend auch durch das Präteritum. Es handelt sich hier um Gebrauchstraditionen. Beispiel:

Hier zurückgeschlagen, flog dieser tapfere General nach einer anderen Seite, wo eine zweite feindliche Partei schon im Begriff war, die Werke zu ersteigen. Umsonst ist sein Widerstand; schon zu Anfang des Gefechts strecken die Kugeln ihn zu Boden. Das heftige Musketenfeuer, das Läuten der Sturmglocken . . . machen endlich den erwachenden Bürgern die drohende Gefahr bekannt. Eilfertig werfen sie sich in ihre Kleider, greifen zum Gewehr, stürzen in blinder Betäubung dem Feind entgegen. (Schiller)

§ 69   Temporale adverbielle Bestimmungen

Die Tempusformen können durch adverbielle Bestimmungen der Zeit modifiziert oder determiniert (abgewandelt oder festgelegt) werden. Bei manchen Bedeutungsvarianten der Tempora ist eine adverbielle Bestimmung notwendig (Determination); Beispiel:

Im Jahre 1832 stirbt Goethe in Weimar.

Das historische Präsens wird durch die Zeitangabe in der adverbiellen Bestimmung in Verbindung mit der Präsensform des Verbs angezeigt.

Bei anderen Tempora ist eine Modalangabe möglich (Modifikation), bei anderen nicht zulässig, z. B. bei generellen Aussagen:

> *Gottes Mühlen mahlen langsam.*

Die Zeitbestimmung kann durch eine adverbielle Bestimmung im Satz, sie kann aber auch durch den weiteren Kontext in einem Text gegeben sein:

> *Ich ziehe mir (gleich) den Mantel an.*
> *Du holst (bitte jetzt!) den Wagen aus der Garage.*

Beide Äußerungen verweisen auf Zukünftiges.

Solche Kontextbestimmungen sind auch auf Urteile des Sprechers über Handlungsabfolgen begründet: *was kommt nach was?*

§ 70 DIE ABSOLUTEN UND RELATIVEN TEMPORA

1. Präsens
   a) aktuelles Präsens
      Aktzeit = Sprechzeit = Betrachtzeit; keine Vermutung, kein Erzählstil; adverbielle Bestimmung möglich.
      Das aktuelle Präsens drückt gegenwärtige Sachverhalte aus, verweist also in die unmittelbare Sprechgegenwart.

   > *Meine Frau holt (gerade) den Wagen aus der Garage.*
   > *Ich spüle (im Augenblick) das Geschirr ab.*

   b) futurisches Präsens (wie Futur I)
      Aktzeit = Betrachtzeit, beide nach Sprechzeit; Vermutung kann gegeben sein; kein Erzählstil; adverbielle Bestimmung möglich.
      Das futurische Präsens drückt Zukünftiges aus.

   > *Ich fahre (demnächst) nach Köln.*
   > *Morgen haben wir schulfrei. – Morgen haben wir vielleicht schulfrei.*

   c) historisches Präsens
      Aktzeit = Betrachtzeit, beide vor Sprechzeit; keine Vermutung; Erzählstil gegeben; adverbielle Bestimmung obligatorisch.

Das historische Präsens dient insbesondere der Vergegenwärtigung in Erzählungen und darstellenden Berichten.

In den Iden des März wird Cäsar ermordet.
Gestern fahre ich ahnungslos in die Stadt, da begegnet mir mein Freund Ernst.

d) Präsens der allgemeinen Geltung
Sprechzeit = Betrachtzeit; Aktzeit irrelevant; keine Vermutung, sowohl Erzählstil als auch umgangssprachlich; keine adverbielle Bestimmung außer durativer Art (Typ: *immer wieder, zu allen Zeiten*) möglich.

Wasser ist naß. – Hamburg liegt an der Elbe.
Jeder ist seines eigenen Glückes Schmied.
Eines gilt an allen Tagen: immer erst den Fachmann fragen.

2. Präteritum (→ auch Perfekt 3a, mit dem es fast bedeutungsgleich und austauschbar ist; in Süddeutschland wird eher das Perfekt, in Norddeutschland eher das Präteritum gesprochen)
Aktzeit = Betrachtzeit, beide vor Sprechzeit; keine Vermutung; typisch für Erzählstil, aber auch normalsprachlich; adverbielle Bestimmung möglich.
Das Präteritum bezeichnet vergangene Sachverhalte.

Das Schiff verließ den Hafen (um 18 Uhr).
Es war einmal eine alte Frau, die hatte . . .

Besonderheiten:
– das Präteritum ist manchmal Stilmittel der erlebten Rede: *Sein Magen knurrte laut und vernehmlich. War er so hungrig?*
– in wenigen Redewendungen erscheint das Präteritum statt des Präsens, wenn auf etwas Gegenwärtiges Bezug genommen wird:

Wie hießen Sie gleich?
Wer war noch ohne Fahrschein?

3. Perfekt
a) Vergangenes Geschehen (→ Präteritum)
Betrachtzeit = Sprechzeit, Aktzeit vor beiden; keine Vermutung; kein Erzählstil; adverbielle Bestimmung möglich.
Das normale Perfekt verweist von der Gegenwart her auf vergangenes Geschehen.

Das Schiff hat den Hafen (um 18 Uhr) verlassen.
Mein Wagen ist (heute morgen) nicht angesprungen.

Anmerkung:
Das Perfekt kann Feststellungscharakter haben; im Unterschied zum Präteritum ist die Betrachtzeit dann nicht gleich der Aktzeit, sondern gleich der Sprechzeit, was einen aktionsartähnlichen Aspektunterschied der Vollendung ausdrückt; das wird aber nicht überall so empfunden, s. o. Präteritum.

b) Perfekt mit futurischem Sinn (austauschbar mit Futur II)
Aktzeit vor Betrachtzeit, Betrachtzeit nach Sprechzeit, Aktzeit nach Sprechzeit; Vermutung gegeben oder nicht; kein Erzählstil; adverbielle Bestimmung obligatorisch.

Mit dieser Bedeutungsvariante des Perfekts wird Zukünftiges als zu einer bestimmten Zeit Vergangenes, Abgeschlossenes dargestellt; die Aktzeit liegt also zwischen der Sprechzeit und der Betrachtzeit in der Zukunft.

Bis Mittwoch hat er sich das Buch gekauft.
Nächste Woche hat der Zahntechniker das Gebiß poliert.

4. Plusquamperfekt (vergangene Sachverhalte)
Betrachtzeit = Sprechzeit, Aktzeit vor Betrachtzeit und Sprechzeit; keine Vermutung; Erzählstil möglich; adverbielle Bestimmung möglich.

In der Verbform des Plusquamperfekts sind Merkmale des Präteritums (finite Form von *sein* oder *haben*) und des Perfekts (Partizip Perfekt) gegeben. Perfektiver Aspekt: die Abgeschlossenheit der Handlung wird dadurch angezeigt, daß die Aktzeit vor der Betrachtzeit und der Sprechzeit liegt; Präteritaler Aspekt des Plusquamperfekts ist im Erzählstil möglich; es wird hauptsächlich als relative Zeit (s. u.) verwendet.

Sie war (neulich) in Frankfurt gewesen.
Er hatte (vorgestern) viel Pech gehabt.

5. Futur I (einfaches Futur)
a) Zukünftiges Geschehen (fast identisch mit Präsens B)
Betrachtzeit = Aktzeit, beide nach Sprechzeit; Vermutung gegeben oder nicht; kein Erzählstil; adverbielle Bestimmung möglich.

Ich werde (übermorgen) nach Hause fahren.
Du wirst (nächste Woche) das Boot zu Wasser lassen.

Anmerkung:
Ein Unterschied zum futurischen Präsens liegt gelegentlich in der Intensität der inneren Beteiligung, und zwar
- hinsichtlich der eigenen Absicht (*Ich werde das tun* im Sinne von *Ich will das tun;* Englisch *I will do it*)
- hinsichtlich der Aufforderung an einen anderen (*Du wirst das tun* im Sinne von *du sollst*, vgl. Englisch *you shall do it*).

b) Vermutetes Geschehen in der Gegenwart (→ auch Präsens 1a, aber auch anderer Vermutungsfaktor)
Aktzeit = Betrachtzeit = Sprechzeit; Vermutung; kein Erzählstil; adverbielle Bestimmung möglich.

Meine Frau wird (gerade) die Kinder baden.
Großmutter wird (wohl) fernsehen.

6. Futur II
a) Zukünftiges Geschehen (→ Perfekt 3b)
Aktzeit nach Sprechzeit, aber vor Betrachtzeit, Betrachtzeit nach Sprechzeit; Vermutung gegeben oder nicht; kein Erzählstil; adverbielle Bestimmung obligatorisch.

Übermorgen wird er das Schiff zu Wasser gelassen haben.
Morgen abend werden die Mülleimer geleert worden sein.

b) Vermutetes Geschehen in der Vergangenheit (→ Perfekt 3a, aber obligatorischer Vermutungsfaktor)
Betrachtzeit = Sprechzeit, Aktzeit vor Betrachtzeit und Sprechzeit; Vermutung gegeben; kein Erzählstil; adverbielle Bestimmung möglich.

Sie werden das Boot schon angestrichen haben.
Sie werden (noch einmal) Glück gehabt haben.

7. Die relativen Tempora (consecutio temporum)

In Satzgefügen, in denen mehrere Sachverhalte und Handlungen zeitlich gegeneinander abgestuft werden, werden die Tempora relativ gebraucht.
a) Gleichzeitigkeit
In der Regel steht gleiches Tempus in Haupt- und Gliedsatz:

Als ich ihn besuchte, lag er krank im Bett.
Wenn du kommst, feiern wir.

Ausnahmen:
Wegen der Identität verschiedener Bedeutungsvarianten der Tempora (s. o.) können verschiedene Tempora zum Ausdruck der Gleichzeitigkeit stehen.

Wenn du kommst, werden wir feiern (Intensität durch Futur, s. o.)

b) Vorzeitigkeit
Das Gliedsatzgeschehen liegt vor dem Hauptsatzgeschehen.
– In der Regel steht im Hauptsatz Präsens, im Gliedsatz Perfekt:

Ich freue mich, daß du gekommen bist.
Er lacht so laut, weil er zuviel getrunken hat.

– oder es steht im Hauptsatz Präteritum und im Gliedsatz Plusquamperfekt:

Ich freute mich, weil er gekommen war.
Er lachte so laut, weil er zuviel getrunken hatte.

– oder es steht im Hauptsatz Futur I und im Gliedsatz Präsens oder Perfekt:

Er wird uns besuchen, wenn er nach Hause gekommen ist.
Er wird uns besuchen, . . . kommt
Er wird uns besuchen, . . . gekommen sein wird (selten)

c) Nachzeitigkeit
Das Gliedsatzgeschehen folgt dem Hauptsatzgeschehen:
– Im Hauptsatz steht Perfekt, im Gliedsatz steht Präsens, gewöhnlich mit Vermutungsfaktor:

Ich habe das Buch (vermutlich) gelesen, wenn du kommst.

– oder im Hauptsatz steht Plusquamperfekt, und im Gliedsatz steht Präteritum (Regelfall):

Ich hatte das Buch gelesen, als er kam.
Er hatte den Brief (bereits) geschrieben, ehe ihn die gute Nachricht erreichte.

– oder im Hauptsatz steht Präsens oder Perfekt und im Gliedsatz Futur I:

Ich muß das Buch auslesen, ehe du kommen wirst.
Ich muß das Buch ausgelesen haben, ehe du kommen wirst.
Aber auch: *. . ., ehe du kommst* = futurisches Präsens, markiert durch tempuskennzeichnende Konjunktion, hier *ehe*.

3.4.3 Modalität

§ 71 ZUM BEGRIFF DER MODALITÄT

Die Modalität enthält Urteile und Einschätzungen des Sprechers über die Realität, Irrealität, Wünschbarkeit, Möglichkeit, Notwendigkeit des Gesagten. *Einen* Modus wählt der Sprecher immer; im Sprachsystem ist eine der Moduskategorien obligatorisch gemacht. – Die Modalität ist Ausdruck der Ich-Origo des Sprechens: es sind ich-Urteile des Sprechers, die in den Modalformen zum Ausdruck kommen.

Modalität kann mit lexikalischen Mitteln zum Ausdruck gebracht werden, z. B. in Modalverben und modalen adverbiellen Bestimmungen, den sogenannten *Modalaussagen*. Modalität kann mit Mitteln der Konjugation und mit syntaktischen Formen (Umschreibungen mit *würde* und *mögen*) ausgedrückt werden. Die *Modi des Verbs* sind: *Indikativ, Konjunktiv, Imperativ*.

Die folgende Übersicht zeigt die Zuordnung der Leistungen zu den Moduskategorien und -formen.

Leistung	*Moduskategorie und -form*
Realität (Wirklichkeit)	– Indikativ
Irrealität (Unwirklichkeit)	– Konjunktiv (→ Konjunktiv II) oder umschriebene Formen mit *würde*
Potentialität (Möglichkeit)	– ursprünglich nur Konjunktiv, heute besonders die Modalverben *mögen* und *können* (Eigenbestimmung) sowie *dürfen* (Fremdbestimmung)
Optativität (Wünschbarkeit)	– in manchen Sprachen durch einen eigenen Modus Optativ ausgedrückt, im Deutschen mit den Modalverben *mögen, wollen* und *möchten* (*möchten* hat die Vergangenheitsformen mit *mögen* gemeinsam und ist dabei, Modalverb zu werden)
Notwendigkeit (mit dem Aspekt der Fremdbestimmung)	– Imperativ, Modalverben *müssen, sollen*

Leistung	*Moduskategorie und -form*
Zitierhaltung (Wiedergabe von Gesagtem)	– durch ein Verb des Sagens und Konjunktiv I oder Indikativ
Aufforderungs- und Befehlshaltung	– Modalverben *sollen* und *müssen*, Imperativ und Konjunktiv

Modale Angaben werden häufig auch durch adverbielle Bestimmungen geleistet, z. B. durch Modaladverbien wie

> *hoffentlich, möglicherweise, vermutlich, sicherlich, allerdings, freilich, gern, vielleicht, wahrscheinlich, keinesfalls, niemals, notwendigerweise, gegebenenfalls . . .*

§ 72   ZUM GEBRAUCH DES INDIKATIVS

Der Indikativ ist der normal gebrauchte, neutrale Modus. Er drückt aus, daß der Sprecher das Gesagte als wahrscheinlich, tatsächlich, real ansieht oder darstellt; das gilt im Hauptsatz wie im Gliedsatz.

> *Wenn du kommst, bin ich (sicherlich) zu Hause.*
> *Er sagt, daß er Hunger hat.*
> *Ich friere, weil ich keinen Pullover anhabe.*

Eine Besonderheit ist, daß der Indikativ bei nachdrücklichem Befehl, bei nachdrücklicher Aufforderung steht:

> *Du kommst jetzt mit nach Hause!*
> *Ihr holt Eure Hefte raus!*
> *Jetzt ist aber Schluß!*

§ 73   ZUM GEBRAUCH DES KONJUNKTIVS

Der *Konjunktiv* hat verschiedene sprachgeschichtliche Wurzeln: Das Germanische hatte noch einen eigenen Optativ, wie z. B. auch das Griechische, manche der indoeuropäischen Sprachen hatten einen eigenen Konditionalis oder einen eigenen Irrealis. Alle diese Modi sind im Konjunktiv zusammengeflossen, deshalb ist die Bedeutungsleistung des neuhochdeutschen Konjunktivs vielfältig und nicht immer klar erkennbar. Die deutsche Bezeichnung *Möglichkeitsform* ist zu eng.

Der Konjunktiv bezeichnet das Nicht-Reale im weitesten Sinne: Wunsch, Möglichkeit, Ungewißheit, Aufforderung (noch nicht Reales wird als zu Verwirklichendes dargestellt), Zitat (als Bericht über Gesagtes bei gleichzeitiger Distanznahme vom Gesagten, das als nur gesagt hingestellt wird). Der jeweilige Satzkontext, oft sogar die Interpretation der Sprechsituation selbst, sowie zusätzliche Modalaussagen leisten die jeweilige Bedeutungsmodifizierung: Der Konjunktiv bietet vielfältige Nuancierungen der Sprecherhaltung und der Erzählperspektiven.

1. Konjunktivformen und Tempus

Der Konjunktiv hat seinen Tempuscharakter schon weitgehend im Mhd. verloren. Temporal gesehen unterscheidet man damit nur noch zwischen Ablauf und Vollendung, wobei vollendetes und vollendet gedachtes Geschehen im Plusquamperfekt steht.

Man unterscheidet zwischen dem *Konjunktiv I* (Formen des Präsens, Perfekts und des Futurs I) und dem *Konjunktiv II* (Formen des Präteritum und des Plusquamperfekts).

> Beispiele, einfacher Satz:
> *Ginge sie doch nicht fort!* (Präsensbedeutung, Präteritumform)
> *Hätte ich doch gehört!* (Abgeschlossenheit, Plusquamperfekt)
>
> Hauptsatz-Gliedsatz in Gleichzeitigkeit:
> *Er sagt, ich sei faul* (Präsensform)
> *Er sagte, ich wäre faul* (Präteritumform)
>
> Hauptsatz-Gliedsatz in Vorzeitigkeit:
> *Er sagte, er habe lange gebraucht* (Perfekt)
> *Er sagte, er hätte lange gebraucht* (Plusquamperfekt)

2. Der Gebrauch des Konjunktivs I

Leistung: Aufforderung, erfüllbare Bitte, erfüllbarer Wunsch, Möglichkeit, Zitat.

a) Im Hauptsatz bezeichnet der Konjunktiv I die Aufforderung und den Wunsch:

> *Er lebe hoch! – Er fahre dahin! – Man nehme fünf Eier, eine Tasse Zucker, eine Prise Salz, . . . –*
> *Gegeben sei ein Winkel von 45°, . . . –*
> *Das sei fürs erste genug.*

Diese Sätze lassen sich in Befehlssätze mit Modalverben umformen:

Er soll hochleben.
Man soll fünf Eier, eine Tasse Zucker, . . . nehmen.

b) Im Gliedsatz bezeichnet der Konjunktiv I die Möglichkeit, den erfüllbaren Wunsch, die betonte Unsicherheit:

> *. . ., damit sie uns in guter Erinnerung behalte.*
> *Es sei, wie es wolle, es war gleichsam schön.* (Goethe)
> *Sie redeten, als seien sie völlig im Bilde.*

c) Im Gliedsatz in der *indirekten Rede* wird für das mittelbar Berichtete häufig der Konjunktiv I gebraucht; der Berichtende signalisiert dann Distanz [→ Sprechakte § 158]:

> *Fritz berichtete, Hans habe gesagt, das Boot sei zu Wasser gelassen.*
> *Er drohte, wenn er komme, werde er hier schon aufräumen.*

3. Der Gebrauch des Konjunktivs II

Der Konjunktiv II ist Ausdruck der Nicht-Wirklichkeit, der Irrealität, des Erdachten, des Sich-Vorgestellten. Er wird oft durch *würde*, *möchte* usw. umschrieben. Er steht für:

a) Unsichere Behauptungen und bei Nicht-Wirklichkeit im Hauptsatz:

> *Ich hätte es (fast) geglaubt.*
> *Ich würde annehmen, daß . . .*
> *Ich möchte (fast) glauben, er . . .*
> *Fast wäre das Schiff gestrandet.*
> *Hätten wir lieber das Geld vergraben!*

b) Wünsche, deren Erfüllung nicht sicher oder gar nicht möglich ist:

> *Könnte ich dich doch sehen.*
> *Man wünschte manchmal, man hätte mehr Zeit.*

c) In allen irrealen Satzgefügen mit konditionaler oder konzessiver Bedeutung des Gliedsatzes (Adverbialsätze) und nach verneintem Hauptsatz:

> *Und wenn du mir 1000 Taler bötest, ich ginge nicht mit dir.*
> *Wenn das Wörtchen wenn nicht wär, wär mein Vater Millionär.*
> *Er ist der Erste, an den ich mich wenden würde.*
> *Wenn wir das Geld vergraben hätten, könnten wir es jetzt ausgraben.*
> *Hätte der Sturm nachgelassen, dann wäre das Schiff nicht gestrandet.*
> *Er war so spät gekommen, daß er die Fähre fast versäumt hätte.*
> *Ich weiß nichts davon, daß ich mich geändert hätte.*
> *Ich kenne keine Frau, die schöner wäre.*
> (bei Realitätsanspruch: *. . ., die schöner ist.*)

d) In indirekter Rede [→ § 158] und gelegentlich auch sonst steht der Konjunktiv II für den Konjunktiv I, wenn die Formen des Konjunktivs I und des Indikativs zusammenfallen:

Sie sagten, sie nehmen *mich mit.*   Indikativ gleich Konj. I
Sie sagten, sie nähmen *mich mit.*

e) Der Konjunktiv II wird oft durch Umschreibung mit *würde* ausgedrückt
   – um die Irrealität zu betonen:

Wenn ich Flügel hätte, flöge ich zu dir.
Wenn ich Flügel hätte, würde ich zu dir fliegen.
? Wenn ich Flügel haben würde, würde ich zu dir fliegen.

   – wenn die Konjunktivform mit der Indikativform zusammenfällt:

Wenn sie die Kinder riefen, *gingen sie mit zum Schwimmen.*
Wenn sie die Kinder rufen würden, gingen sie ...

   – weil die Konjunktivform altertümlich wirkt; also statt

böte, gölte, gewönne, verlöre, hülfe

§ 74 Der Imperativ

Der Imperativ hat Aufforderungsfunktion, wobei der Charakter der Aufforderung, von der Bitte bis zum strikten Befehl, je nach näherer Bestimmung und in Abhängigkeit von der Rollenkonstellation unterschiedlich sein kann [→ dazu Sprechakte § 154].

a) Die Formen des Imperativs gibt es, seiner Aufforderungsfunktion entsprechend, nur für die 2. Person Singular und Plural:

Sage mir, sagt mir, sagen Sie (einmal), sagt (nur).

Der Imperativ von *sein* wird mit dem Konjunktiv des Präsens gebildet: *sei so gut.*

b) Das Passiv des Imperativs wird in der Regel mit dem Imperativ von *sein,* in älteren Texten oder bei altertümlichem Sprachgebrauch mit *werden* gebildet:

Seid gegrüßt! (? Werdet verflucht!?)

c) Weitere, dem Imperativ ähnliche Formen der Aufforderung sind z. B.

- Indikativ Präsens oder des unpersönlichen Passivs (sehr bestimmte Form):

    Du bleibst hier! – Hier wird nicht geraucht!

- Indikativ Futur (sehr bestimmte Form):

    Wirst du wohl kommen! Werdet ihr wohl parieren!

- Konjunktiv I, oft mit *man*:

    Man hole mir meine Brille! – Eckermann, notier er mal!

- Infinitiv mit Intonation bzw. Ausrufezeichen, Partizip Perfekt mit Ausrufezeichen:

    Aufhören! – Verboten! – Durchgang freihalten!

- 1. Person Plural Präsens Indikativ:

    Gehen wir! – Essen wir!

- Umschreibungen durch Modalverben: *sollen, müssen, wollen, (nicht) dürfen, lassen:*

    Laßt uns losfahren! – Du sollst kommen! – Wollt ihr wohl Beine machen!

- elliptisch gebrauchte Nomina und Adverbien:

    Wasser her! – Raus! – Los! – Mehr Gas! – Hart Backbord! – Noch ein Glas! – Mir auch eins!

- *daß*-Sätze

    Daß du mir keinen Unsinn machst!

§ 75 DIE MODALVERBEN

Die Modalverben *dürfen, können, mögen, müssen, sollen, wollen, möchten* können sowohl als Vollverben als auch als Hilfsverben, d. h. in finiter Form zusammen mit einem Infinitiv eines Verbs, gebraucht werden.

a) Wenn die Modalverben allein stehen (als Vollverben gebraucht werden), drücken sie ein besonders geartetes Geschehen aus: die Fähigkeit, die Möglichkeit, die Notwendigkeit, den Willen, den Wunsch oder die Ungewißheit; ein zweites Verb ist mitgemeint und ergänzbar.

Er mag keinen Spinat (essen).
Wer will, der kann; wer kann, der darf (etwas tun).
Wir wollen den totalen Krieg (haben, führen).
Ich muß nach Hause (gehen, fahren).
Ich möchte noch Kartoffeln (essen).
Ich soll aufs Gymnasium (gehen).

b) Viel häufiger ist der Gebrauch der Modalverben als Hilfsverben als
   Ausdruck für die Einstellung des Sprechers zum im Verb ausgedrückten Geschehen oder zum Sachverhalt des Satzes insgesamt [→
   auch umschriebener Konjunktiv]:

Das Kind kann noch nicht lesen.
Friederike mag keinen Spinat essen.
Hans will Fußball spielen.
Heiner möchte Eis essen.
Muß ich Schulaufgaben machen?
Du darfst! (elliptisch)
Es soll morgen schönes Wetter geben.

c) Grenzfälle
   Neben den Modalverben im engeren Sinne gibt es Verben, die – als
   Hilfsverben gebraucht – modalen Charakter annehmen:

scheinen, pflegen, drohen, beginnen, glauben, aufhören.

Der Infinitiv des Vollverbs wird zwar mit *zu* gebildet, ist aber stärker an die modalartigen Verben gebunden und wird durch diese
deutlich modifiziert. Er wird auch als erweiterter Infinitiv nicht
durch Komma abgetrennt.

Der Wind scheint aufzufrischen.
Abends pflegt eine Brise aufzukommen.
Das Gewitter droht über die Berge zu kommen.
Es beginnt in Strömen zu regnen.
Wir glauben wegzuschwimmen.
Gut, daß es bald wieder aufhören wird zu regnen.

[→ auch Satzmuster § 109.]

3.4.4 Genera verbi

§ 76 Leistungen des Aktivs und Passivs

Das deutsche Verb steht immer in einem der sogenannten *Genera verbi*, im *Aktiv* oder im *Passiv*. Das Aktiv ist die Normalform der Sätze; wir argumentieren über die Leistung vergleichend von den Passivversionen her.

Das Passiv teilt sich in ein *Vorgangspassiv* und ein *Zustandspassiv*.

> Aktiv: *Mutter kocht die Suppe.*
> Vorgangspassiv: *Die Suppe wird (von Mutter) gekocht.*
> Zustandspassiv: *Die Suppe ist gekocht.*

Aktiv und Passiv zeigen – wiederum als Ausdruck der Ich-Origo des Sprechens – unterschiedliche Mitteilungsperspektiven des Sprechers an, verschiedene Blickrichtungen auf den Zusammenhang zwischen Geschehen, Geschehnisträger und Geschehnisbetroffenen oder das Resultat (Zustandspassiv).

Die im Deutschen gebräuchlichen Bezeichnungen *Tätigkeitsform* (Aktiv) und *Leideform* (Passiv) treffen die Leistungen der Formen nur unzureichend, besonders die des Passivs. Einerseits kann die Semantik des Verbs eine aktivische Konstruktion als Nicht-Tätigkeit ausweisen *(er ist krank; er schläft)*, andererseits kann auch mit dem Passiv ein aktives Verhalten gekennzeichnet werden *(Es wurde die ganze Nacht hindurch gezecht.)*.

Aktiv, Vorgangspassiv und Zustandspassiv lassen sich mit drei Merkmalen gut voneinander unterscheiden:

1. Täterzugewandtheit bzw. Täterabgewandtheit.
2. Orientierung auf das Geschehen, auf den Vorgang.
3. Orientierung am Zustand (Nicht-Orientierung im Hinblick auf das Geschehen).

Das Aktiv ist immer: täterzugewandt, vorgangsorientiert; der Täter muß genannt werden.

Das Vorgangspassiv ist: täterabgewandt, vorgangsorientiert; der Täter kann genannt werden *(von...)*.

Das Zustandspassiv ist: täterabgewandt und nicht vorgangsorientiert; der Täter darf bei vielen Verben nicht genannt werden.

Insbesondere im Bereich des Vorgangspassivs kann man unterscheiden zwischen dem täterlosen Passiv, das das deutsche Regelpassiv ist, und dem täterabgewandten Passiv, das wesentlich seltener ist. Das Zustandspassiv ist nur ganz selten täterabgewandt, meistens täterlos.

> *Das Auto wurde repariert.* (täterlos) } Vorgang
> *Das Auto wurde vom Mechaniker repariert.*
> (täterabgewandt)
> *Das Auto ist repariert.* (täterlos) } Zustand
> *? Das Auto ist vom Mechaniker repariert.*
> (täterabgewandt)
> *(Das Auto ist vom Mechaniker repariert worden.*
> wäre Perfekt des Vorgangspassivs.)

Im Gebrauch des Passivs zeigt sich die Ich-Origo des Sprechens mit aller Deutlichkeit: wenn man den Täter nicht kennt, kann man ihn nicht nennen. Wenn man ihn nicht nennen will, kann man ihn verschweigen und das Verschweigen in der täterlosen Form verschleiern. – Man kann sich auch mehr dem Betroffenen einer Handlung zuwenden und den Täter nur nebenbei (syntaktisch weglaßbar) nennen (täterabgewandt, Täter eingeführt durch eine Konstruktion mit *von, durch, mit*).

Beim täterabgewandten Passiv wird der Täter oder die Ursache der Handlung mit drei verschiedenen Präpositionen verbunden:

> *Das Auto wurde von dem Mechaniker repariert.*
> *Der Vertrag wurde durch den Anwalt geschlossen.*
> *Der Vertrag wurde von den Parteien geschlossen.*
> *Das Holz wurde mit dem Lastwagen abgeholt.*

Nicht immer hat der Sprecher die freie Wahl der Mitteilungsperspektive.
– Bei den Verben des Seins ist die Mitteilungsperspektive des Passivs nicht möglich:

> *Er hat viel Freude mit ihm.* (kein Passiv)
> *Ich existiere von fast nichts.* (kein Passiv)
> *Die Äpfel kosten DM 1,50 pro Pfund.* (kein Passiv)
> aber: *Ich koste die Äpfel. – Die Äpfel werden von mir gekostet.* (Passiv)

– Bei den meisten Verben, die einen Vorgang bezeichnen, ist das Passiv ebenfalls nicht oder nur sehr eingeschränkt möglich:

> *Er lebt auf großem Fuße.* } Passiv kaum möglich.
> *Die Katze schläft.*

Er bekommt Hiebe. – *Hiebe wurden von ihm bekommen.
Sie erhält Post. – *Post wird von ihr erhalten.

– Zu den syntaktischen Problemen beim Passiv → § 78.

§ 77 EXKURS: AKTIV UND PASSIV IN TRANSFORMATIONELLER SICHT

In einer Reihe von sprachtheoretischen Arbeiten werden die Passivformen als aus dem Aktiv ableitbar erklärt. Dabei wird davon ausgegangen, daß die Passivkonstruktionen aus Aktivkonstruktionen durch Transformationen (Regeln zur Umformung von syntaktischen Strukturen) gebildet werden. Weiter wird angenommen, daß das Zustandspassiv aus dem Vorgangspassiv ableitbar sei, das Vorgangspassiv aus dem Aktiv. Also:

> *Mutter kocht die Suppe.*
> ⇒ *Die Suppe wird von Mutter gekocht.*
> ⇒ *Die Suppe wird gekocht.*
> ⇒ *Die Suppe ist gekocht.*

Für diese Annahme sprechen zwei Beobachtungen.
1. Die Fähigkeit des Sprechers/Hörers, diese Konstruktionen als im Grunde bedeutungsgleich oder zumindest bedeutungsähnlich und -verwandt zu erkennen und sich zwischen diesen Konstruktionen relativ freizügig zu bewegen.
2. Die Tatsache, daß alle Verben aktivisch verwendet werden können, aber nicht alle Verben ein Vorgangspassiv haben, und daß nur diese – aber nicht alle – ein Zustandspassiv haben können.

Eine andere These in diesem Zusammenhang besagt, daß dem Aktiv und dem Passiv eine gemeinsame Struktur (die sogenannte Tiefenstruktur) zugrundeliegt, daß also Aktiv und Passiv aus einer gemeinsamen – entweder aktiv-passiv-neutralen oder sowohl aktivische als auch passivische Elemente enthaltenden – Struktur hergeleitet sind: Tiefenstruktur etwa:

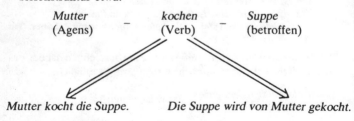

Mutter ─ *kochen* ─ *Suppe*
(Agens)   (Verb)   (betroffen)

Mutter kocht die Suppe.   *Die Suppe wird von Mutter gekocht.*

Diese These trägt der Beobachtung Rechnung, daß das täterlose Passiv, für das im Aktiv eine künstliche Form mit *jemand* oder *man* oder *etwas* gebildet werden muß, das Regelpassiv ist.

> Beispiel:
> *Das Auto wird repariert.*
> *Jemand repariert das Auto.*

§ 78   SYNTAKTISCHE BESCHRÄNKUNGEN

Für die Bildung des Passivs gibt es auch einige syntaktische Beschränkungen. Ein Passiv kann nicht gebildet werden, wenn syntaktisch kein Wechsel der Mitteilungsperspektive möglich ist. Das ist der Fall:

1. Bei allen reflektiven Verben und bei reflexiv gebrauchten Verben:

   > *Ich freue mich.* (kein Passiv)
   > *Ich rasiere mich.* (Passiv kaum möglich)
   > *Der Friseur rasiert den Kunden. – Der Kunde wird vom Friseur rasiert.*

2. In Sätzen, bei denen das Akkusativobjekt einen Teil des Subjekts bezeichnet, insbesondere bei Körperteilen (Identität zwischen Subjekt und Objekt wie bei den Reflexiva, oft durch Possessivpronomen angezeigt):

   > *Der Junge gab mir die Hand.*
   > *? Die Hand wurde mir von dem Jungen gegeben.*
   > *Sie haben ihre Schuhe vergessen.*
   > ** Ihre Schuhe wurden von ihnen vergessen.*

3. Bei infinitiven Objektsätzen [→ § 75b und § 125]:

   > *Sie hören die Nachtigall trapsen.*
   > *Ich lasse die Sekretärin einen Brief tippen.*

4. Bei Sätzen mit freien Angaben im Akkusativ:

   > *Die Skifahrer fahren die Piste hinunter.*
   > *Die Seilbahn fährt den Berg hinauf.*

5. Bei objektlosen Sätzen tritt bei der Passivierung dann ein *es* ein, wenn nichts anderes in Frontstellung steht.

   > *Es wurde gestern gestreikt. – Gestern wurde gestreikt.*

3.5   Adjektive, Numeralien, Adverbien: Begleitwörter

§ 79 Übersicht: Gemeinsamkeiten von Adjektiven und Adverbien

Die Adjektive (Eigenschaftswörter) samt den Numeralien (Zahl-wörtern) und die Adverbien (Umstandswörter) haben gemeinsam, daß sie als Begleitwörter im syntaktischen Verband erscheinen; sie stehen nicht allein und sind nur selten Kopf einer Konstruktion [→ ka-susregierendes Adjektiv als Prädikativ § 108]. Sie kennzeichnen eine Größe (Adjektive) oder ein Geschehen (Adverbien) näher. Diese Wörter geben Urteile, Bewertungen des Sprechers über Qualität und Quantität (Numeralien) einer Größe und hinsichtlich der zeitlichen, räumlichen, modalen und kausalen Umstände eines Geschehens wie-der; sie sind insofern Ausdruck der Ich-Jetzt-Hier-Origo des Spre-chens [→ §§ 8f].

Die Unselbständigkeit dieser begleitenden Wörter kommt auch in den lateinischen Bezeichnungen zum Ausdruck: Lateinisch *Adverb* heißt soviel wie *Nebenwort* (nicht, wie häufig angenommen, zum Verb gehörend); *Adjektiv*, eigentlich *nomen adjectivum,* heißt ,das zum Beifügen dienende Wort' (gemäß einer älteren, weiteren Auffassung war *nomen* der Begriff für alle deklinierbaren Wörter; [→ auch § 41 zum Terminus Nomen].

Die nähere Kennzeichnung der Größen oder des Geschehens er-folgt in Abhängigkeit vom semantischen Gehalt des Gekennzeichne-ten.

– Das *Adjektiv,* welches Nomina näher bestimmt, gibt Qualitäten, Eigenschaften an *(attributive Funktion).*

– Das *Adverb,* das Geschehnisse näher bestimmt, gibt modale, kau-sale, temporale und lokale Verhältnisse an *(adverbielle Funktion).* Das Adverb gibt darüberhinaus eine graduelle Modifizierung beim Adjektiv an *(sehr* gut, *wenig* erfreulich).

– *Numeralien* sind von Hause aus Adjektive, bilden aber auch adver-bielle Formen [→ § 84].

In manchen Grammatiken werden Adjektive und Adverbien wegen ihrer fast gleichen Leistungen und der strukturellen Ähnlichkeiten unter einem Namen, z. B. *Beiwort* oder *Begleitwort,* zusammenge-faßt.

Inhaltlich gesehen ist die Verwandtschaft der beiden Wortarten auch dadurch gekennzeichnet, daß im Wortschatz der Adjektive und der Adverbien besonders Beziehungen der Gegensätzlichkeit, der Polarität (antonyme Relationen) beobachtbar sind:

> *gut – böse, klug – dumm, früh(er) – spät(er), hier – dort, oben – unten,*
> *her – hin, jetzt – damals – demnächst.*

Strukturell gesehen gibt es eine Reihe von Gemeinsamkeiten und eine Reihe von Unterschieden.

1. Jedes Adjektiv kann als Adverb gebraucht werden, ohne daß ein Wortbildungsmorphem oder sonstige Kennzeichen hinzugefügt werden müssen:

> *der langsame Läufer* (Adjektiv)
> *er läuft langsam* (Adverb)
> *eine unruhige Nacht* (Adjektiv)
> *die Nacht verläuft unruhig.* (Adverb)

2. Umgekehrt können viele Adverbien des Ortes und der Zeit attributiv beim Nomen stehen:

> *die Jungen hier*
> *das Unglück damals,* [nachgestelltes Attribut → Attribuierung §§ 130f.]

Viele Adverbien können darüberhinaus adjektivische Formen annehmen und als vorausgestelltes Attribut stehen:

> *der hiesige Junge*
> *das damalige Unglück.*

3. Die meisten Adjektive und viele Adverbien können gleichermaßen nach *ist* prädikativ gebraucht werden, d. h. sie können die Satzaussage zusammen mit *ist* (und einigen anderen Verben) bilden [→ § 70 und § 108):

> *Sie ist klug.* (Adjektiv)
> *Sie ist hier.* (Adverb)

4. Die Numeralien, die Quantitäten ausdrücken, sind als Wortart strukturell nicht festzulegen: sie können Adjektive, Adverbien und Pronomina sein, insbesondere schwanken die unbestimmten Numeralien: *mehr, manch, einzelne* (sie sind zugleich Indefinitpronomina; → auch § 84).

5. Eine besondere Eigenheit des Adjektivs ist die Steigerung (Komparation), die es auch bei einigen Adverbien gibt:

klug – klüger – am klügsten (Adjektiv)
oft – öfter (Adverb)
bald – eher – am ehesten (Adverb, unregelmäßig)

[→ zur Steigerung § 83].

6. Im Unterschied zum Adverb kann das Akjektiv dekliniert werden. Das geschieht, wenn es vor einem Nomen oder nach einem Artikel steht:

   *der grüne Baum – der Baum ist ein grün*er.

   [→ zur Deklination § 82].
7. Strukturell gesehen kann das Adjektiv – sofern man von seinem prinzipiell möglichen Gebrauch als Adverb absieht (s. o. Pkt. 1) – nur als Attribut oder als Prädikativ stehen.
   Das Adverb hingegen kann [→ § 121]:
   – das Geschehen des Verbs näher bestimmen (Verbadverb):

   Das Baby strampelt heftig *mit den Beinen.*

   – das Geschehen der Verbalgruppe näher bestimmen (Verbalgruppenadverb):

   Er pflanzt einen Baum dorthin.

   – das Geschehen des ganzen Satzes näher bestimmen (Satzadverb, alle temporalen Adverbien):

   Gestern *fuhr ich nach Bonn.*

   – Adjektive in allen Verwendungen näher bestimmen:

   ein sehr *erfreulicher Anblick*
   er ist recht *unruhig.*
   Anmerkung:
   Adverbien können, wie Adjektive, durch adverbielle Bestimmungen näher bestimmt werden:
   weiß wie Schnee
   hinten in der letzten Reihe
   [→ auch Adverbialisierung §§ 119 f].

§ 80 ZUM GEBRAUCH DES ADJEKTIVS

A Attributiver und prädikativer Gebrauch

Grundsätzlich kann das Adjektiv attributiv und prädikativ (als Satzglied) gebraucht werden:

attributiv: *die rote Rose* (vorangestelltes Adjektivattribut)
             Röslein rot (nachgestelltes Adjektivattribut, selten)
prädikativ: *die Rose ist rot*
             die Rosen bleiben frisch.
[Zur Attribuierung → §§ 129 ff, zum prädikativen Gebrauch →
§ 108.]

Besonderheiten

1. Manche Adjektive können nur prädikativ gebraucht werden; sie
   stehen in Verbindung mit *sein, werden* und *machen,* das sind:
   a) aus Nomina schon in älterer Zeit hergeleitete Adjektive:

   angst, feind, fremd, gram, leid, schade, schuld.
   Das Mädchen ist mir gram. – Nicht: **das grame Mädchen.*

   b) eine Reihe von Adjektiven, die – z. T. ohne Wortbildungsmorphem – aus einem Verb abgeleitet sind:

   abspenstig, anheischig, ansichtig, ausfindig, eingedenk, erinnerlich,
   gewahr, gewärtig, habhaft, handgemein, kund, nütze, schlüssig, teil-
   haftig, verlustig, vorstellig, quitt.

   c) einige feste Wendungen:

   angst und bange, fix und fertig, gang und gäbe, klipp und klar.

2. Manche Adjektive können in der Grundbedeutung nur attributiv
   gebraucht werden; prädikativ können sie in übertragener Bedeutung (metaphorisch) stehen, das sind:
   a) Herkunftsbezeichnungen stofflichen, geographischen oder persönlichen Inhalts:

   eisern, hölzern, seiden, deutsch, chinesisch, bayerisch, Goethisch,
   Haydensch
   ein hölzernes Bein (wörtlich) gegenüber *sein Benehmen war hölzern*
   (übertragen); – **sein Bein war hölzern* ist allenfalls umgangssprachlich möglich
   ein Haydensches Streichquartett ist von Haydn
   die Musik war Haydensch heißt: *im Stile Haydns* (übertragene Bedeutung).

   b) Adjektive, die aus Raum- und Zeitadverbien gebildet sind, z. B.:

   dortig, baldig, innere, äußere, damalig, seinerzeitig, einstig, obig, . . .
   sein damaliges Auftreten – aber nicht: **sein Auftreten ist damalig.*

c) Oft Adjektive, die für ein Präpositionalattribut oder ein Genitivattribut stehen können:

> die Praxis *eines Zahnarztes*
> die Praxis *von einem Zahnarzt*
> die *zahnärztliche* Praxis
> *die Praxis ist zahnärztlich* ist nicht möglich.
> *königliche* Pferde sind die Pferde des Königs
> die Pferde sind *königlich* heißt ‚sie benehmen sich wie Könige' (über-
> tragene Bedeutung).

B   Kasusrektion der Adjektive
   Eine Reihe von Adjektiven erscheint gelegentlich mit einem Zusatz, andere fordern ihn. Es handelt sich um Objekte zum Prädikativ
oder um Ergänzungen zum Prädikativ [→ § 108]. In dependentieller
Sicht spricht man von der Valenz des Adjektivs. Diese Valenz sollte
allerdings als eine Valenz der *ist*-Prädikation verstanden werden, in
der die Einheit aus ‚*sein* und Adjektiv' eine Valenz entfaltet wie ein
Verb, das ein Objekt oder eine Ergänzung fordert. Es handelt sich also
eigentlich um Objekte und Ergänzungen der *ist*-Prädikation. Wenn
solche *ist*-Prädikationen attributiv gebraucht werden, wird das semantisch leere *ist* getilgt.

> *Der Botschafter ist des Deutschen mächtig.*
> *Der des Deutschen mächtige Botschafter.*
> *Der Botschafter, der des Deutschen mächtig ist, . . .*

[Zur *ist*-Prädikation → § 108, zur Attribuierung → §§ 129 ff].
   Syntaktisch wirkt sich die Rektion des Adjektivs so aus, daß ein bestimmter Kasus oder eine Präposition mit Folgekasus gefordert werden.
   In der Aufstellung sind die Adjektive nach den Kasus geordnet –
z. T. ist mehrfache Nennung möglich.

Rektion der Adjektive
1. Adjektive mit einem Kasus
a) Akkusativ

> *alt, breit, dick, groß, hoch, lang, schwer, stark, weit, gewöhnt,*
> *los, müde, wert, überdrüssig.*
> *Der Mantel ist sein Geld wert.*
> *Der Bub ist 1 m 54 groß.* (einen Meter 54)

b) Dativ

> *ähnlich, angeboren, angemessen, angenehm, bange, begreiflich, behilflich, bekannt, bequem, beschwerlich, böse, dankbar, egal, eigen, einerlei, entbehrlich, ergeben, erinnerlich, erklärlich, erwünscht, feind, fremd, gefährlich, gehorsam, geläufig, gemeinsam, gewachsen, gewogen, gleichgültig, gültig, gram, günstig, heilsam, hinderlich, klar, lästig, lieb, möglich, nahe, nützlich, peinlich, recht, schädlich, treu, überlegen, verbunden, verhaßt, verständlich, verwandt, wert (im Sinne von lieb), wichtig, widerlich, willkommen, zugetan, zuträglich.*
>
> *Sie ist ihrer Mutter ähnlich. – Er ist ihm zugetan.*

c) Genitiv

> *bar, bedürftig, bewußt, eingedenk, fähig, froh, gewahr, gewärtig, gewiß, kundig, ledig, mächtig, schuldig, sicher, überdrüssig, verdächtig, voll, wert, würdig.*
> *Dieser Hypochonder ist aber auch bar jeden Humors.*
> *Wir sind des dummen Geschwätzes überdrüssig.*

2. Adjektive mit Präposition und Folgekasus

d) *an*

    mit Akkusativ: *gebunden, gewöhnt.*
                 Ich bin an ihn gewöhnt.
    mit Dativ: *arm, interessiert, reich.*
                 Sie ist reich an guten Gaben.

e) *auf*

    mit Akkusativ: *angewiesen, aufmerksam, begierig, böse, eifersüchtig, eingebildet, gefaßt, gespannt, neidisch, stolz, wütend, zornig*
                 Sie waren zornig auf ihn, so richtig wütend waren sie auf diesen Kerl.
    mit Dativ: *blind, lahm, taub; blind auf einem Auge, taub auf beiden Ohren, lahm auf einem Bein.*

f) *aus*

    mit Dativ: *gebürtig; Sie ist gebürtig aus (dem Land) Ungarn.*

g) *bei*

    mit Dativ: *behilflich, beliebt, verhaßt*
               Beliebt bei den einen, verhaßt bei den anderen, behilflich bei jeder Hausarbeit, so ist Tante Elise.

h) *durch* (vgl. auch *von*)

    mit Akkusativ: *ergriffen, ermattet, erschöpft, frei, krank, müde,*
                 überzeugt
                 . . . frei durch den Kampf –
                 überzeugt durch das Argument.

i) *für*

    mit Akkusativ: *bedeutungslos, bezeichnend, charakteristisch,*
                 empfänglich, geeignet, genug, interessant, nach-
                 teilig, nötig, notwendig, passend, schmerzlich,
                 verderblich, vorteilhaft, wesentlich, zuständig
                 Es ist bezeichnend für ihn. – Er ist zuständig für
                 das Gesundheitswesen. – Das ist vorteilhaft für
                 den einen, nachteilig für den anderen.

                 Außerdem eine Reihe von Adjektiven, die
                 auch ohne Präposition, dann mit dem Dativ,
                 stehen: *bequem, beschwerlich, günstig, nützlich,*
                 peinlich; Günstig für den einen, peinlich für den
                 anderen.

j) *gegen*

    mit Akkusativ: *empfindlich, freigebig, gefühllos, gleichgültig,*
                 grausam, hart, mißtrauisch, nachsichtig, streng,
                 taub;
                 empfindlich gegen den leisesten Versuch der Kri-
                 tik, hart gegen sich selbst, nachsichtig gegen den
                 Gegner.

k) *in*

    mit Akkusativ: *verliebt; verliebt in ihn*
    mit Dativ: *bewandert, erfahren, geschickt, geübt, gewandt,*
                 tüchtig, wohnhaft
                 . . . geschickt in den kniffeligsten Dingen,
                 . . . wohnhaft in dem alten Haus.

l) *mit*

    mit Dativ: *befreundet, bekannt, einverstanden, fertig, ver-*
                 gleichbar, verheiratet, verlobt, verwandt, zufrie-
                 den
                 . . . befreundet nur mit einem einzigen,
                 bekannt mit vielen.

m) *nach*

    mit Dativ: *ehrgeizig, gierig*
                 . . . ehrgeizig nach (dem) Ruhm,
                 gierig nach (dem) Geld.

n) *über*

mit Akkusativ: *ärgerlich, aufgebracht, beschämt, bestürzt, betroffen, betrübt, entrüstet, entsetzt, erbittert, erfreut, erstaunt, froh, glücklich, traurig, ungeduldig, verstimmt, zornig*
... ärgerlich über den Fehler, zornig über den Gegner.

o) *um*

mit Akkusativ: *besorgt*
Ich bin besorgt um den Freund.

p) *von*

mit Dativ: *abhängig, ergriffen, ermattet, erschöpft, frei, krank, müde, schläfrig, überzeugt, verschieden, voll*
... abhängig von den Zigaretten, voll von (dem) Wein.

q) *vor*

mit Dativ: *bange, blaß, bleich, geschützt, sicher, starr, stumm*
... bange vor dem Examen, sicher vor dem Regen, stumm vor Schreck.

r) *zu*

mit Dativ: *bereit, entschlossen, fähig, frech, freundlich, geeignet, gehässig, geschaffen, grob, gut, lieb, niederträchtig*
... bereit zu allem, grob zu ihm.

§ 81 Die Wortbildung zum Adjektiv

Die folgende Zusammenstellung wird nach der Wortart der Grundwortarten und nach inhaltlichen Leistungen der Ableitung gegliedert. Darüberhinaus werden Hinweise auf charakteristische Bildungsmuster gegeben. Die Ableitungssuffixe sind teilweise in früherer Zeit selbständige Wörter gewesen [→ dazu Kapitel 6, Wortbildung § 138].

A Deverbativa

Insofern das Grundwort ein Verb ist, charakterisieren deverbative Adjektive in der Attribution oder Prädikation das Nomen mit dem

Merkmal eines Vorgangs oder einer Handlung im Sinne einer Tendenz zu diesem Vorgang:

> *Jemand brummt oft. – Er ist brummig. – Er ist ein brummiger Mensch.*
> *Ein Text lehrt. – Er ist lehrhaft – ein lehrhafter Text.*
> *Etwas kann tragen – es ist tragfähig.*

Auch die Genera des Verbs (Aktiv und Passiv) gehen in die Ableitung zum Adjektiv ein. Man kann die deverbativen Adjektive in zwei Gruppen mit aktivischer und passivischer Bedeutung einteilen. Dem aktivischen Typ kann ein Aktivsatz, dem passivischen Typ ein Passivsatz zugrunde gelegt werden. Außerdem kann jedes Verb in der Form des Partizips Präsens (aktivisch) und des Partizips Perfekt (passivisch) gebraucht werden: *laufend – gelaufen.*

a) Aktivischer Typ

> *etwas hält – es ist haltbar*
> *jemand nascht – er ist naschhaft*
> *jemand enthält sich – er ist enthaltsam*
> Zu diesen Adjektiven gehören z. B. noch: *ähnlich, nützlich, auffällig, eilig, rührig, stürmisch, flatterhaft, sparsam, einfühlsam, haltbar, gehfähig, . . .*
> dazu Bildungen aus Verbalgruppen: *schmerzempfindlich, wasserdurchlässig, . . .*

b) Passivischer Typ

> *etwas kann gesteuert werden – es ist steuerbar*
> *etwas kann erklärt werden – es ist erklärbar*
> Weitere: *belastbar, belastungsfähig, betrachtenswert, biegsam, erträglich, hörenswert, lenkbar, lenksam, lobenswert, verstellbar, versenkbar, verwerflich, zulässig, . . .*

B   Denominativa

Von bestimmten Nomina werden Adjektive aus zugrundeliegenden *ist*-Prädikationen mit Bedeutungsvarianten je nach Suffix oder suffixartigem Element, ggfls. auch als Genitiv oder mit Präposition abgeleitet:

> *etwas ist aus Eisen – eisern*
> *etwas ist wie Eis – eisig*
> *jemand ist wie ein Teufel – teuflisch*
> *etwas ist reich an Vitaminen – vitaminreich*
> *das Haus ist des Vaters   – väterliches Haus*
> *das Haus ist von Vater*

Verschiedene typische Bedeutungsgruppen lassen sich – z. T. nach Suffixen – unterscheiden.

a) aus einem Stoff bestehend:

> *eisern, stählern, kupfern, papier(e)n, golden, samten*

b) Eigenschaft oder Merkmal von etwas haben:

> *goldig, samtig, eisig, milchig, wäßrig, haarig, dauerhaft, bresthaft (al-*
> tes Wort *brest* für Krankheit*), lobesam, mühsam, mädchenhaft, mo-*
> *disch, närrisch, launisch, launenhaft, komisch (zu Komik), sommer-*
> *lich, königlich, königinnenhaft,* . . .

c) zu einem Bereich gehörig, oft auf Eigennamen bezogen (als Begriff, dann Großschreibung):

> *Berliner Bär, Kieler Sprotten, Münchner Kindl, Münchener Bier,*
> *Österreichische Bundesbahn, französische Küche, Schillerscher Stil,*
> *städtisch, örtlich,* . . .

d) weiterhin gibt es eine ganze Reihe von Denominativa, die mit suffixartig auftretenden Adjektiven gebildet sind und deren Bedeutungsspezifikation über die Semantik des jeweilig suffigierten Adjektivs erfolgt:

> *winterähnlich, baumähnlich, baumartig, menschenähnlich, grasartig,*
> *suffixartig, kohlensäurehaltig, kalkhaltig, fettreich, fettarm, fettlos,*
> *fettfrei, gedankenreich, gedankenlos, gedankenleer, gedankenvoll,*
> *kernlos, kniefrei, schulfrei, schuleigen, hauseigen, ortseigen, orts-*
> *üblich, leistungsgemäß, sachgemäß, sachbezogen, vorschriftsmäßig,*
> *zahlenmäßig,* . . .

C Deadjektiva

Neubildungen von Adjektiven aus Adjektiven sind seltener. Sie dienen der Gewinnung von Bedeutungsvarianten:

> *krank – krankhaft kränklich*
> *lieb – lieblich, unlieb, unliebsam, liebevoll*
> *grün – grünlich*
> *reich – reichlich, reichhaltig*
> . . .

D Bildungen aus Adverbien mit *-ig*

> *dortig, hiesig, obig, jetzig, damalig,* . . .

§ 82　DIE DEKLINATION DES ADJEKTIVS

Adjektive werden je nach Stellung im Satz dekliniert, und zwar
– gar nicht bei prädikativem Gebrauch:

> *Der Mensch ist gut, die Welt ist schlecht.*

– unterschiedlich bei attributivem Gebrauch:

A　schwach nach bestimmtem Artikel und nach dekliniertem Pronomen:

> *der gute Mensch von Seczuan – die guten Menschen*
> *dieser gute Mensch von Seczuan – diese guten Menschen*

B　stark nach unbestimmten Artikel oder nach unflektiertem Indefinitpronomen und Possessivpronomen (nur im Singular):

> *ein guter Mensch*
> *welch ein guter Mensch*
> *manch schlechter Mann*
> *mein guter Junge*

C　stark (abweichend von Typ B) ohne Artikel im Singular und Plural.

In der Tabelle sind die drei Deklinationstypen zusammengestellt:

A　schwache Deklination

	Maskulinum	Femininum	Neutrum
Singular			
Nom.	der kleine Mann	die schöne Fee	das warme Bad
Gen.	des kleinen Mannes	der schönen Fee	des warmen Bades
Dat.	dem kleinen Manne	der schönen Fee	dem warmen Bade
Akk.	den kleinen Mann	die schöne Fee	das warme Bad
Plural			
Nom.	die kleinen Männer	die schönen Feen	die warmen Bäder
Gen.	der kleinen Männer	der schönen Feen	der warmen Bäder
Dat.	den kleinen Männern	den schönen Feen	den warmen Bädern
Akk.	die kleinen Männer	die schönen Feen	die warmen Bäder

B   starke Deklination nach unbestimmtem Artikel

	Maskulinum	Femininum	Neutrum
Singular			
Nom.	*ein kleiner Mann*	*eine schöne Fee*	*ein warmes Bad*
Gen.	*eines kleinen Mannes*	*einer schönen Fee*	*eines warmen Bades*
Dat.	*einem kleinen Mann(e)*	*einer schönen Fee*	*einem warmen Bad(e)*
Akk.	*einen kleinen Mann*	*eine schöne Fee*	*ein warmes Bad*

C   starke Deklination ohne Artikel

Singular			
Nom.	*kleiner Mann*	*schöne Fee*	*warmes Bad*
Gen.	*kleinen Mannes*	*schöner Fee*	*warmen Bades*
Dat.	*kleinen Mann*	*schöner Fee*	*warmem Bad*
Akk.	*kleinen Mann*	*schöne Fee*	*warmes Bad*

Plural			
Nom.	*kleine Männer*	*schöne Feen*	*warme Bäder*
Gen.	*kleiner Männer*	*schöner Feen*	*warmer Bäder*
Dat.	*kleinen Männern*	*schönen Feen*	*warmen Bädern*
Akk.	*kleine Männer*	*schöne Feen*	*warme Bäder*

Besonderheiten

a) Zwei oder mehr aufeinanderfolgende Adjektive deklinieren gleich:

> *die schöne gute Fee – einer schönen guten Fee –*
> *schönen guten Feen*

b) das Adjektiv nach flektiertem, ohne Artikel stehenden *sämtlich, beide, ander, verschieden* und *folgend* wird oft, aber nicht immer, schwach dekliniert (Typ A):

> *sämtliche kleinen Männer*
> *anderer lauter Menschen Lärmen – anderer lauten*
> *Menschen Lärmen*
> *folgendes alte Märchen – folgendes altes Märchen*

> [Zur Flexion nach dem adverbiell gebrauchten Adjektiv wie bei *schön lustige Leute* → d)]

c) schwankende Deklination findet man
 – nach flektierten Kardinalzahlen *zwei* und *drei* im Genitiv:

> *zweier guter Freunde – zweier guten Freunde*

– wenn das zweite Adjektiv mit dem Nomen eine engere begriffliche Einheit bildet:

mit gutem holländischem (-en) Käse
mit echtem pfälzischem (-en) Wein

d) bei mit Bindestrich aneinandergekoppelten Adjektiven hat nur das letzte die Flexionsendung [→ auch oben b]

die blau-gelben Bänder
mit grün-goldenen Blättern
ein dumm-dreister Vorstoß
wegen der schaurig-schönen Lieder

e) einige Adjektive, zumeist Fremdwörter, bleiben in der Regel undekliniert:

prima, rosa, orange, lila, blanko, creme

in der Deklination häufig Verbindung mit *-farbig* oder *-farben*:

ein cremefarbenes Kleid – ein orangefarbiger Rock

umgangssprachlich wird teilweise dekliniert:

ein lilanes Kleid, eine rosane Bluse

§ 83 Die Steigerung (Komparation) des Adjektivs und der Adverbialformen

A Die Leistung der Steigerung

Da Adjektive häufig Urteile und Bewertungen über Eigenschaften wiedergeben, können diese Eigenschaften auch abgestuft (gradiert) und in Vergleich gesetzt werden. Gradierung und Vergleich sind im Sprachsystem vorgegeben: mittels Steigerung und mithilfe von gradierenden Adverbien oder gradierenden Adjektiven, die adverbiell gebraucht werden:

kalt – kälter, am kältesten (Steigerung)
sehr kalt – etwas kalt – recht kalt – ganz schön kalt – ganz kalt – unheimlich kalt – usw.

Extremgrade werden manchmal auch durch Zusammensetzungen ausgedrückt:

blitzgescheit, hochmodern, quicklebendig, putzmunter, pudelwohl, klitzeklein, . . .

Umgangssprachlich und in Sondersprachen finden sich auch sogenannte ‚starke Ausdrücke‘, die superlativische Funktion haben:

> *irre gut, phantastisch schön, schrecklich lieb, klasse gut, dufte brauch-*
> *bar, knorke gediegen,* . . .

Die Steigerung bringt die Polarität der Adjektive [→ § 79] extrem
zum Ausdruck:

> *am kleinsten – kleiner – klein : groß – größer – am größten*

Durch abschwächende Adverbien kann die Polarität in eine Skala
von Zwischenstufen überführt werden:

> *ziemlich klein – etwas klein – ein wenig klein – fast klein – weder groß*
> *noch klein – fast groß – etwas groß – ziemlich groß*

In der Steigerung und der Gradierung sind dem Sprecher viele
Möglichkeiten zur Nuancierung seiner Bewertungen zur Verfügung
gestellt.

Manchmal dient der Komparativ auch dazu, zwischen den Polen zu
skalieren:

> *Eine ältere Dame* ist keine *alte Dame,* sondern jünger, als eine alte
> Dame; eine *jüngere Dame* ist keine *junge Dame,* sondern älter als eine
> junge Dame. –
> *Ein neuerer Anzug* ist älter als ein *neuer Anzug.* –
> *Eine längere Fahrt* dauert kürzer als eine *lange Fahrt.*

Diese Funktion hat der Komparativ hin und wieder auch bei adverbiellem Gebrauch:

> Wenn die schulischen Leistungen *besser* werden, brauchen sie noch
> nicht *gut* zu sein. Wenn man Kakao *lieber* trinkt als Apfelsaft, braucht
> man ihn noch nicht *gern* zu trinken.

Manche Adjektive sind im Grunde nicht gradierbar, weil sie absolute Eigenschaften ausdrücken. Sie sind deshalb eigentlich nicht stei-
gerungsfähig, z. B.:

> *tot, lebend, nackt, blond, mündlich, schriftlich, schwarz, weiß, vier-*
> *eckig, links, rechts, halb, ganz, jetzig, hiesig, dortig,* . . .

In umgangssprachlicher Verwendung und in übertragenem Sprachgebrauch findet man allerdings auch Steigerungsformen:

> *das blondeste Haar*
> *der schwärzeste Humor*
> *die lebendigste Klasse*

Bei Farbwörtern werden die Unterschiede in der Farbhelligkeit oft durch *hell-* und *dunkel-* angegeben: *hellblau – dunkelgrün.* Die Farbsättigung wird allerdings häufig auch durch Steigerungsformen ausgedrückt:

> *Der Himmel ist hier blauer als zu Hause.*
> *Der Baum vor dem Haus ist schon grüner als der hinter dem Haus.*

B   Formen der Steigerung

1. Die Steigerung hat drei Stufen: Positiv (Grundform) – Komparativ (Vergleichsform) – Superlativ (Höchststufe), letzterer im adverbiellen Gebrauch und in der Zitierform mit *am.* Die Steigerungsstufen werden durch Endungen *-er* und *-(e)st* angezeigt:

> *der warme – wärmere – wärmste Ofen – am wärmsten Ofen*
> *sauber – sauberer – sauberst – am saubersten*
> *hoch – höher (!) – am höchsten* (mit *h* statt *ch* im Komparativ).
> Anmerkung:
> Wenn der Superlativ ohne Vergleich gebraucht wird, spricht man auch vom *Elativ:*
> *Heute ist das prächtigste Wetter.* (Elativ)
> gegenüber:
> *Gestern schon besseres, heute das beste Wetter des ganzen Urlaubs.* (Superlativ)

Aus sprachgeschichtlichen Gründen werden bei einer Reihe von Adjektiven der Komparativ und Superlativ umgelautet, bei anderen jedoch nicht:

> *groß, größer, am größten – froh, froher, am frohsten*

Manchmal schwankt der Umlaut:

> *gesund, gesunder, am gesundesten – gesünder, am gesündesten*
> *glatt, glatter, am glattesten – glätter, am glättesten*

Die meisten Adjektive steigern regelmäßig, d. h. durch Endung und gegebenenfalls Umlaut des Stammorphems.

2. Unregelmäßig in verschiedener Hinsicht werden eine Reihe von Adjektiven gesteigert:
a) die zusammengesetzten Adjektive
– nur das zweite Glied erhält die Steigerungsform bei engen Verbindungen:

> *der dummdreisteste Versuch, der neumodischste Kram, die weitschweifigsten Erläuterungen*

– der erste Teil wird gesteigert, wenn die Zusammensetzung lose ist, sowie meistens, wenn das zweite Glied Partizip Perfekt ist:

schwerstverdaulich, meistgekauft, bestbezahlt, bessergestellt, kleinergedreht, feinergerieben, gröbergemahlen

– mit Partizip Präsens zusammengesetzte Adjektive schwanken:

weitführendste – weiterführende – weitestführende
naheliegende – nächstliegende – naheliegendste

(vgl. auch die adverbielle Gradation: *schwerer wiegende Argumente* gegenüber *schwerwiegende Argumente*)

b) mit Wechsel des Stammorphems, d. h. ganz unregelmäßig steigern:

gut – besser – am besten
viel – mehr – am meisten
wenig { *– weniger – am wenigsten*
{ *– minder – zum mindesten*

C   Adverbialformen

Nur der *Superlativ* hat spezielle adverbielle Steigerungsformen. Es ist einmal die oben (1) als Zitierform bereits eingeführte Steigerungsform mit *am* als Regelform:

Am schönsten ist es zu Hause. – Er redete am langweiligsten von allen.
– Sie spielten die Musik am lautesten von allen.

Der *Komparativ* des Adjektivs ist wie der *Positiv* adverbiell verwendbar, häufig mit Vergleich:

Er fährt schnell. – Er fährt schneller, als es gut ist. (Verbadverb)
schwerwiegende Gründe – schwerer wiegende Gründe (Adjektivadverb)

Eine Anzahl von Adjektiven haben darüberhinaus noch andere adverbielle Superlativformen auf *-stens*:

höchstens, bestens, schönstens, genauestens, längstens, meistens, wenigstens, schnellstens, strengstens
Er hätte uns das wenigstens erklären können!

Einige Adjektive auf *-ig* und *-lich* sowie die Adjektive *hoch, nahe, jung, unter, ober, inner, äußer, gehorsam* bilden neben dem regelmäßigen adverbiellen Superlativ noch einen Superlativ auf Positiv und *-st* (ohne *am*):

am höchsten – höchst
äußerst, baldigst, gefälligst, freundlichst, möglichst, gehorsamst,
jüngst, zuunterst, zuoberst, zuinnerst, zutiefst, demnächst, . . .

§ 84 DIE NUMERALIEN (ZAHLWÖRTER)

Die Numeralien (Zahlwörter) dienen der quantitiven Erfassung und, in Verbindung mit Maßeinheiten, der Objektivierung von Mengen, Raum- und Zeitgegebenheiten in der Welt. Sie sind der Wortart nach überwiegend Adjektive und davon abgeleitete Nomina und Adverbien. Die unbestimmten Zahlwörter sind mit den adjektivisch gebrauchten Indefinitpronomina identisch.

1. Einteilung
Man unterscheidet innerhalb der Klasse der Numeralien die *Kardinalzahlen: eins, zwei, . . .,* die *Ordinalzahlen: der erste* Januar, *der zweite* Januar und von ihnen abgeleitet die *Bruchzahlen (ein viertel* Pfund), die *Vervielfältigungszahlen (zweifach, dreifach)* und *Wiederholungszahlen (einmalig, zweimalig)* sowie schließlich die *Gattungszahlen (fünferlei).*
Diese Zahlwörter werden zumeist attributiv, gelegentlich auch prädikativ gebraucht:

> *In drei Wochen ist Ostern.*
> *Er ist das fünfte Rad am Wagen.* ⎫ attributiv
> *In der Eisdiele gab es zehnerlei Sorten Eis.* ⎭
> *Sie sind fünf.*
> *Die Imprägnierung ist fünffach.* ⎫ prädikativ (seltener)
> *Ich werde elf.* ⎭

2. Gebrauch als Nomen und Ableitung zum Nomen
Für alle Zahlwörter gibt es den Gebrauch als Nomen:

> *Die Elf* spielten *hervorragenden Fußball.*
> (Aber: *Die Elf spielte gut.* Elf hier = Mannschaft, keine Zahl mehr.)
> *Er wurde Fünfter im Abfahrtslauf.*
> *Dreierlei sollte man berücksichtigen.*
> *Das Fünffache von 20 ist 100.*
> > Anmerkung:
> > Zahlen bis *zwölf* schreibt man gewöhnlich aus, d. h. in Buchstaben, darüberhinaus notiert man in Ziffern.

Zu Nomina abgeleitet sind die Kardinalzahlen *Einer, Zehner, Hunderter, Tausender* usw. Außerdem sind die Ziffernbezeichnungen *die*

Eins, die Zwei usw. Nomina. Schließlich sind *Hunderte, Tausende, eine Million, Milliarde, Billion* usw. Nomina. Alle Mengenbezeichnungen wie *Dutzend (12), Schock (144)* sind ebenfalls Nomina.

3. Zahladverbien

Zahladverbien werden aus den Kardinalzahlen und aus den Ordinalzahlen abgeleitet:

eins – einmal	
zehn – zehnmal	Kardinal
der erste – erstens	
der zehnte – zehntens	Ordinal

4. Die Kardinalzahlen (Deutsch: Grundzahlen)

Die *Kardinalzahlen* sind die ursprünglichen Zahladjektive, von denen die anderen Zahlwörter abgeleitet sind. Entsprechend dem dekadischen (zehner-schrittigen) Aufbau unseres Zahlensystems umfassen sie:

- die Zahlen von *eins* bis *zehn* (Ziffern von *Null* bis *Neun*)
- als Sonderfall die Zahlen *Elf* und *Zwölf* (aufgrund einer alten zwölfschrittigen Zählweise, vgl. auch *ein Dutzend*)
- die Zusammensetzungen mit *-zehn* (*dreizehn, vierzehn* usw.)
- ab 20 die Zählungen in Dekaden auf *-zig (zwanzig, einundzwanzig, . . ., dreißig, . . .)*
- für jede Zehnerpotenz eine neue Dimension: *hundert, tausend, zehntausend, hunderttausend* (letztere zusammengesetzt), *Million, Milliarde, Billion* usw.
- gesprochen werden die Zahlen gewöhnlich nach der jeweils höchsten Dimension *(fünftausendfünfhundertfünfundfünfzig)*; unter hundert allerdings mit umgekehrter Reihenfolge.
  Bei Zahlen zwischen *1000* und *2000* werden Jahreszahlen immer, andere Zahlen häufig nach Hunderten gesprochen: *elfhundert, neunzehnhundertsechsundsiebzig* usw.
- Nomina werden auf *-er* abgeleitet: *Einer, Zweier, Elfer, Tausender*
- weitere attributiv gebrauchte Zahladjektive werden ebenfalls auf *-er* abgeleitet: *die siebziger Jahre, der neuner Ringschlüssel, ein 59er Wein.*

Deklination

a) Nur die Kardinalzahl *ein* wird vollständig dekliniert: stark ohne Artikel oder Pronomen, sonst schwach:

einer, der eine, eins, das eine, eines Tages, wegen des einen Wortes, um der einen Jugendtorheit willen, . . .

b) Als feststehende Formen begegnen:
   - *ein(e)s* und *ein; ein(e)s ist besser als kein(e)s – eins und eins macht zwei*
   - am Ende einer Zahl über hundert: *hunderteins, tausendeins*
   - am Ende von Zeitangaben: *es ist eins – halb eins – dreiviertel eins* (aber: *es ist ein Uhr*, s. u.)

c) Am Anfang oder innerhalb von Zahlangaben oder Zeitangaben steht *ein:*

   > *einundachtzig – ein Drittel – es ist ein Uhr nachts.*

   Unflektiertes *ein* steht ebenfalls gewöhnlich vor *bis* und *oder:*

   > *ein bis drei Pfund – ein oder zwei Gramm mehr*
   > (aber auch: *auf einen Tag mehr oder weniger kommt es nicht an*).

d) *Zwei* und *drei* haben nur eine Genitivform; sie steht dann, wenn kein vorangehendes Wort den Kasus kennzeichnet:

   > *das ist der Vorschlag zweier Politiker –*
   > *das ist der Vorschlag der zwei Politiker*

e) Die Kardinalzahlen zu *zwei* bis *zwölf* können, wenn sie ohne Nomen stehen, im Dativ *-en* haben:

   > *Die Schwaben kamen zu siebenen. – auf allen vieren*

f) In Redensarten begegnen Nominative auf *-e:*

   > *alle neune, fünfe gerade sein lassen, sechse kommen durch die Welt, siebene auf einen Streich*

g) *Hundert* und *Tausend* werden als Nomen stark, *Million* und *Milliarde* usw. werden schwach dekliniert.

5. Die Ordinalzahlen
   Die Ordinalzahlen geben einen Rang in einer Reihenfolge an. Sie werden durch *-te* (2 bis 19) oder *-ste* (1 und ab 20) gebildet [→ auch die Bildung des Superlativs § 83], geschrieben als Ziffernfolge mit Punkt *(1., 20., 101.):'*

   > *der erste Bürger des Staates*
   > *Ludwig der 14.* (gewöhnlich mit römischer Zahl *XIV*, ohne Punkt)
   > *der 29. Februar kommt nur alle vier Jahre*
   > *der millionste Einwohner der Stadt*

Die Ordinalzahlen werden wie Adjektive dekliniert. Zusammengesetzte Ordinalzahlen deklinieren nur den letzten Teil:

> *zum hunderttausendsten Mal – zum hunderttausendundersten Mal.*

6. Die Bruchzahlen

Die Bruchzahlen werden durch Ableitungen mit *-el* aus den Ordinalzahlen gebildet. Sie können als Adjektive und als Nomina gebraucht werden:

> *ein achtel Pfund roher Schinken*
> *ein Viertel Riesling*
> *ein Drittel des Landes*

Sonderfälle:

> die Bruchzahl von *eins* ist *eintel,* die von *zwei* ist *halb;* nach der Bruch-
> zahl *hundert* steht *zweitel.*

7. Die Vervielfältigungszahlen und Wiederholungszahlen

Die Vervielfältigungszahlen werden durch Anhängen des Suffixes
-fach gebildet. Sie werden vor allem attributiv verwendet und werden
wie Adjektive dekliniert:

> *ein dreifacher Salto, der dreifache Salto*

Für *zweifach* gibt es auch *doppelt.*

Die Form *einfach* ist auch als wertendes Adjektiv/Adverb gebräuchlich:

> *Er ist ein einfacher Mensch. – Die Sache ist einfach zu erledigen.*

Die Wiederholungszahlen sind aus Zahladverbien abgeleitet und
werden wie Adjektive dekliniert:

> *ein einmaliger Fall – die zehnmalige Wiederholung – nach dreimali-*
> *gem Anlauf*

Die Form *einmalig* ist auch als wertendes Adjektiv gebräuchlich:

> *einmalige Gelegenheit!*

8. Die Gattungszahlen

Die Gattungszahlen werden von den Kardinalzahlen auf *-erlei* gebildet; sie werden nicht flektiert und stehen gewöhnlich ohne Artikel
vor Nomina, wenn sie nicht selbst als Nomen gebraucht werden:

> *dreierlei Obst – fünferlei Einwände.*

Hunderterlei und *tausenderlei* bedeuten nur eine unbestimmte große Zahl:

>   *Hunderterlei verschiedene Meinungen wurden geäußert.*

Einerlei kann auch soviel wie *eintönig* und *gleichgültig* bedeuten:

>   *das ist mir einerlei – das ewige Einerlei.*

9. Die unbestimmten Zahlwörter

Die unbestimmten Zahlwörter sind mit den zahlwertigen Indefinitpronomina identisch [→ § 56]. Einige können – wie die Kardinalzahlen – Vervielfältigungszahlen, Wiederholungs- und Gattungszahlen sowie Zahladverbien bilden:

>   *manchmal, jedesmal, mehrmals, andermal, vielmals, allerlei, mancherlei, vielerlei, mehrerlei, jederlei; meistens, wenigstens; mannigfach, mehrfach, vielfach; vielfältig, mannigfältig.*

§ 85   Die Leistung der Adverbien und Bedeutungsklassen

Mit einem Adverb gibt der Sprecher lokale, temporale, logische und modale Umstände des Geschehens an. Dem Sprecher stehen hier vielfältige Nuancen zur Verfügung; die Ich-Jetzt-Hier-Origo des Sprechers, die Sichtweisen, die der Sprecher zu einem Geschehen überhaupt einnehmen kann, kommen gerade in der Semantik der Adverbien sehr gut zum Ausdruck. So kann man z. B. im Bereich der Lokaladverbien unterscheiden zwischen Kennzeichnungen

– des An-einem-Ort-Seins:

>   *Draußen fliegt eine Amsel.*

– einer Bewegung hinsichtlich des Ausgangspunktes:

>   *Dorther kommt die Amsel geflogen.*

– einer Bewegung hinsichtlich ihrer Richtung

>   *Sie ist aufwärts geflogen.*

– einer Bewegung hinsichtlich ihres Ziels oder Endpunktes:

>   *Dahin ist sie geflogen.*

Im folgenden werden die Leistungen und der Bestand der Adverbien einzeln aufgeführt.

1. Lokaladverbien zur Bezeichnung
    a) des festen Ortes, der Ruhelage:

> *außen, da, dort, draußen, drinnen, drüben, hier, innen, links, oben, rechts, unten; anderswo, irgendwo, nirgendwo, nirgends; überall, wo.*

   b) der Richtung mit Ausgangspunkt *(-her)* oder Endpunkt bzw.
       Zielpunkt einer Bewegung:

> *anderswoher, daher, dorther, hierher, irgendwoher, nirgendwoher, überallher, woher –*
> *dahin, dorthin, hierhin – abwärts, aufwärts, heimwärts, seitwärts, rückwärts, vorwärts – fort, heim, weg – bergab, bergauf, querfeldein – anderswohin, irgendwohin, nirgendwohin, überallhin – wohin*

   > Anmerkung:
   > – von den meisten Ortsadverbien können mit den Präpositionen *von* und *nach* Richtungsadverbien gebildet werden:
   > *von drüben, nach oben, von hier, nach da*
   > – mit *hin* und *her* zusammengesetzte Adverbien können getrennt werden:
   > *Er geht überall hin. – Überall geht er hin.*
   > *Hier geht er hin, da geht er hin.*

2. Temporaladverbien zur Bezeichnung
    a) des Zeitpunktes:

> *jetzt – bald, dann, damals, (so)eben, neulich, niemals, nun, seinerzeit, vorhin, zugleich – wann*

   b) der Zeitdauer:

> *allezeit, bisher, bislang, immer, lange, nie, noch, seither, stets, zeitlebens – bis wann, seit wann, wie lange*

   c) der Wiederholung:

> *bisweilen, häufig, jährlich, manchmal, mehrmals, monatlich, nochmals, oft, selten, täglich, vielmals, wöchentlich, zeitweise – wie oft*

   d) der relativen Zeit [→ Tempus § 70]:

> *indessen, unterdessen, nachher, vorher, seitdem, seither*
> Vergleiche:
> *vorhin* mit Bezugspunkt der Sprechzeit und
> *vorher* mit Bezugspunkt der Betrachtzeit in der Vergangenheit:
> *Vorhin habe ich es noch gewußt. –*
> *Ich habe es im Buch nachgeschlagen; vorher hatte ich mich über dieses Buch informiert.*

3. Modaladverbien zur Bezeichnung der Art und Weise sind:
   a) echte Adverbien:

   anders, derart, ebenfalls, gern, so, umsonst, vergebens, wie

   b) Adjektivadverbien:

   böse, gut, schlecht, frisch, faul, reif, fleißig, fit, ...

   c) Wörter auf *-lings* und *-weise:*

   blindlings, jählings, rittlings; bedauerlicherweise, dummerweise, freundlicherweise, glücklicherweise, überflüssigerweise, ...

4. Adverbien zur Bezeichnung logischer Verhältnisse kennzeichnen die Bedingungen, die Folgen, den Grund, die Ursache oder den Zweck eines Geschehens, einer Handlung, eines Vorganges:

   andernfalls, daher, demnach, deshalb, folglich, gleichwohl, infolgedessen, jedenfalls, mithin, seinetwegen, meinetwegen, sonst, trotzdem – warum, weshalb.

§ 86   DIE HERKUNFT UND WORTBILDUNG DER ADVERBIEN

1. Selten geworden ist die ursprünglich zu Adverbien ableitende Endung *-e* wie in:

   gerne zu *gern, lange* zu *lang; behende,* altertümlich auch *balde, stille;* auch in der Redewendung *reine machen* erhalten.

2. Viele Adverbien sind erstarrte Kasusformen, vor allem bei von Nomina und Adjektiven gebildeten Adverbien das Genitiv *-s:*

   abends, morgens, links, rechts, talwärts, bergwärts, flugs, stets.

   Als Analogiebildung breitet sich das *-s* auch auf andere Adverbien aus, und zwar:
   – auf adverbiell gebrauchte Partizipien:

   eilends, vergebens, unversehens, ...

   – auf Bildungen wie

   tags, nachts, allseits, hinterrücks.

3. Man findet auch erstarrte Dativ- und Akkusativformen:

   allenthalben, einstweilen, sintemalen (Dativ)
   allzeit, kreuz und quer, weg (Akkusativ)

4. Manche Adverbien gehen auf Demonstrativpronomina oder Interrogativpronomina zurück [→ dazu auch § 87]:

> *da, dann, wann, wo, wie* – *hier, hin, her, heute* (*hier, hin, her* aus altem Pronominalstamm **hi*, vgl. Englisch *he*; *heute* aus **hiu tagu* – an diesem Tag).

5. Viele Adverbien sind Komposita (Zusammensetzungen)
   a) aus zwei Pronominaladverbien:

   > *dahin, dorthin, daher, dorther, hierher, hierhin, woher, wohin*

   b) aus Präposition und Nomen:

   > *abhanden, zu handen, zurück, zuweilen, vorgestern, vormals, unterwegs, übermorgen*, . . .

   c) aus Nomen und Präposition:

   > *bergan, bergab, jahraus, jahrein, flußauf, flußab, tagsüber*, . . .

   d) aus Pronomen und Nomen:

   > *diesseits, jenseits*

   e) aus Adverb und Präposition:

   > *davon, worauf, worüber, hierüber, hierauf, daran, dazu, dagegen, dabei*, . . .

   f) Andere Bildungstypen mit jeweils wenigen Bildungen sind:

   > *wochenlang, aufwärts, zeitlebens, längsseits, andernfalls*, . . .

6. Ableitungen mit Suffixen (einzelne Typen unter Punkt 4 erwähnt) sind:

   > *neulich, endlich* (nicht mit Adjektiven auf *-lich* zu verwechseln, die adverbiell gebraucht werden können, z. B. *glücklich*) –
   > *abends, nachts, nächtens, links, rechts; blindlings, bäuchlings; glücklicherweise, dummerweise; einigermaßen, unverdientermaßen; manchmal, einmal* [→ § 84 zu den *Numeralien*]; *heimwärts, seitwärts, vorwärts; dieserhalb, unterhalb, deshalb; allerhand; andernfalls, keinesfalls; keineswegs*

§ 87 Die sogenannten Pronominaladberbien und ihre pronominale und konjunktionale Funktion

Unter den Adverbien macht insbesondere die Gruppe der sogenannten Pronominaladverbien hinsichtlich ihres Auftretens in unterschiedlichen Funktionen Schwierigkeiten. Der Name ist nicht sehr
glücklich, die Ähnlichkeit mit dem Adverb ist nur oberflächlich (s. u.
Anm.). Pronominaladverbien gibt es mit folgenden Bedeutungsleistungen:
1. Pronominaladverbien im engeren Sinne als auf Nomina verweisende: *dafür, daran, davor, darin, davon, darüber.*
2. Die sogenannten Relativ- oder Frageadverbien. [→ § 128 und
   § 54]: *wofür, woran, worin, wovor, worüber.*
3. Temporale Pronominaladverbien: *damals, dann.*
4. Kausale Pronominaladverbien: *deshalb, weshalb, deswegen, wes-
   wegen, dieserhalb, daher.*

Diese Wörter heißen Pronominaladverbien aus mehreren Gründen:
– weil sie aus Pronomina gebildet werden
– weil sie gelegentlich aus Adverbien mit Präpositionen zusammengesetzt werden und an der Stelle einer adverbiellen Bestimmung
  stehen können (aber nicht stehen müssen, s. u. Punkt 1).
– weil sie ähnlich wie Pronomina gebraucht werden, d. h. als eigenes
  Satzglied an der Stelle eines nominalen Satzgliedes stehen können:

> *Ich erinnere mich* an das rauschende Fest.
> *Ich erinnere mich* daran.
> *Ich bedanke mich* für die Blumen.
> *Ich bedanke mich* dafür.

Im Einzelnen zeigen sich die folgenden Verhältnisse:
1. Pronominaler Gebrauch
   Die Pronominaladverbien können, soweit sie sich auf Sachen beziehen, die Stelle einer adverbiellen Bestimmung, einer präpositionalen
Ergänzung oder eines präpositionalen Objekts einnehmen, und zwar
in zweierlei Weise:
a) als sogenanntes demonstratives Vertreterelement, das einem Satz,
   der einen solchen präpositionalen Ausdruck zum Inhalt hat, vor-
   ausgeht und diesen ankündigt [→ §§ 125 ff]:

Ich danke dir für dein Kommen.
Ich danke dir dafür, *daß du gekommen bist.*
(Ich danke dir, daß du gekommen bist.)

b) an der Stelle eines präpositionalen Ausdrucks; in diesem Fall bedeutet das Pronominalverb das gleiche wie ein Indefinitpronomen: es eröffnet den Satz zur Situation hin, vergleiche:

Ich danke dir für dein Kommen.
Ich danke dir dafür.
Die Amsel flog in den Garten. – *Die Amsel flog* dorthin.

Dafür kann alles mögliche bedeuten. Nur aus der Situation heraus ergibt sich die richtige Interpretation:

Du bist gekommen. Dafür *danke ich dir.*

Das Gesagte gilt nur für sachbezogene Präpositionalausdrücke. Präpositionale Ausdrücke, die sich auf Personen beziehen, werden durch Präposition und Rollenpronomen ersetzt:

Er ärgert sich über die Schüler.
Er ärgert sich über sie.

2. Konjunktionaler Gebrauch

Sogenannte Pronominaladverbien begegnen auch in der Funktion von koordinierenden Konjunktionen, hier besonders die temporalen und kausalen Pronominaladverbien:

Ich bin spät angekommen. Deshalb *habe ich ein Taxi genommen.*
Ich habe lange geschlafen. Dann *habe ich die Zeitung gelesen.*

Auch dieser Gebrauch der Pronominaladverbien muß unter dem Gesichtspunkt des Ersetzens, der Vertreterfunktion gesehen werden. Die Pronominaladverbien leisten syntaktisch und semantisch den Anschluß eines Teilsatzes oder Satzes an den Text (rückverweisende, aufgreifende Funktion). – Ihr Vertretercharakter kommt deutlich dadurch zum Ausdruck, daß sie die erste Satzgliedstelle im Satz vor dem Verb beanspruchen. Die reinen Konjugationen können hingegen auch dann stehen, wenn die erste Satzgliedstelle vor dem Verb besetzt ist:

Ich will mir ein Auto kaufen; deshalb *spare ich dafür.*
Ich will mir ein Auto kaufen, und *ich spare dafür.*

Der Anschluß mit *wofür* ist Relativanschluß [→ § 54]

Ich will mir ein Auto kaufen, wofür *ich spare.*

Anmerkung:

Aus ihrer Herkunft von den Pronomina und der Funktion als demonstrative Vertreterelemente mit situationsdeiktischer Bedeutung ergibt sich, daß es sich eigentlich *nicht* um Adverbien handelt.

Adverbiellen Charakter hat man diesen Wörtern zugesprochen, weil sie u. a. für adverbielle Bestimmungen (präpositionale Konstruktion) eintreten können. Sie treten aber auch für präpositionale Objekte und Ergänzungen (gleiche Konstruktionen) ein. Deshalb kann man von einem nur adverbialen Gebrauch eigentlich nicht reden.

Übrig bleibt damit ein pronominaler Gehalt: sie sind Ersatzwörter für nominale Satzglieder; und da diese nominalen Satzglieder durch Präpositionen eingeleitet sind, enthalten viele der sogenannten Pronominaladverbien Präpositionen: *dafür, darüber, dabei, davon* usw.

Man sollte also bei den Pronominaladverbien unter Pkt. 1 von Pronomina, etwa von *Situationsindefinita* sprechen, nicht von Pronominaladverbien.

Auch mit konjunktionaler Funktion haben diese Wörter pronominale Aufgaben, insofern sie eine Satzgliedstelle einnehmen und vorher Gesagtes aufgreifen. Ihr semantischer Gehalt (soweit temporaler oder logisch-kausaler Art) gestattet es, mit ihnen wie mit Konjunktionen *(weil, während)* Anschlüsse herzustellen.

Bei diesen Wörtern sollte man also eher von *Konjunktionalpronomina* sprechen.

§ 88   EINZELHEITEN ZUM GEBRAUCH DER ADVERBIEN

Die Adverbien lassen sich im großen und ganzen gesehen hinsichtlich ihres Gebrauchs in zwei Klassen einteilen:

1. Adverbien, die adverbiell, prädikativ und attributiv (nachgestellt, unflektiert) gebraucht werden können:

> *Maren spielt* draußen *Gummitwist.* (adverbiell)
> *Maren ist* draußen *und spielt Gummitwist.* (prädikativ)
> *Die Maren* draußen *spielt Gummitwist.* (attributiv)

Weitere Adverbien dieser Art sind z. B.:

> *da, damals, dort, drinnen, drüben, drunten, heute, hier, gestern, morgen, . . .*

2. Eine größere Gruppe kann nur adverbial gebraucht werden:

> *bald, ebenfalls, einmal (zweimal, . . .), einst, endlich, gern, nach und nach, nach wie vor, oft, sehr, viel, wenig, wohl, . . .*

Viele ursprüngliche Adverbien sind zu Präpositionen geworden; sie werden manchmal noch adverbiell gebraucht:

> *Es geht mir durch und durch. – Der Bart ist ab. – Das Kino ist aus. – Die Tür ist zu.* [→ auch Präpositionen § 89 f.]

Zusammensetzungen von Nomen mit adverbiellem *-weise* werden häufig voll attributiv (mit Deklination) gebraucht:

> *die probeweise Empfehlung – nach den teilweisen Verbesserungen – dem stückweisen Verkauf.*

Anmerkung:
Zu den sogenannten *Frageadverbien* und *Relativadverbien* (Gebrauch als Fragepronomen und Relativpronomen) → § 87, § 128 und § 53. – Zur Steigerung des Adverbs → § 83. Zum Status der Adverbien im Satz → Adverbialisierung § 121.

3.6 Präpositionen

§ 89 Die Leistung der Präpositionen

Bei den *Präpositionen (Verhältniswörtern)* kommt die Ich-Jetzt-Hier-Origo des Sprechens insofern besonders zum Ausdruck, als dem Sprecher mithilfe der Präpositionen eine reiche Vielfalt von Aussagen über das Einordnen, das In-Bezug-Setzen im räumlichen, zeitlichen und logisch-begrifflichen Bereich zur Verfügung stehen. Diese Vielfalt ist nicht nur dadurch gegeben, daß der Sprecher die Präpositionen einsetzen kann, sondern darüberhinaus auch dadurch, daß viele Präpositionen in unterschiedlichem Bezug auf Verben, Nomina, Adjektive und Adverbien und des gesamten Aussagekomplexes verschiedene Nuancen des Beziehungsverhältnisses zum Ausdruck bringen können.

> *Er kletterte auf den Berg.* (lokal, Richtung)
> *Er ist auf dem Berg.* (lokal, Ort)
> *Er kam auf zwei Tage.* (temporal)
> *Er konzentriert sich auf den Vortrag.* (final)
> *Er macht sich auf unangenehme Weise bemerkbar* (modal)

Die Präpositionen stellen Bereichsverhältnisse in vier Satzfunktionen her:

1. als adverbielle Bestimmung

> *Er wanderte im Schwarzwald.*

2. als Attribut

> *Der Fiedler auf dem Dach*

3. als präpositionales Objekt

> *Sie achtet auf ihre Kleider*

4. als obligatorische Ergänzung

> *Er dünkt sich in guter Verfassung.*

Neben der deiktischen Funktion des Verweisens in nahezu alle situativen Gegebenheiten nehmen die Präpositionen auch rein syntaktische Funktionen, mit nur wenig semantischer Eigenleistung wahr. In diesen Fällen werden sie – und in Verbindung mit ihnen ein Folgekasus – direkt vom Verb, vom Nomen oder vom Adjektiv gefordert (regiert):

> *warten auf, bitten um, fragen nach, achten auf, versessen sein auf, . . .*
> *Beziehung zu, Verständnis für, Sucht nach, Appetit auf, . . .*
> *stolz auf, typisch für, reich an, . . .*
> [→ dazu Satztypen §§ 98 ff.]

§ 90 Die Herkunft der Präpositionen und Zuwachs

Bestand und Semantik der Präpositionen sind auf verschiedene Weise entstanden.

Die ältesten Präpositionen sind aus Ortsadverbien entstanden. Dazu gehören:

> *an, auf, aus, bei, in, mit, ob, um, vor, zu.*

Raumpräpositionen wurden später auch als Zeitpräpositionen gebraucht:

> *ab, an, auf, aus, bei, bis, gegen, hinter, in, innerhalb, mit, nach, über, um, unter, von, vor, zu, zwischen.*

Schließlich wurden Raum- und Zeitpräpositionen auch in logisch-begrifflichem Zusammenhang verwendet:

> *an, auf, aus, bei, für, in, mit, nach, ob, über, unter, um, vor, zu, zwischen.*

Die jüngeren Präpositionen sind ursprünglich Nomina, Adjektive, Adverbien oder partizipiale Verbformen gewesen;

> Nomen: *dank, wegen, kraft, laut, trotz, zeit*
> Adjektiv: *nach* (von *nahe*), *nächst, voll, frei, zuzüglich*
> Adverb: *rechts, links, mangels, längs*
> Partizip: *angenommen, entsprechend*, . . .

Präpositionale Wortgruppen werden heute zu Präpositionen, wenn sie stehende Wendungen werden; man schreibt dann zunehmend in einem Wort:

> *infolge, anstatt, anhand, anstelle, inbetreff, aufgrund,* . . .

Auch aus Fremdsprachen erhalten die Präpositionen Zuwachs:

> *à, exclusive, inclusive, per, pro, qua, via, vis-à-vis,* . . .

§ 91 Der Gebrauch der Präpositionen und Kasusrektion

1. Präpositionen stehen vor, nach oder in Klammerstellung zum Bezugswort:

> auf *dem Berg* – dank *deiner Hilfe* – fern von *ihr* – kraft *seines Ansehens* – *dem Feind* entgegen – *dem Vertrag* gemäß – (oder: gemäß *dem Vertrag*), *der Erklärung* zufolge – um *der lieben Ruhe* willen – von *heute* an.

Bis auf *als* und *wie* verlangen die Präpositionen bestimmte Kasus für ein dazugehöriges Nomen oder Pronomen. Manche Präpositionen fordern unterschiedliche Kasus, die sich zum einen aus dem Bedeutungsgehalt des Verbs, zum anderen aus den Sprecherintentionen (der gewollten Aussage) ergeben.

a) nur den Akkusativ fordern:

> *à, bis, durch, für, gegen, je, ohne, per, pro, wider, um;*

b) nur den Dativ fordern:

> *aus, außer, bei, entgegen, fern, gegenüber, gemäß, mit, nach, nächst, nahe, nebst, samt, mitsamt, seit, von, zu;*

　　Besonderheit:
　　Genitiv bei *außer Landes*
　　ohne Kasus bei *außer Sichtweite, außer Betrieb;*

c) nur den Genitiv fordern:

　　abseits, anläßlich, anstatt, anstelle, aufgrund, außerhalb, diesseits,
　　halber, infolge, inmitten, innerhalb, jenseits, kraft, mittels, ob, ober-
　　halb, seitens, statt, um . . . willen, ungeachtet, unterhalb, unten, un-
　　weit, vermittels, vermöge, von . . . wegen, während, zeit, zugunsten;

d) den Akkusativ oder Dativ fordern:

　　ab, an, auf, hinter, in, neben, über, unter, vor, zwischen;

　　je nach Kasus ist
　　– bei lokalem Gebrauch Dativ Ortsangabe *(ich bin in* dem *Garten)*
　　　und Akkusativ Richtungsangabe *(ich gehe in* den *Garten).*

e) Dativ oder Genitiv:
　　bei *mittels* und *statt* ist der Genitiv relativ fest, er wird nur manch-
　　mal durch Dativ ersetzt, wenn zwei Genitive folgen würden oder
　　der Pluralgenitiv mit Nominativ und Akkusativ zu verwechseln ist:

　　statt dem Rat *des Vaters*
　　nicht: *statt des Rats des Vaters.*

　　Bei folgenden Präpositionen schwankt der Gebrauch zwischen Ge-
　　nitiv und Dativ:

　　dank, innerhalb, längs, trotz, während, wegen, zufolge;

f) *entlang* hat drei Kasus: Akkusativ und Dativ bei Nachstellung:

　　den *Weg entlang*, dem *Weg entlang*

　　Genitiv und Dativ bei Vorausstellung:

　　entlang des *Wegs, entlang* dem *Weg.*

§ 92　Semantische Gruppen

　　Wie oben angedeutet, ist die Semantik der Präpositionen außerordentlich vielfältig. Im folgenden wird – in Anschluß an HELBIG* –
eine Zusammenstellung nach Bedeutungsgruppen gegeben. Man be-

achte dabei, daß die meisten Präpositionen mehreren Bedeutungsgruppen angehören.

> Anmerkung:
> Gerhard Helbig – Joachim Buscha, Deutsche Grammatik,
> Leipzig 1974; dort auch eine sehr präzise und umfassende
> Detailbeschreibung der einzelnen Bedeutungsvarianten.

Lokal

– Bereich:	*aus, außer, außerhalb, bei, durch, in-mitten, innerhalb . . . bei den Park-anlagen*
– Gegenseite:	*gegenüber: . . . gegenüber dem Kaufhaus*
– geographisch:	*ab, an, bei, bis, über: . . . ab Frank-furt über Mannheim bis Stuttgart*
– Grenze:	*diesseits, jenseits: jenseits der Alpen*
– Lage:	*oberhalb, unterhalb, unter, unweit, unfern*
– Nähe:	*an, bei: . . . an der See*
– Ortsveränderung:	*entlang: . . . den Flußlauf entlang*
– Parallele:	*entlang, längs: entlang den Flußlauf*
– Punkt:	*bis, um, von: . . . um den Redner sammeln sich*
– zielgerichtet oder nicht:	*an, auf, gegen, hinter, in, nach, ne-ben, über, unter, vor, zu, zwischen: . . . unter das Dach, unter dem Dach*

Temporal

– Bestimmtheit/Unbestimmtheit:	*bis, gegen, um, zwischen: bis 12 Uhr, um die Mittagsstunden*
– Gleichzeitigkeit, Dauer:	*während: . . . während des Essens*
– Gleichzeitigkeit, begrenzte Dauer:	*auf, binnen, durch, für, in, innerhalb, über: . . . auf eine Stunde*
– Gleichzeitigkeit, Dauer/Zeitpunkt:	*an, bei, in, zu: . . . bei Mitternacht*
– Gleichzeitigkeit, Zeitpunkt:	*mit: . . . mit dem Eintreffen des Zu-ges*
– Nachzeitigkeit, Anfangspunkt:	*vor: . . . vor dem Eintreffen des Zu-ges*
– Vorzeitigkeit, Endpunkt:	*nach: . . . nach Eintreffen des Zuges*
– Sprechgegenwart, Zeitpunkt vor:	*vor: . . . vor meiner Ankunft regele ich*
– Sprechergegenwart, Zeitpunkt nach:	*in, vor: . . . vor meiner Ankunft ge-schah*

– Zeitdauer, nicht gehörig zu: *außerhalb: ... außerhalb der Mittagspause*

– Zeitdauer, Anfangspunkt: *ab, seit, von: seit Einführung des Halteverbots*

– Zeitdauer, Endpunkt: *bis: ... bis ein Uhr*

Übertragener Gebrauch: *aus, außerhalb, bei, durch, hinter, in, innerhalb, jenseits, unter, zwischen: ... durch Wassereinbruch*

Urheber: *durch, seitens, von: ... durch den Zimmermann*

Modal

– Entsprechung: *gemäß, laut, nach, zufolge: nach den Bestimmungen des ...*

– Farben: *in: ... in Weiß*

– Grad   *an, auf, bis, nach: ... aufs äußerste*

– Instrumental: *dank, durch, kraft, mit, mittels, ohne, per, zu: ... kraft Amtes*

– Komparativ: *als, für, gegenüber, wie: größer als ...*

– Maß: *auf, bis, über, unter, zwischen: ... über zwanzig Grad*

– Qualität: *aus, von: ... aus edlen Hölzern*

– Rang: *nach: nach Art*

– Spezifizierung: *als: ... als Arbeiter*

– Sprachen: *auf, in: ... in Deutsch*

– begleitender Umstand: *in, mit, ohne, (mit)samt, unter: ... mitsamt den Hunden*

– Verhaltensweise: *gegenüber*

– steigernde Wiederholung: *auf, für, über, um*

– Zustand: *außer, in*

Partitiv: *mit, von: ... einer von den Genossen*

Restriktiv: *außer, ohne: ... außer beim Segeln*

Adversativ: *entgegen, gegen, wider: das ist entgegen der Absprache*

personaler Bezugspunkt: *für: für mich ist das zu schwierig*

Distributiv: *à, auf, je, pro, zu: ... zwei Schüler je Klasse*

Ersatz: *für, (an)statt: Klaus spielt für Frieder*

Final: *auf, für, zu, zugunsten, zuliebe: ... zugunsten der Berliner Kinder*

Kausal: *auf, aus, halber, infolge um ... willen, vor, wegen: ... der Ordnung halber*

Konditional:	*bei, mit, ohne: mit der Unterschrift wird der Vertrag rechtskräftig*
Konsekutiv:	*zufolge: . . . seiner Aussage zufolge*
Konzessiv:	*trotz, ungeachtet: . . . trotz der Einwände*
Kopulativ:	*außer, neben: neben der Verminung der Kanalhäfen*
Minimum:	*ab: ab 18 Jahren*

4. Die Grundmuster deutscher Sätze

Im folgenden Kapitel werden die syntaktischen Muster der deutschen Sätze entwickelt. Dabei wird sowohl auf Kapitel 2 SYNTAKTISCHE GRUNDBEGRIFFE als auch auf WORTARTBEGRIFFE in Kapitel 3 zurückgegriffen.

§ 93 Der Begriff des Grundmusters. Grammatische Kategorie- und Funktionsbegriffe

Als Grundmuster deutscher Sätze bezeichnet man immer wiederkehrende Typen deutscher Sätze. Sie sind aus Satzgliedern und Wörtern zusammengesetzt. Die Grundmuster stellen grammatische Standardnormen dar, die relativ unabhängig von der jeweiligen Redesituation und Schreibsituation wiederkehren. Es sind minimale Standards, in denen nur das enthalten ist, was zum Zustandekommen eines vollständigen Satzes unbedingt notwendig ist [→ § 22, 31].

Die Grundmuster der Sätze enthalten alle Subjekt und Prädikat. Sie unterscheiden sich im Prädikat, in der Verbalgruppe, weil das Verb und die semantischen Verhältnisse im Prädikat Zahl und Art der Ergänzungen und der Objekte, bestimmen.

> Anmerkung:
> Weil die Struktur des Prädikats so eng mit dem jeweiligen Verb zusammenhängt – in dependentieller Sicht spricht man deshalb von der Wertigkeit des Verbs, welches Leerstellen eröffnet – hat man die syntaktischen Grundmuster häufig von Verbklassen her entwickelt. Wir gehen in dieser Grammatik von der Struktur des ganzen Satzes aus und weisen auf Verbklassen hin, soweit möglich. Die Mehrwertigkeit (Polyvalenz) der Verben in Abhängigkeit von den semantischen Verhältnissen im Prädikat, legt es nahe, von Satzstrukturen und nicht von statischen Klassen auszugehen [→ auch § 57 zur Argumentation über Dependenz- und Konstituenzbeziehungen im Satz].

Dargestellt werden die Sätze in der Grundstellung des Aussagesatzes, d. h. mit dem Subjekt als erstem und dem Verb als zweitem Satzglied. Die Strukturdarstellung im Stammbaum orientiert sich am Konstituentenprinzip.

Über die Grundstruktur hinaus gibt es die abgeleiteten und die erweiterten Satzmuster.

Als *abgeleitete Satzmuster* bezeichnet man die verschiedenen *Arten* von Sätzen [Fragesatz usw. → § 26], die *verkürzten Sätze* [Ellipsen → § 22] und, unter dem Gesichtspunkt ihrer Form, die *Gliedsätze* (auch *Nebensätze* genannt).

Als *erweiterte Sätze* bezeichnet man Sätze, die über die Grundmuster hinaus *Angaben* enthalten, und Satzgefüge. Angaben können Attribute und adverbielle Bestimmungen in Form von Adjektiven bzw. Adverbien, präpositionalen Konstruktionen oder Gliedsätzen bzw. Sätzen sein → §§ 119 ff und §§ 129 ff]. Auch ein obligatorisches Satzglied des Grundmusters kann durch einen Gliedsatz gebildet werden [→ Subjekt-, Objekt- und Ergänzungssätze §§ 124 ff].

Die syntaktischen Grundmuster werden mit Begriffen für *grammatische Kategorien* (Wortarten und Konstruktionstypen) und für *grammatische Funktionen* beschrieben. Die bereits eingeführten grammatischen Kategorien sind: nominales Satzglied, verbales Satzglied, Verbalgruppe, Satzglied mit Präposition und die Wortarten. Die bereits eingeführten Funktionsbegriffe sind: Subjekt, Prädikat, Prädikatskern, Objekt, Angabe (Attribut und adverbielle Bestimmung). Erwähnt wurde außerdem bereits die Raumergänzung. Neben Raumergänzungen gibt es Zeitergänzungen sowie modale und kausale Ergänzungen. Es handelt sich um Satzglieder, die vom Verb gefordert werden, die also obligatorisch sind, und die semantisch dasselbe leisten wie entsprechende adverbielle Bestimmungen; deshalb können sie auch häufig durch Adverbien ersetzt werden:

> *Er wohnt in einem Hotel.* (Raumergänzung)
> *Er wohnt hier.*
> **Er wohnt.* wäre unvollständig.
> *Der Urlaub dauerte fünf Wochen.* (Zeitergänzung)
> *Der Urlaub dauerte lange.*
> **Der Urlaub dauerte.* wäre unvollständig.
> *Ich finde das Buch in Ordnung.* (Modalergänzung)
> *Ich finde das Buch lesenswert.*
> *Ich finde das Buch.* enthält eine andere Bedeutung von finden (Polyvalenz).

Die Raum- und Zeitergänzungen unterscheiden sich von den Objekten dadurch, daß sie Lage- und Zeitaussagen und nicht Aussagen über Personen und Sachen enthalten. Das wird an der analytischen Frage deutlich, man fragt mit *wohin?* und *wo?*, mit *wielange?* und *wann?;* auch bei den modalen Ergänzungen lautet die analytische Frage so wie bei adverbiellen Bestimmungen *wie?,* bei den kausalen Ergänzungen *warum?, wodurch?* usw., und nicht wie bei der analytischen Frage nach den Objekten *wen?, was?, wem?, für was?* usw.:

> *Er folgt dem Weg.* (*Wem* folgt er? – Dativobjekt)
> *Er vergibt den Auftrag.* (*Wen* oder *was?* – Akkusativobjekt)
> *Er vergibt den Auftrag an den Gärtner.* (*An wen?* – präpositionales Objekt)
> *Er fährt nach Hamburg.* (*Wohin?* – Raumergänzung)
> *Die Fahrt dauerte drei Stunden.* (*Wie lange?* – Zeitergänzung)
> *Ich fand die Fahrt kurzweilig.* (*Wie?* Modalergänzung)

[Weiteres zur Abgrenzung von Ergänzungen und adverbiellen Bestimmungen und zu Grenzfällen → § 35 und unten §§ 119ff].

Schließlich gibt es noch Sätze mit *ist-Prädikationen;* es handelt sich um Prädikate, die mit dem Verb *sein* sowie mit einigen anderen *(scheinen, bleiben, werden . . .)* gebildet werden. In diesen Sätzen ist das Verb *ist* semantisch fast leer, die anderen Verben drücken Bedeutungsmodifikationen von *sein* aus, sie sind semantisch nicht leer. Die Prädikative bilden eine Bedeutungseinheit mit dem Verb, sie sind die eigentlichen Inhalte der Aussage und keine Objekte im Sinne von Zielgrößen oder Zuwendgrößen. Wir unterscheiden drei Arten:
1. Das *reine Prädikativ,* gebildet durch ein Adjektiv:

> *Das Meer ist ruhig.*

Das Prädikativ kann ein Objekt bei sich haben, das Objekt des Prädikativs, dieses wird vom Adjektiv verlangt:

> *Sie ist ihrer Mutter ähnlich.*
> (Vergleiche: *Sie ähnelt ihrer Mutter.* Hier fordert das Verb das Dativobjekt.)

2. Die *prädikative Ergänzung,* gebildet durch ein Adverb oder eine Ergänzung in Form eines nominalen Satzgliedes evtl. mit Präposition (Raum-, Zeit- oder Modalergänzung, s. o.):

> *Er bleibt im Haus.*
> *Er bleibt drin.*
> *Es ist spät.*
> *Es ist elf Uhr.*
> *Sie ist allein.*
> *Sie ist bei ihrem Freund.*

3 Das Prädikativ als nominales Satzglied im Nominativ, der sogenannte *Gleichsetzungsnominativ:*

> *Hamburg ist eine Großstadt.*
> *Die Stadt heißt München.*

[Zu den Einzelheiten → § 108].

§ 94 OBJEKTLOSE SÄTZE

Schema

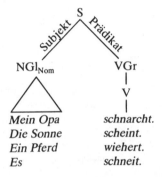

Mein Opa	*schnarcht.*
Die Sonne	*scheint.*
Ein Pferd	*wiehert.*
Es	*schneit.*

In diesen Sätzen ist das Prädikat durch *Vorgangsverben* gebildet.
Dazu gehören auch die sogenannten ‚Witterungsverben‘, die kein in-
haltliches Subjekt haben, sondern nur ein grammatisches Subjekt, ausgedrückt durch den Platzhalter *es.* Diese Witterungsverben werden
auch – selten – transitiv gebraucht: *Es regnete Bindfäden.* Nicht selten
können Verben, die eigentlich ein Objekt oder eine Ergänzung bei sich
haben, als Vorgangsverben gebraucht werden. Dann entstehen ebenfalls Sätze dieses objekt- und ergänzungslosen Typs:

> *Er singt ein Lied. – Er singt.*
> *Es dauert den ganzen Tag. – Es dauert (und dauert). Er schreibt ein*
> *Buch (an einem Buch). – Er schreibt. Sie gehorcht der Mutter. – Sie*
> *gehorcht.*
> Elliptisch auch: *Er geht nach Hause. – Er geht.*
> Anmerkung:
> Selbstverständlich können diese Grundmuster erweitert wer-
> den durch Angaben: *Mein Opa schnarcht im Sessel laut und*
> *vernehmlich.* Es handelt sich dann um einen erweiterten Satz
> [→ § 93 und Kap. 5, §§ 119ff, 129ff].

§ 95 SATZMUSTER: NUR AKKUSATIVOBJEKT

a)

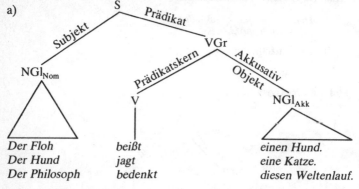

Der Floh	beißt	einen Hund.
Der Hund	jagt	eine Katze.
Der Philosoph	bedenkt	diesen Weltenlauf.

Diese Sätze enthalten ein Akkusativobjekt (direktes Objekt). Die Verben mit direktem Objekt werden als transitive Verben bezeichnet (vgl. *foppen, heben, unterstützen, steuern, verhauen, betrachten, behalten,* . . . [→ § 33 und §§ 59f.].

Sätze gleicher Struktur können entstehen, wenn ein Dativobjekt oder präpositionales Objekt/Ergänzung weggelassen wird (Ellipse):

> *Sie kauft (ihrer kleinen Tochter) eine Strampelhose.*
> *Er verrät ihn (an seine Feinde).*
> *Sie beglückwünschen ihn (zu seinem großen Erfolg).*

b) Als Akkusativobjekt ist auch reflexives *sich* zu werten, sofern auch ein Akkusativobjekt anderen Inhalts stehen könnte: (s. u. Liste).

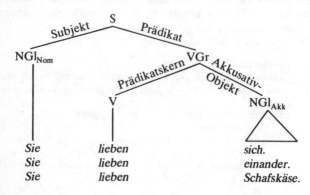

Sie	lieben	sich.
Sie	lieben	einander.
Sie	lieben	Schafskäse.

c) Bei echten reflexiven Verben, bei denen das Reflexivpronomen nicht anstelle eines anderen Objektes steht bzw. durch ein anderes ersetzt werden kann, ist der Objektcharakter weitgehend verloren gegangen und damit auch die Transitivität des Verbs: *sich* gehört hier in das verbale Satzglied.

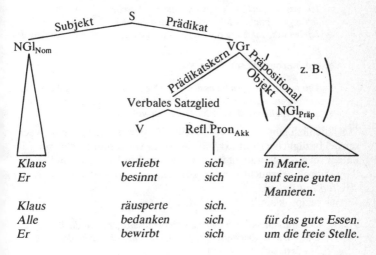

Klaus	*verliebt*	*sich*	*in Marie.*
Er	*besinnt*	*sich*	*auf seine guten Manieren.*
Klaus	*räusperte*	*sich.*	
Alle	*bedanken*	*sich*	*für das gute Essen.*
Er	*bewirbt*	*sich*	*um die freie Stelle.*

[Zu echten reflexiven Verben mit Reflexivum im Dativ → § 100].

Die folgende Liste enthält die Verben, die ein Reflexivpronomen im Akkusativ immer bei sich haben (echte Reflexivverben).

sich abmühen, sich auskennen, sich auswirken, sich bedanken, sich beeilen, sich begeben, sich begnügen, sich belaufen, sich besinnen, sich betrinken, sich bewähren, sich bewahrheiten, sich bewerben, sich bewölken, sich brüsten, sich eignen, sich entschließen, sich ergeben, sich erholen, sich erstrecken, sich gedulden, sich gefangengeben, sich getrauen, sich jähren, sich nähern, sich räuspern, sich revanchieren, sich sehnen, sich umblicken, sich verbeugen, sich verirren, sich verlieben, sich verspäten, sich verzählen, sich weigern, sich zufriedengeben.

Einige Verben sind in einer spezifischen Bedeutung reflexiv, z. B.:

sich erbrechen, sich übergeben (bei Unwohlsein).

Neben dem obligatorischen Reflexivpronomen kann noch ein weiteres Reflexivum als Objekt auftreten:

Er wunderte sich über sich selbst.
Ich besinne mich auf mich.

Darüberhinaus gibt es Verben, die reflexiv gebraucht werden können und dann eine spezifische Bedeutungsvariante haben, die aber
auch nicht-reflexiv stehen können (s. o. b)):

Ich wasche mich. – Ich wasche meine Wäsche.
Ich ärgere mich. – Ich ärgere meinen Bruder.
*Ich bemühe mich um die Stelle. – Ich bemühe dich in dieser Angele-
genheit.*

Weitere Verben dieser Art:

*sich auszeichnen, sich ausziehen, sich beklagen, sich benehmen, sich
beruhigen, sich erinnern, sich flüchten, sich freuen, sich täuschen,
sich verhalten, sich verschlucken, sich wundern, . . .*

Schließlich gibt es noch eine Reihe Verben mit reziproker (wech-
selrückbezüglicher) Reflexivität, wobei es wiederum solche gibt, die
immer reziprok gebraucht werden – *wir verbrüdern uns* – und solche,
die reziprok gebraucht werden können – *wir streiten uns* (aber: *wir
streiten mit ihnen*).
Immer reziprok sind:

*sich anfreunden, sich balgen, sich beratschlagen, sich duellieren, sich
einigen, sich überwerfen, sich verabreden, sich verfeinden, sich ver-
krachen, sich verbrüdern.*

Reziprok gebraucht werden können:

*sich aussprechen, sich besprechen, sich streiten, sich vertragen, sich
(ver)prügeln.*

Grenzfälle zwischen b) und c) und den reziproken Verben sind:

*sich mit jemandem versöhnen, sich von jemandem trennen, sich etwas
teilen mit, sich abwechseln bei (mit) etwas – sich aufklären (oder auf-
geklärt werden), sich finden (oder gefunden werden), sich erhöhen
(oder erhöht werden), sich verkaufen (oder verkauft werden)*

§ 96 SATZMUSTER: NUR DATIVOBJEKT

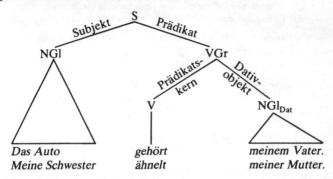

Diese Sätze enthalten ein Dativobjekt (indirektes Objekt). Die Zahl der Verben, die nur ein Dativobjekt fordern, ist nicht sehr groß.

Mit gleicher Struktur gibt es Sätze, bei denen das präpositionale Objekt fehlen kann oder die elliptisch sind:

> *Die Spieler danken dem Torwart (für seine gute Leistung).*
> *Er gibt den Armen (eine Spende).*

§ 97 SATZMUSTER: NUR GENITIVOBJEKT

a)

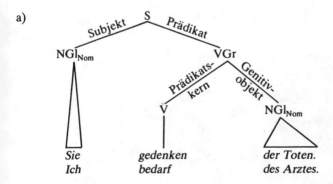

Nur bei wenigen Verben steht ein obligatorisches Genitivobjekt, eigentlich nur bei *gedenken, entraten, ermangeln.*

Feste Redewendungen mit Genitivobjekt sind:

des Glaubens sein – der Hoffnung leben (aber auch: *in gutem Glauben leben, in guter Hoffnung leben* – mit anderer Bedeutung) –
der Grundlage entbehren (aber: *etwas entbehren* mit Akkusativ).

b) Genitivobjekte gibt es auch bei einigen reflexiven Verben, bei denen *sich* Teil des verbalen Satzgliedes ist:

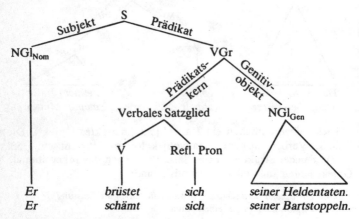

Was in diesen Sätzen als Genitivobjekt steht, wird auch oft durch ein präpositionales Objekt ausgedrückt:

Er brüstet sich mit seinen Heldentaten.
Er schämt sich über seine Bartstoppeln.

§ 98   SATZMUSTER: NUR PRÄPOSITIONALES OBJEKT

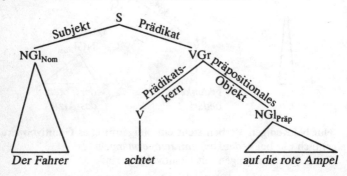

Die präpositionalen Objekte sind nicht zu verwechseln mit präpositionalen Ergänzungen. Objekte betreffen Personen und Sachen, man kann sie mit analytischen Fragen *auf was?*, *für was?*, *für wen?* usw. ermitteln [zu Sätzen mit Ergänzungen → § 35, § 99 u. ö.].

Auch hier gibt es reflexive Verben, z. B.:

> *Sie freuen sich auf die Ferien.*
> *Sie freuen sich über die Blumen.*
> *Er schämt sich über die Bartstoppeln.*

Elliptische Sätze sind z. B.:

> *Sie dankt (ihm) für die Blumen.*
> *Sie bedankt sich (bei ihm) für die Blumen.*
>
> Anmerkung:
> Die Präposition beim Verb sollte nicht mit dem Wortbildungsmorphem ‚trennbares Präfix' verwechselt werden, das einer Präposition gleichen kann [→ § 138]:
> *Er hört ihr zu.* (zuhören, Präfix)
> *Er gehört zu uns.* (zu jemandem gehören, Präposition)

§ 99 SATZMUSTER: NUR EINE ERGÄNZUNG

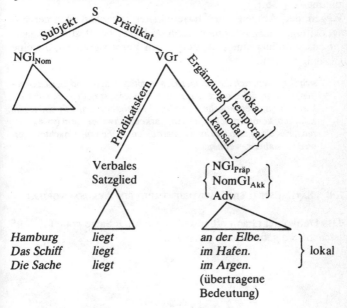

Hamburg	*liegt*	*an der Elbe.*
Das Schiff	*liegt*	*im Hafen.*
Die Sache	*liegt*	*im Argen.*
		(übertragene Bedeutung)

} lokal

Das Gespräch	*dauert*	*zwei Stunden.*	⎫
Das Gespräch	*dauert*	*lange.*	⎬ temporal
Das Gespräch	*dauert*	*bis 17 Uhr.*	⎭

Die Tür	*steht*	*offen.*	⎫
Er	*stellt sich an*	*ungeschickt.*	⎬ modal

Das Feuer	*entstand*	*aus Unachtsamkeit.*	⎫
Das Feuer	*entstand*	*durch Leichtsinn.*	⎬ kausal

Anmerkung:
Auch hier kann die Mehrwertigkeit der Verben zu Mißdeu-
tungen führen, vergleiche:
1a) *Er stellt sich ungeschickt an.*
   Er stellt sich dumm an. (modale Ergänzung)
  b) *Er stellt sich an.* (elliptisch dazu)
2a) *Er stellt sich in der Reihe an.*
   Er stellt sich beim Fleischer an. (Raumergänzung)
  b) *Er stellt sich an.* (elliptisch dazu)

[Zu Grenzfällen zwischen Raumergänzung und adverbieller Bestimmung → § 35.]
Wegen der Abgrenzungsschwierigkeiten zwischen Raumergänzung, Zeitergänzung usw. einerseits und adverbieller Bestimmung andererseits, wird hier eine Liste derjenigen Verben gegeben, die eine
Ergänzung fordern:

> *sich abspielen, sich ansiedeln, sich aufhalten, sich befinden, sich bege-
> ben, dauern, sich einquartieren, sich einnisten, sprießen, sich erstrek-
> ken, fahren, fliegen, gehen, geraten, hausen, horsten, sich hinziehen,
> kriechen, kommen, leben, liegen, parken, schweben, sein (= existie-
> ren), siedeln, sitzen, springen, stattfinden, stehen, übernachten, ver-
> weilen, währen, wohnen.*

§ 100 SATZMUSTER: EIN DATIVOBJEKT UND EIN AKKUSATIVOBJEKT

Das Dativobjekt kann oft entfallen, wodurch Sätze vom Typ § 95
entstehen: *Sie geben einen guten Rat.*

a)

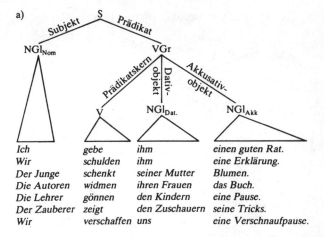

Ich	*gebe*	*ihm*	*einen guten Rat.*
Wir	*schulden*	*ihm*	*eine Erklärung.*
Der Junge	*schenkt*	*seiner Mutter*	*Blumen.*
Die Autoren	*widmen*	*ihren Frauen*	*das Buch.*
Die Lehrer	*gönnen*	*den Kindern*	*eine Pause.*
Der Zauberer	*zeigt*	*den Zuschauern*	*seine Tricks.*
Wir	*verschaffen*	*uns*	*eine Verschnaufpause.*

b) Eine Reihe von Verben hat obligatorisches Reflexivpronomen im
Dativ mit zusätzlichem Akkusativobjekt; dieses Satzmuster ist dem
Typ 95b vergleichbar, es wird wegen des Dativpronomens aber hier
behandelt:

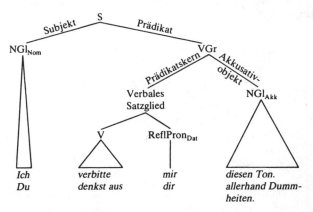

Ich	*verbitte*	*mir*	*diesen Ton.*
Du	*denkst aus*	*dir*	*allerhand Dumm-heiten.*

Weitere Verben dieser Art:

*sich etwas ausdenken, sich etwas aneignen, sich etwas anmaßen, sich
etwas ausbedingen, sich etwas ausbitten, sich etwas einbilden, sich etwas verbitten.*

§ 101   Satzmuster: ein Akkusativobjekt und ein Genitivobjekt

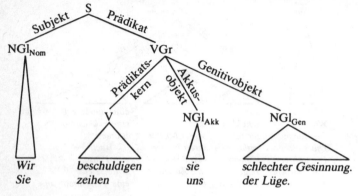

In dieser Gruppe gibt es wenige Verben:

    anklagen, berauben, bezichtigen, überführen, . . .

§ 102   Satzmuster: ein Akkusativobjekt und ein präpositionales Objekt

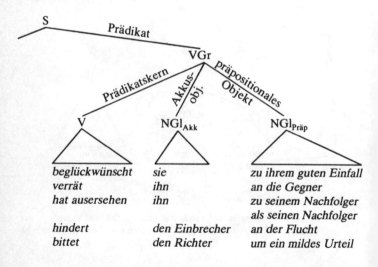

§ 103 SATZMUSTER: EIN DATIVOBJEKT UND EIN PRÄPOSITIONALES OBJEKT

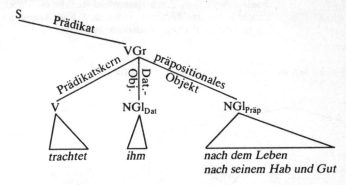

Hier sind kaum Verben vorhanden: *jemandem danken für . . .*

§ 104 SATZMUSTER: EIN AKKUSATIVOBJEKT UND EINE ERGÄNZUNG

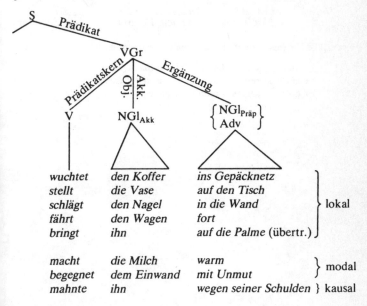

Anmerkung:
Eine Reihe von Verben mit adverbialer Ergänzung wie *warm machen, fort fahren, durch machen* und ähnliche sind dabei, zusammengesetzte Wörter zu werden, ähnlich wie Komposita mit trennbaren Präfixen: *zumachen, hinfahren,* . . .

§ 105 SATZMUSTER: EIN DATIVOBJEKT UND EINE ERGÄNZUNG

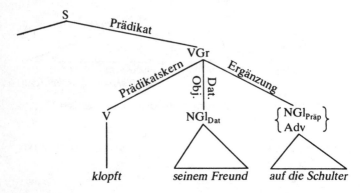

Grenzfälle zur freien Angabe (adverbielle Bestimmung):

Er hilft	*seinem Freund*	*bei der Arbeit.*
Er hilft	*seinem Freund*	*aus der Patsche.*
Er hilft	*seinem Freund*	*dabei.*

§ 106 Satzmuster: Dativobjekt, Akkusativobjekt und Ergänzung

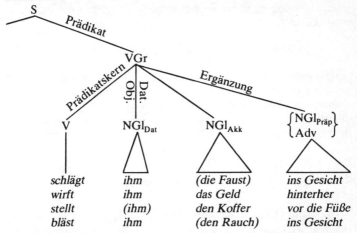

schlägt	ihm	(die Faust)	ins Gesicht
wirft	ihm	das Geld	hinterher
stellt	(ihm)	den Koffer	vor die Füße
bläst	ihm	(den Rauch)	ins Gesicht

Elliptische Weglaßbarkeit ist durch Klammern angedeutet.

Diese Verben können mit anderen Wertigkeiten gebraucht werden: Wenn ein Dativobjekt steht, d. h. wenn eine Zuwendgröße genannt wird, erhält man eine hohe Wertigkeit, vergleiche:

> *Der Wind bläst. – Der Wind bläst* ihm *den Rauch in die Augen.*
> *Er schlägt* ihn *(Akkusativ). – Er schlägt* ihm *(Dativ) die Nase blutig.*

§ 107 Satzmuster: Dativobjekt und zwei Ergänzungen

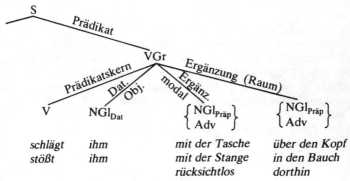

schlägt	ihm	mit der Tasche	über den Kopf
stößt	ihm	mit der Stange	in den Bauch
		rücksichtslos	dorthin

Auch hier ist die hohe Wertigkeit vom Dativobjekt her gesteuert, d. h. wenn der von etwas Betroffene im Dativ genannt wird, werden weitere Ergänzungen notwendig; vergleiche dagegen die Bildungen mit Akkusativ:

Er stößt ihn (mit der Stange) (in den Bauch).

Die präpositionalen Satzglieder können hier entfallen, sind nach dem eingeführten Kriterium der Weglaßbarkeit also als adverbielle Bestimmungen zu werten. Es wird deutlich, daß die Ergänzungen, also die obligatorischen Zusätze, und die Angaben vom semantischen Gehalt her häufig dasselbe leisten und daß die Übergänge schwanken.

§ 108   SATZMUSTER: DIE *IST*-PRÄDIKATION

ist-Prädikationen werden Prädikate mit den Verben *sein, werden, bleiben, scheinen, sich dünken* und beschränkt auch *heissen* (im Sinne von *einen Namen haben*) genannt. Am häufigsten handelt es sich um Sätze des Typs „*etwas ist so und so*", daher der Name *ist*-Prädikation. Die obligatorischen Zusätze zu diesen Verben werden *Prädikative* genannt.

> Anmerkung:
> Bei *scheinen* und *sich dünken* handelt es sich eigentlich um usuelle (festeingeführte) Ellipsen aus Infinitivkonstruktionen, genauer *scheint zu sein, dünkt sich . . . zu sein* [→ auch Infinitivkonstruktionen § 109].

Das Verb ist in diesen Prädikaten semantisch fast leer. Das gilt insbesondere für *ist*, die anderen Verben sind in diesem Zusammenhang Bedeutungsvarianten zu *sein*. [→ auch § 31, § 93]. Deshalb wird in manchen Grammatiken auch von diesen Verben als *Kopula* (Bindeglied und von den Zusätzen als *Prädikatsnomen* gesprochen. Die *Prädikative* bilden eine engere Bedeutungseinheit mit dem Verb als normale Objekte oder Ergänzungen, sie sind die eigentlichen Inhalte der Aussage. Diese Prädikative sind keine Objekte im Sinne von Zielgrößen und Zuwendgrößen. Vergleiche:

Die Sonne trocknet die Wäsche.

Daß die Wäsche trocknet, wird zwar von der Sonne bewirkt (Subjekt), aber *trocknen* ist ein Vorgang bei der Wäsche und nicht eine Eigenschaft von Sonne. Das Objekt Wäsche ist also auf *trocknen* hin formuliert. Die Prädikative hingegen leisten inhaltlich gesehen immer eine Aussage direkt auf das Subjekt hin und nicht auf das Verb:

> *Großmutter ist alt.*

alt ist eine Eigenschaft von Großmutter und keine Aussage zu *sein;* eher ist sogar die Eigenschaft von Großmutter *alt sein* und nicht nur *alt.*

Wir unterscheiden drei Arten von *ist*-Prädikationen.

1. Das *reine Prädikativ,* gebildet durch ein Adjektiv:

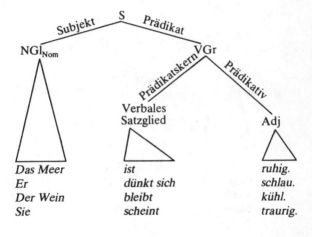

Das Meer	*ist*	*ruhig.*
Er	*dünkt sich*	*schlau.*
Der Wein	*bleibt*	*kühl.*
Sie	*scheint*	*traurig.*

Bei einigen Adjektiven können noch Objekte und Ergänzungen stehen, die semantisch vom Adjektiv gefordert werden [eine Liste der
Adjektive, die Objekte und Ergänzungen fordern, findet sich in
§ 80]; eine Reihe von Adjektiven können überhaupt nur prädikativ
gebraucht werden, wie z. B. *feind, gewahr* [→ dazu ebenfalls § 80,
Besonderheiten 1].

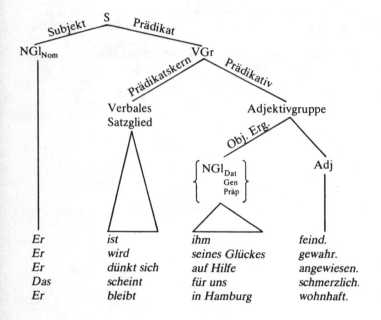

2. Das *Prädikativ als Ergänzung* (Raum-, Zeit und selten Modalergänzung), gebildet aus Adverb oder nominalem Satzglied, mit oder
ohne Präposition.

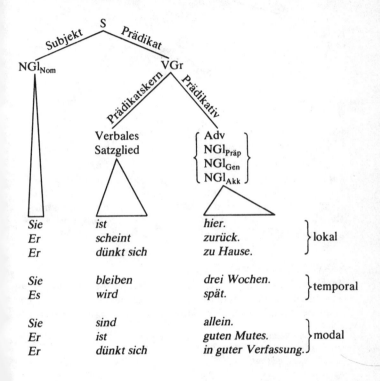

Sie	*ist*	*hier.*	
Er	*scheint*	*zurück.*	lokal
Er	*dünkt sich*	*zu Hause.*	
Sie	*bleiben*	*drei Wochen.*	
Es	*wird*	*spät.*	temporal
Sie	*sind*	*allein.*	
Er	*ist*	*guten Mutes.*	modal
Er	*dünkt sich*	*in guter Verfassung.*	

3. Das *Prädikativ im Nominativ* (Gleichsetzungsnominativ)

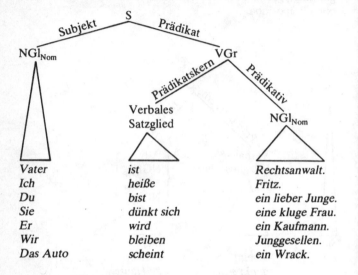

Vater	ist	Rechtsanwalt.
Ich	heiße	Fritz.
Du	bist	ein lieber Junge.
Sie	dünkt sich	eine kluge Frau.
Er	wird	ein Kaufmann.
Wir	bleiben	Junggesellen.
Das Auto	scheint	ein Wrack.

4. Prädikativähnliche Konstruktionen
Manche reflexiven und reflexiv gebrauchten Verben stehen mit einem Prädikativ, das ein mit *als* angeschlossenes Adjektiv oder ein nominales Satzglied im Nominativ (Gleichsetzungsnominativ) ist:

> *Er bezeichnete sich als mein guter Freund.*
> *Er bezeichnete sich als klug.*
> *Er zeigt sich als ein Held.*
> *Es erweist sich als richtig.*

Entsprechend konstruiert können viele reflexive Verben werden. Das Satzglied mit *als* ist dann jedoch weglaßbar und deshalb adverbielle Bestimmung.

> *Er müht sich ab als Langstreckenläufer.*
> *Er verirrt sich als Fremder.*
> *Er bedankt sich als Vorsitzender.*

5. Das doppelte Akkusativobjekt (Gleichsetzungsakkusativ)

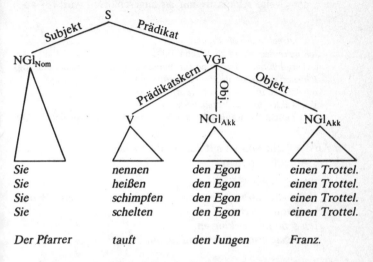

Sie	nennen	den Egon	einen Trottel.
Sie	heißen	den Egon	einen Trottel.
Sie	schimpfen	den Egon	einen Trottel.
Sie	schelten	den Egon	einen Trottel.
Der Pfarrer	tauft	den Jungen	Franz.

[Alle diese Verben gehören in die Klasse der performativen Verben, → dazu auch § 153].

In Passivkonstruktion wird dieses doppelte Akkusativobjekt zum Subjekt (1. Akkusativobjekt) und zum Nominativ als Prädikativ (Gleichsetzungsnominativ, 2. Akkusativobjekt):

Karl wird von ihm ein Trottel genannt.

In dieser Hinsicht sind diese Konstruktionen im Zusammenhang mit den Prädikativen zu sehen. Darüberhinaus kann der zweite, der Gleichsetzungsakkusativ, durch ein prädikativ gebrauchtes Adjektiv ersetzt werden:

Er nannte ihn faul.
Er schalt ihn dumm.

Allerdings ist die Aussage im Akkusativ nicht direkt auf das Subjekt bezogen wie die des echten Prädikativs, sondern auf den ersten Akkusativ. Das Verb hat einen größeren semantischen Anteil an der Aussage.

6. Der doppelte Akkusativ mit *als*

Dem doppelten Akkusativ formal – nicht inhaltlich! – sehr ähnlich sind die wenigen Konstruktionen mit doppeltem Akkusativ, bei denen der zweite Akkusativ mit *als* angeschlossen wird [→ auch Pkt. 4]:

> *Ich betrachte ihn als Freund.*
> *Ich halte den Hund als Wachhund.*
> (Aber: *Ich halte den Hund für meinen Freund.* – Modalergänzung)
> *Ich sehe das Boot als mein Eigentum an.*
> *Ich schätze ihn als Gauner (ein).*
> *Wir wählen ihn als Vorsitzenden.*
> (Aber auch: *Wir wählen ihn zum Vorsitzenden.* – präpositionales Objekt)

An der Stelle von *als* mit Akkusativ können gelegentlich prädikative Adjektive stehen:

> *Ich halte ihn für dumm.*
> *(Ich halte ihn ruhig* ist Modalergänzung bei anderer Bedeutung von *halten.)*
> *Ich sehe ihn als klug an.*
> *Ich schätze ihn als vernünftig ein.*

§ 109 SATZMUSTER MIT OBLIGATORISCHEN INFINITIVEN ODER GLIEDSÄTZEN

Nicht selten begegnen in Sätzen Infinitive oder Gliedsätze, vor allem *daß*-Sätze, die nicht durch ein normales Satzglied ersetzt werden können, wiewohl sie an dessen Stelle stehen. Zwei Gruppen sind zu unterscheiden:

1. Die einfachen Infinitive nach Hilfsverben und Modalverben. Sie wurden in § 75 und § 66 bereits als Formen des Verbs behandelt. Der Infinitiv ist hier nicht als eigenes Satzglied aufzufassen, sondern das Modalverb bzw. Hilfsverb und das Vollverb im Infinitiv bilden das verbale Satzglied:

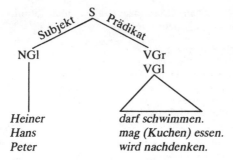

| NGl | VGr |
| | VGl |

Heiner	darf schwimmen.
Hans	mag (Kuchen) essen.
Peter	wird nachdenken.

Daneben gibt es eine Reihe von Verben, die modalen Charakter haben und ebenfalls mit einem einfachen Infinitiv kombiniert werden:

> Ich lasse einen Anzug arbeiten.
> Der Jockey läßt das Pferd galoppieren.
> Hans hilft abwaschen.
> Vater legt das Kind schlafen.
> Jörn geht schwimmen.

Ferner bei *haben:*

> Der Rennstall hat einige Dutzend Pferde laufen.

und bei *haben* und Adjektiv *gut:*

> Sie hat gut lachen.

Bei diesen Verben ist im Gegensatz zu den Modalformen die semantische Leistung des finiten Verbs nicht nur als Modifizierung des infiniten Verbs zu sehen. Dadurch wird der Infinitiv zu einem selbständigen Satzglied, d. h. die Infinitivkonstruktion ist so zu verstehen, daß ein ganzer Satz dahintersteht:

> Hans hilft. Hans wäscht ab. → Hans hilft abwaschen.
> Anmerkung:
> In transformationeller Sicht werden alle umschriebenen Verbformen, sowohl die Modalkonstruktionen als auch die zusammengesetzten Tempusformen auf einer abstrakten Ebene als aus verschiedenen Aussagen durch Verkürzung und Zusammenfassung hervorgegangen erklärt.

2. Die obligatorischen Infinitivkonstruktionen mit *zu* (oder Gliedsätze) bei einigen performativen Verben [→ § 153]. So haben z. B.

sich weigern, drohen, bitten, beauftragen einen Infinitiv mit *zu* oder einen *daß*-Satz nach sich:

> *Er droht zu gehen.*
> *Er droht, daß er geht.*
> *Er beauftragt ihn, das Auto zu reparieren.*
> *Er beauftragt ihn, daß er das Auto repariert.*
> *Er bittet ihn, sich zu beeilen.*
> *Er bittet ihn, daß er sich beeilt.*
> (*bitten* kann auch mit präpositionalem Objekt stehen: *bitten um*)

Die Tatsache, daß diese performativen Verben obligatorisch mit *daß*-Sätzen oder mit leistungsgleichen Infinitivkonstruktionen mit *zu* oder Nominalisierungen stehen, ergibt sich aus der besonderen semantischen Leistung der performativen Verben, daß sie Handlungen meinen [→ Sprechakte, Kap. 8, § 153]. Die Inhalte dieser Handlungen selbst werden überwiegend mit *daß*-Sätzen oder mit Infinitivkonstruktionen angegeben.

4.1   Negation: Das Prinzip des Verneinens

§ 110   NEGATIONSFORMEN

Der Sprecher hat die Möglichkeit, jede Aussage ganz oder in Teilen zu verneinen. Dafür stehen eine Reihe von Negationswörtern aus unterschiedlichen Wortklassen zur Verfügung, die unterschiedliche Wirkungsfelder der Verneinung haben:
- *nein* als Interjektionswort wirkt gewöhnlich in der Wechselrede, im Sprechakt
- *nicht* negiert einen Satz oder einen Teil davon, je nach Stellung
- die Konjunktion *weder . . . noch* negiert Koordinationen
- die Pronomina wie *kein, niemand, nichts* negieren nominale Satzglieder
- die Adverbien wie *nie, niemals, nirgendwo* usw. wirken im adverbiellen Bereich und im Ergänzungsbereich
- das Präfix *un-* negiert lexikalisch als Wortbildungselement
- darüberhinaus gibt es im Wortschatz antonymische Relationen, die teilweise als Negationen verstanden werden können der Art, daß das eine der negative Gegensatz des anderen ist:

> *schön – häßlich* (aber auch *unschön* als einfache Negierung).

Im folgenden werden die Negationsmöglichkeiten im einzelnen behandelt, zum Negationspräfix *un-* → Wortbildung § 139, zu antonymen Relationen im Wortschatz → Adjektive § 79 und Semantik § 144.

§ 111 NEIN

Mit *nein* wird eine Entscheidungsfrage negativ beantwortet. Ähnlich wie die Interjektionswörter – z. B. *au!*, *oh!*, *ach!*, . . . – ist das *nein* satzwertig, jedoch nicht satzfähig. Bei der Strukturierung des Satzes spielen solche Wörter – das positive Pendant *ja* gehört auch dazu – keine Rolle, sie können fast überall eingeschoben werden (Interjektion = Dazwischenschiebung). Allerdings haben *nein* und *ja* festgelegte semantische Bedeutungen, sie beziehen sich logisch auf den sprachlichen Kontext und nicht emotional auf die Situation wie die echten Interjektionen, die Gefühlswerte ausdrücken.

§ 112 NICHT

Eine Sonderstellung innerhalb der Negationswörter nimmt *nicht* ein. Mit *nicht* kann man den ganzen Satz oder einzelne Satzglieder, vereinzelt sogar auch einzelne Wörter verneinen.

a) Die Aussage des ganzen Satzes wird verneint, wenn das finite Verb verneint wird; *nicht* gehört dann zum verbalen Satzglied – wie z. B. trennbare Präfixe oder die Hilfsverben bei zusammengesetzten Tempusformen – und bildet mit dem Verb zusammen die Verbklammer [→ § 58].

> *Er* brauchte *den neuen Regenschirm gestern abend* nicht.

Bei ohnehin gegebener Verbklammer steht *nicht* an vorletzter Stelle direkt vor der infiniten Verbform:

> *Er* hat *den Regenschirm gestern abend* nicht gebraucht.

Bei *ist*-Prädikationen in der Grundstellung steht *nicht* vor dem Prädikativ, wenn dieses ein nominales Satzglied oder ein Adjektiv ist. Bei einem Adverb kann *nicht* am Ende stehen:

> *Er ist nicht dumm.*
> *Er ist nicht Rechtsanwalt.*
> *Er ist nicht zu Hause.*
> aber: *Er ist dort nicht – Er ist nicht dort.*

b) Wenn nur ein Satzglied verneint wird, steht das Negationswort *nicht* unmittelbar vor dem negierten Satzglied. Nur wenn das Verb verneint wird, wird der ganze Satz verneint (s. o.). Häufig ist die Satzgliednegation durch einen Gegentakt mit *sondern* angezeigt:

> *Nicht ich habe das gesagt, (sondern) du warst es.*
> *Er nahm nicht den neuen Regenschirm, sondern den alten.*
> *Der Regen dauerte nicht drei Stunden, sondern den ganzen Tag.*

c) In mündlicher Rede kann *nicht* vom negierten Satzglied weggerückt werden, wenn dieses besonders betont ist:

> *Gestern hat es nicht geregnet (aber dafür heute nacht).*

Diese besondere Betonung kann auch durch die Spitzenstellung des Prädikativs oder des Objekts geleistet werden:

> *Einen Hund kaufe ich mir nicht (sondern allenfalls einen Kanarienvogel).*
> *Rechtsanwalt ist er nicht (sondern Richter).*
> *Dumm ist er nicht.*

§ 113   NICHT UND KEIN

Satzgliedverneinendes *nicht* konkurriert manchmal mit *kein. Kein* steht als negativer unbestimmter Artikel, d. h. im nicht verneinten Satzglied würde der unbestimmte Artikel *ein* stehen. Wenn *ein* mit *nicht* verneint wird, liegt eine verstärkte Form der Negierung vor:

> *Ich habe keinen Pfennig mehr im Portemonnaie.*
> *Ich habe nicht einen Pfennig mehr im Portemonnaie.*

Nicht oder *kein* steht immer dann, wenn der Gebrauch eines Pronomen oder einer adverbiellen Bestimmung möglich ist:

> *Er ist kein Fußballspieler.*
> *Er ist nicht Fußballspieler.*

Man beachte die feinen Bedeutungsunterschiede: *nicht Fußballspieler* bedeutet, er ist nicht in einer Mannschaft bzw. er hat keine

Spielerlizenz; *kein Fußballspieler* bedeutet das gleiche, aber es kann auch bedeuten: *er kann nicht (gut) spielen*. Vergleiche auch:

> *Er geht nicht auf den Sportplatz.* (aktuell)
> *Er geht auf keinen Sportplatz.* (prinzipiell)

§ 114   NEGIERENDE PRONOMINA UND ADVERBIEN

Mit dem Pronomen *niemand* wird die Personenkategorie negiert, mit *nichts* dagegen Sachen oder Sachverhalte, mit *kein* beides. die Adverbien *nie* und *niemals* haben Zeitaspekt, *nirgends* und *nirgendwo*, *nirgendwohin*, *nirgendwoher* haben Raumaspekt, *keinesfalls* und *keineswegs* haben Modalaspekt. [Zum Gebrauch → jeweils auch die Wortarten.]

§ 115   DIE DOPPELTE VERNEINUNG

Doppelte Verneinung bedeutete im älteren Deutsch eine verstärkte Verneinung; sie ist heute literarisch geworden und hat sich in einigen Mundarten noch gehalten, besonders im Bayrischen und in österreichischen Mundarten:

> *Man sieht, daß er an nichts keinen Anteil nimmt.* (Goethe)
> . . . *nie dehein besseren ie gesach* (mhd: niemals keinen besseren)
> *I hoab ka Ruh net.* (Bayrisch)

In der Schriftsprache der Gegenwart ist doppelte Verneinung eine Bejahung:

> *Das Problem ist nicht unlösbar.* heißt soviel wie:
> *Das Problem ist lösbar.*
> *Es gibt nichts, was es nicht gibt.* heißt: *es gibt alles, sogar das.*

5. Komplexe Syntax: Satzreihen, Satzgefüge, Satzerweiterung, Textdeixis

Die komplexe Syntax wird hier von der einfachen Syntax her aufgebaut. Die komplexen Satzstrukturen werden auf die einfachen Muster zurückgeführt und als zusammengesetzte oder abgeleitete Varianten der einfachen Muster erklärt. Die Umformungsregeln, die das In- und Aneinanderfügen und Verkürzen einfacher Sätze zu komplexen Gefügen gewährleisten, sind Transformationsregeln. Die Umformungs-(Transformations-)prozesse werden hier nur soweit dargestellt und zur Erklärung benützt, wie sie unmittelbar einsichtig sind.

5.1 Koordination: Reihung und Gleichordnung

§ 116 PRINZIPIEN DES KOORDINIERENS

Koordinieren bedeutet soviel wie aneinanderreihen und gleichordnen. Koordiniert wird mit speziellen Wörtern, den *koordinierenden Konjunktionen* [→ § 117], durch adverbielle Bestimmungen [→ §§ 119 ff] oder durch einfaches Aneinanderreihen, angezeigt durch Intonationsmuster bzw. Kommata.

Aneinandergereiht und gleichgeordnet werden kann auf allen Ebenen der Satzstruktur. Es können Sätze, Satzglieder aller Ebenen und Wörter in Satzgliedern miteinander koordiniert werden:

a) *Der Dirigent klopft auf das Pult, und die Musiker setzen die Instrumente an.* (Koordinierung zweier vollständiger Sätze)
b) *Der Dirigent und die Musiker nehmen den Applaus entgegen.* (Koordinierung zweier nominaler Satzglieder als Subjekt)
c) *Der Türschließer macht die Tür auf und läßt die Zuspätgekommenen hinein.* (Koordinierung der Verbalgruppe)
d) *Der kleine, schwarzhaarige, nervöse Pianist rückt sich den Sessel zurecht.* (Wortkoordination von Adjektiven im Attribut)

Man kann koordinierte Gefüge auflösen, dann erhält man jeweils soviele einfache Sätze, wie Einheiten koordiniert sind:

a 1) *Der Dirigent klopft auf das Pult.*
  2) *Die Musiker setzen die Instrumente an.*
b 1) *Der Dirigent nimmt den Applaus entgegen.*
  2) *Die Musiker nehmen den Applaus entgegen.*

c 1) *Der Türschließer macht die Tür auf.*
2) *Der Türschließer läßt die Zuspätgekommenen hinein.*
d 1) *Der kleine Pianist rückt sich den Sessel . . .*
2) *Der schwarzhaarige Pianist . . .*
3) *Der nervöse Pianist . . .*

Die Koordination der Einzelsätze leistet grundsätzlich zweierlei:
1. Die koordinierten Aussagen werden zu einer Einheit, zu einem Satz oder Satzglied zusammengerückt. Damit wird ihre Zusammengehörigkeit ausgedrückt.
2. Bei allen Koordinationen unterhalb der Satzebene wird ein kürzerer Text ermöglicht, die Koordination dient einer ökonomischen Sprachverwendung.

Neben der einfachen, anreihenden Koordination gibt es Koordinationen, bei denen andere Beziehungen als die der Gleichheit ausgedrückt werden:

Die Musiker setzen die Instrumente an, denn der Dirigent hat auf das Pult geklopft.
Die Musiker setzen die Instrumente an, aber der Dirigent wartet auf die verspäteten Zuhörer.
Fritz oder Franz . . .

Hier wird nicht nur gesagt, daß zweierlei zusammengehört:
– mit *denn* wird zugleich ein logisches Verhältnis ausgedrückt, X ist Ursache für Y
– mit *aber* wird statt etwas Erwartetem etwas anderes, Unerwartetes, eventuell Gegensätzliches angegeben
– mit *oder* wird eine Alternative angegeben.
Wenn man diese Koordination in Einzelsätze auflösen wollte, müßte man dieses Beziehungsverhältnis zusätzlich ausdrücken.

Die Musiker setzen die Instrumente an. (Ursache dafür ist:) Der Dirigent hat auf das Pult geklopft.
Die Musiker setzen die Instrumente an. (Die Erwartung, daß sie spielen, tritt nicht ein.) Der Dirigent wartet auf die verspäteten Zuhörer.

Neben den einfachen Koordinationen gibt es *mehrteilige Koordinationen (Korrelatkoordinationen).* Es sind Koordinationen, die durch zwei Konjunktionen, gegebenenfalls auch durch Adverbien, die in den Teilsätzen die Funktion adverbieller Bestimmungen haben, gebildet werden: *nicht nur . . . sondern auch; entweder . . . oder; je . . . desto; teils . . . teils.*

Wegen seiner syntaktischen und – gegebenenfalls semantischen – Leistung weist man dem koordinierenden Element in der Strukturdarstellung eine besondere Rolle zu. Da die Stellung der koordinierten Konjunktion im Satz nicht fest ist und da es mehrteilige Konjunktionen gibt, weist man dem koordinierenden Element generell eine Stelle unmittelbar vor den jeweils koordinierten Einheiten unter dem Knoten im Strukturbaum, der die koordinierten Elemente zusammenfaßt, zu.

Koordination im nominalen Satzglied:

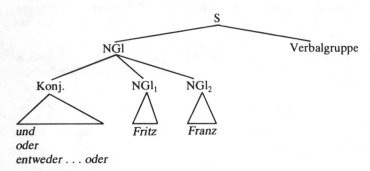

Fritz und Franz . . .
Fritz oder Franz . . .
Entweder Fritz oder Franz . . .

Koordination zweier Sätze:

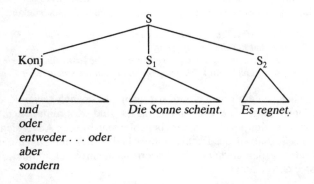

Die Sonne scheint, und es regnet.
Die Sonne scheint, oder es regnet.
Entweder scheint die Sonne, oder es regnet.
Die Sonne scheint, aber es regnet.
Die Sonne scheint, es regnet aber.
Die Sonne scheint (nicht), sondern es regnet.

Koordiniert wird nicht nur mittels Konjunktionen, sondern auch mit *konjunktional gebrauchten Ausdrücken.*

> *Er mußte nach Hause, deshalb war er unglücklich.*
> *Er fuhr mit der Straßenbahn, sein Auto war nämlich kaputt.*

Im Gegensatz zu den Konjunktionen sind diese Adverbien Satzglieder; sie beanspruchen eine Satzgliedstelle und stehen demnach im Mitteilungssatz vor dem Verb (sogenannte Inversionsstellung).

1)

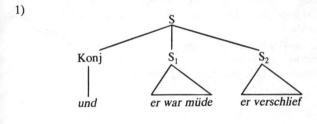

2)

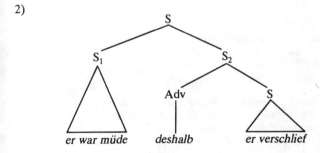

1) *Er war müde, und er verschlief.*
2) *Er war müde, deshalb verschlief er.*

§ 117 KOORDINIERENDE KONJUNKTIONEN

Koordinierende Konjunktionen sind:

> *aber, allein* (im Sinne von *aber*), *beziehungsweise, denn, oder, und, sondern, sowie* (auch subordinierend).

Bei den mehrteiligen Konjugationen sind auch adverbielle Elemente vorhanden, teils sind sie Adverbiale:

> *entweder . . . oder, nicht nur . . . sondern auch, sowohl . . . als auch, weder . . . noch.*

Zwischen den Wortarten Konjunktion und Adverb und auch Interjektion schwanken:

> *als, doch, ja, nein, nur, trotzdem* (auch subordinierend).

Stehende Wendungen mit konjunktionaler Funktion sind:

> *das heißt, das bedeutet, geschweige denn, daß, will sagen, zum Beispiel, . . .*

Man kann Konjunktionen nach den Beziehungsverhältnissen, die sie ausdrücken, unterscheiden:

a) adversativ (den Gegensatz anzeigend)

> *aber, allein, doch, nein, sondern, trotzdem*

b) alternativ (mehrere Möglichkeiten aufzeigend), und zwar entweder disjunktiv (ausschließend) oder komplementär (ergänzend)

> *beziehungsweise, oder, entweder . . . oder, nein*

c) kausal (Ursache aufzeigend)

> *denn*

d) kopulativ (verbindend, anreihend)

> *beziehungsweise, das ist, das heißt, ja, nicht nur . . . sondern auch, sowie, sowohl . . . als auch, weder . . . noch, und, zum Beispiel*

e) modal (Begleitumstände anzeigend)

> *aber, also, das heißt, geschweige denn, ja, nur, und, trotzdem*

§ 118   Koordinierende Adverbialbestimmungen

Adverbien, die koordinieren, gibt es mehr als eigentliche Konjunktionen. Auf die zur Konjunktion hin schwankenden Adverbien wurde oben [§ 117] bereits hingewiesen. Kriterium des Unterschieds ist, daß die adverbiellen Bestimmungen eine eigene Satzgliedstelle einnehmen [→ § 116 und § 121].

Folgende Bedeutungsvarianten lassen sich – z. T. allein von der Semantik des Adverbs her erklärbar – aufstellen (Mehrfachzuordnungen kommen vor):

a) adversativ

> *dennoch, gleichwohl, indessen, trotzdem* (schwankt zur Konjunktion), *vielmehr, zwar*

b) alternativ

> *bald . . . bald, einerseits . . . andererseits, teils . . . teils*

c) final (auf ein Ziel gerichtet)

> *darum, dazu*

d) kausal

> *nämlich*

e) konditional (Bedingungen angebend)

> *andernfalls, sonst*

f) konsekutiv (Folge angebend)

> *also, daher, darum, demnach, deshalb, deswegen, folglich, mithin, sonach*

g) konzessiv (einräumend)

> *trotzdem, zwar . . . aber*

h) modal

> *also, desto, ebenso, genau so, geschweige denn, (in)sofern, (in)soweit, ja, so . . . wie, um so*

i) lokal

> *da, dort, hier . . . da*

j) temporal

> *da, dann, darauf, eher, zuvor.*

5.2   Adverbialisierung

§ 119   LEISTUNG DER ADVERBIELLEN BESTIMMUNGEN

Mit adverbiellen Bestimmungen bringt der Sprecher Angaben über Orts-, Zeit-, Modal- und Kausalumstände des Geschehens zum Ausdruck. Es sind Urteile aus dem Jetzt- und Hier-Aspekt der Ich-Hier-Jetzt-Origo sowie modale Urteile über Ursachen, Wirkungen, Folgen und nähere Umstände eines Geschehens. Die Differenzierungsmöglichkeiten sind außerordentlich vielfältig, weil
– sehr viele Adverbien und adverbiell gebrauchte Adjektive zur Verfügung stehen
– weitere syntaktische Konstruktionen als adverbielle Bestimmungen im Satz fungieren können.
[Zu den inhaltlichen Leistungen und zu Bedeutungsvariationen bei den Adverbien → § 80 ff, zum Tempus § 69, zur Modalität § 71].

§ 120   ERSCHEINUNGSFORMEN

Wir unterscheiden die folgenden Erscheinungsformen adverbieller Bestimmungen:

1. Adverbien und adverbial gebrauchte Adjektive

> Nachmittags *übt er seine Lieder.*
> *Er singt* laut.
> Manchmal *singt er* sogar draußen.

2. Nominale oder präpositionale Satzglieder in Adverbialfunktion:

> *Er singt* den ganzen Nachmittag.
> Im Garten *singt er seine Lieder* mit lauter Stimme.

Diese adverbiellen Bestimmungen werden oft mit Raum-, Zeit-, Modal- und Kausalergänzungen und Prädikativen verwechselt, die inhaltlich Entsprechendes leisten, aber vom Verb bzw. Adjektiv obligatorisch gefordert werden und deshalb keine Angaben, keine adverbiellen Bestimmungen sind.
[→ § 35 und Satztypen § 99 u. a.; zu den Leistungen der Präpositionen → § 89].

3. Das Adverbial kann eine Infinitivkonstruktion sein:

> *Er kaufte,* ohne zu zögern, *die teuersten Konzertkarten.*
> Anstatt zu schlafen, *ging er ins Konzert.*
> *Er ging ins Konzert,* um gute Musik zu hören.

4. Das Adverbial kann ein satzwertiges Partizip sein, d. h. erweitert um Objekt, Ergänzung, Angabe:

> Im Konzerthaus angelangt, *stellte er fest, daß er die Eintrittskarten vergessen hatte.*
> *Die Zuhörer klatschten,* von der Musik begeistert, *lange Beifall.*

5. Sehr häufig haben Gliedsätze adverbiale Funktion, sie werden – soweit sie mit subordinierenden Konjunktionen eingeleitet werden – konjunktionale Gliedsätze genannt [zu den ebenfalls konjunktionalen Subjekt-, Ergänzungs- und Objektsätzen → §§ 124 ff.]:

> Bevor er im Konzert auftritt, *übt der Sänger seine Lieder.* (temporal)
> *Der Sänger übt seine Lieder,* weil er ein Konzert geben will. (kausal)
> Wo er auch war, *übte er seine Lieder.* (lokal)
> *Er sang seine Lieder,* als ob er im Konzertsaal wäre. (modal)

Manchmal begegnen in Frontstellung auch Teilsätze, die nicht mit Konjunktionen angeschlossen sind, die aber in einem konjunktionalen Gliedsatz umgeformt werden können.

> Sollte es regnen, *werden wir keine Wanderung machen.*
> Wenn es regnen sollte, *werden wir . . .*

6. Auch ein Adverb oder ein Adjektiv kann adverbiell näher bestimmt werden:

> sehr *fröhlich* – *gelb* vor Neid – *oben* in der zweiten Etage – *oben grün,* unten *gelb und geringelt* in der Mitte

§ 121 STRUKTURELLE POSITION

Die adverbielle Bestimmung kann Angabe zum ganzen Satz, zur Verbalgruppe oder zum Verb sein, wenn sie nicht Adjektiv- oder Adverbadverb ist (s. o. Pkt. 6). Die strukturelle Position ist unter zwei Kriterien bestimmt.

1. Die Zuordnung regelt sich zum einen nach dem Zusammenspiel des semantischen Gehalts der Angabe und des semantischen Gehalts

des Satzes oder seiner Teile. So beziehen sich Zeitangaben meistens auf den ganzen Satz, die Aussage des ganzen Satzes wird zeitlich eingeordnet:

> Nachmittags *trainieren die Jungen Fußball.* (Satzadverb)
> aber: *Die Jungen trainieren* lange *das schnelle und präzise Abspielen.*

Hier bezieht sich das Adverb auf das Verb, nicht auf die Verbalgruppe oder den ganzen Satz; nicht das Abspiel ist lange, sondern das Trainieren; es handelt sich um ein *Verbadverb.*

Im folgenden Satz wiederum wird die Verbalgruppe näher bestimmt, und zwar zweimal alternativ:

> *Die Jungen trainieren Kopfbälle* mit Ausdauer, *Eckstöße* nur wenig.

Sehr grob gesehen kann man sagen:
– Zeitangaben sind meistens Satzadverbiale; nicht selten sind die Zeitangaben sogar textstrukturierende, über den einzelnen Satz hinausgehende Angaben; sie legen das Tempus und eine Reihe von Bedeutungsvarianten der Tempora fest [→ dazu Tempus § 69]; Satzadverbiale sind auch die sogenannten *weiterführenden Konjunktionalsätze,* die an den ganzen Satz angeschlossen werden und nicht an einzelne Teile:

> *Die Heizung war kaputt,* weshalb der Unterricht ausfiel.

[→ auch relativischer Anschluß § 54.]
– Modale Angaben sind meistens Verbadverbial oder Verbalgruppenadverbial.
– Lokale und kausale Angaben schwanken.

2. Das zweite Kriterium der Einordnung der adverbiellen Bestimmung in die syntaktische Struktur ist die Stellung im Satz. Je weiter entfernt vom Verb eine adverbielle Bestimmung steht, desto weniger ist sie nur auf das Verb beziehbar. Anfangsstellung im Satz deutet oft auf Satzadverbien hin. – Beim Schreiben und Sprechen sollte man auf den Zusammenhang zwischen Wortstellung, Strukturposition und damit Bedeutungsnuancen achten.

In der Strukturdarstellung im Stammbaum notieren wir das jeweilige Adverbial von seiner (variablen) Stellung im Satz jeweils rechts von der Größe, die es näher bestimmt.

a) Satzadverbial

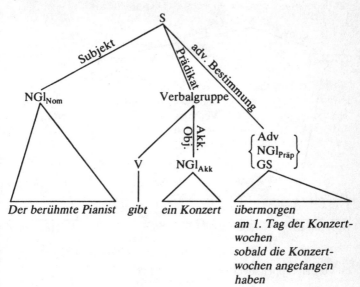

übliche Stellungen des Satzadverbials:

> *Übermorgen gibt ein Pianist ein Konzert.*
> *Der Pianist gibt übermorgen ein Konzert.*
> *Am 1. Tag der Konzertwochen gibt der Pianist ein Konzert.*
> *Der Pianist gibt am 1. Tag der Konzertwochen ein Konzert.*
> *Der Pianist gibt ein Konzert am 1. Tag der Konzertwochen.*
> *Sobald die Konzertwochen angefangen haben, gibt der Pianist ein Konzert.*
> *Der Pianist gibt ein Konzert, sobald die Konzertwochen angefangen haben.*
> *Der Pianist gibt, sobald die Konzertwochen angefangen haben, ein Konzert.*

Unüblich, eigentlich nur in mündlichem Nachtragsstil möglich, ist:

> *? Der Pianist gibt ein Konzert übermorgen.*

b) Verbadverbial

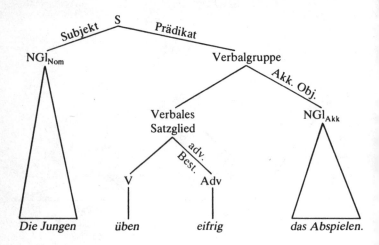

c) Verbalgruppenadverbial

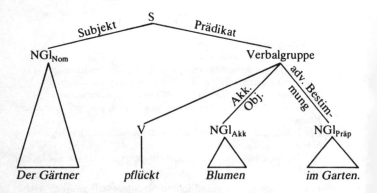

Übliche Stellungen:

Der Gärtner pflückt im Garten Blumen.
Der Gärtner pflückt Blumen im Garten. } (Verbalgruppenadverbial)
Aber: *Im Garten pflückt der Gärtner Blumen.* (Satzadverbial)

Hier wird betont, daß der Gärtner die Blumen *im Garten* pflückt. Das Geschehen ist, daß der Gärtner Blumen pflückt, und dieses ganze Geschehen wird durch *im Garten* näher bestimmt. In den anderen Sätzen wird dagegen ausgedrückt, daß der Gärtner etwas tut, und dieses Tun ist *Blumen pflücken,* und das wird näher bestimmt hinsichtlich des Ortes.

d) Adverbielle Bestimmung eines Attributes und einer adverbiellen Bestimmung

Der Satz heißt:

Die überaus *große Nachfrage wird* sehr *schnell befriedigt.*

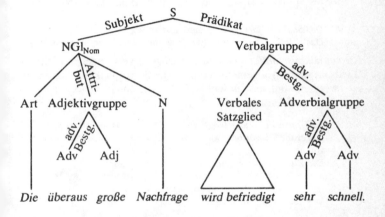

In der Adverbialgruppe ist *schnell* Kopf der Konstruktion, *sehr* die nähere Bestimmung zu *schnell.*

§ 122 Leistungsgleiche Konstruktionen

Adverbielle Bestimmungen als Infinitive oder als Partizipien lassen deutlich erkennen, daß ihnen ein Satz zugrundeliegt. Deshalb spricht man von *satzwertigen* Konstruktionen.

Infinitivkonstruktionen können an der Stelle von Adverbialsätzen stehen, wenn diese durch die Konjunktionen *damit, ohne daß, anstatt daß, als daß* oder mit konsekutivem *daß* eingeleitet sind.

Weitere Bedingungen sind:
– das Subjekt des zugrundeliegenden Gliedsatzes ist identisch mit dem Subjekt des Hauptsatzes:

> Er trank das Glas aus, ohne abzusetzen.
> Er trank das Glas aus, ohne daß er es absetzte.

– oder das Subjekt des zugrundeliegenden Gliedsatzes ist identisch mit dem logischen Subjekt des Hauptsatzes, das grammatisch oft Objekt ist:

> Das Schiff ist (mir) groß genug, die Fahrt zu wagen.
> Das Schiff ist (mir) groß genug, daß ich die Fahrt wage.

– oder als Subjekt des zugrundeliegenden Gliedsatzes steht man:

> Das Schiff ist groß genug, die Fahrt zu wagen.
> Das Schiff ist groß genug, daß man die Fahrt wagt (wagen kann).

Partizipialkonstruktionen können freizügiger verwendet werden; ein Gliedsatz kann im allgemeinen durch eine Partizipialkonstruktion ersetzt werden, wenn das Subjekt im Hauptsatz und im zugrundeliegenden Gliedsatz identisch ist.

> Im Konzerthaus angelangt, ging der Pianist ins Künstlerzimmer.
> Als er im Konzerthaus angelangt war, ging der Pianist ins Künstlerzimmer.
> Die Zuhörer klatschten,   von der Musik begeistert,
> weil sie (die Zuschauer) von der Musik begeistert waren,
> lang und anhaltend Beifall.

Ebenso oft ist es möglich, konjunktionale Gliedsätze in nominale Satzglieder zu verwandeln (Nominalisierung).

> Weil er zu spät kam, konnte er nicht mitspielen. Wegen seines Zuspätkommens konnte er nicht mitspielen.
> Die Bundesstraße 1 ist zwischen Essen-Kray und Wattenscheid wegen Instandsetzung der Teerdecke nur einspurig befahrbar.
> Die Bundesstraße 1 ist zwischen Essen-Kray und Wattenscheid nur einspurig befahrbar, weil die Teerdecke instand gesetzt wird.

Bei solchen Nominalisierungen kann man auch in den Wörtern lexikalisch abweichen [→ auch § 125,4]:

> Trotz Aufräumungsarbeiten nach einem Unfall kann die Unfallstelle vierspurig passiert werden.

Obwohl nach einem Unfall aufgeräumt wird, kann die Unfallstelle vierspurig passiert werden.

Bei Nominalisierungen wird statt der *Konjunktion* eine *Präposition* mit gleicher oder ähnlicher Bedeutung verwendet.

Beispiele:

Konjunktion	Präposition
weil	*wegen*
obwohl	*trotz*
nachdem	*nach*
während	*während*
wenn	*bei*
indem	*durch*

Durch Umformungen – die stilistische Varianten darstellen – wird deutlich, daß die adverbiellen Bestimmungen grundsätzlich in Einzelsätzen ausgedrückt werden können, daß es sich also um das Einbetten von Sätzen mit adverbialer Funktion und Leistung in übergeordnete Sätze handelt:

Um fünf Uhr abends war die Fahrbahn geräumt.
Als es fünf Uhr abends war, war die Fahrbahn geräumt.
Es war fünf Uhr abends. Die Fahrbahn war geräumt.
Gestern war die Autobahn für kurze Zeit gesperrt.
Es war gestern. Die Autobahn war für kurze Zeit gesperrt.

Anmerkung:
Hinter diesem Erklärungskonzept steht der Gedanke, daß alle Angaben Sätze in Sätzen sind. In der Transformationsgrammatik ist dieser Ansatz Grundprinzip aller strukturellen Analysen.

§ 123 SUBORDINIERENDE KONJUNKTIONEN

Während die Adverbien eine nähere Bestimmung des Geschehens von sich aus leisten und die präpositionalen Bestimmungen durch die Präposition angeschlossen werden, werden die adverbiellen Gliedsätze durch *subordinierende Konjunktionen* angeschlossen. Deshalb sind auch die subordinierenden Konjunktionen in ihrem Bedeutungsgehalt den Präpositionen sehr ähnlich (vgl. o.) und den Inhaltskategorien der Adverbien vergleichbar, d. h. sie sind in ihrem semantischen Gehalt modal, kausal oder temporal, nicht jedoch lokal (s. Anm.).

Besondere inhaltliche Leistungen erbringen die subordinierenden
Konjunktionen hinsichtlich der logischen Bezüge und Verknüpfungen. Dazu gehören neben den kausalen, finalen, konditionalen usw.
Beziehungen auch die der relativen Zeiten (Abfolge oder Nacheinander). Neben diese Leistungen treten spezifisch konjunktionale Leistungen wie bei den koordinierenden Konjunktionen [→ § 117].

> Anmerkung:
> Für den Lokalbereich gibt es keine Adverbialsätze, wohl aber
> Sätze, die eine Raumergänzung sind:
> *Hamburg liegt an der Elbe.*
> *Hamburg liegt, wo die Alster in die Elbe fließt.*
> [→ auch §54, 87, 127]

In der folgenden Aufstellung sind die Konjunktionen nach Inhaltskategorien geordnet – zur Demonstration des vielfältigen Gebrauchs
mit Beispielen. Zu den Konjunktionen werden auch um Adverbien
und Präpositionen erweiterte Konjunktionen gerechnet, die dem
Sprecher viele Nuancierungsmöglichkeiten bieten. (Mehrfachzuordnungen sind möglich.)

Liste der subordinierenden Konjunktionen, nach Inhaltskategorien
geordnet:

a) adversativ (Gegensatz)
   – *während*; keine Gleichzeitigkeit

   > *Während wir voriges Jahr an der See waren, fahren wir dieses Jahr in
   > den Sommerferien in die Alpen.*

   – *anstatt daß*; Gleichzeitigkeit

   > *Anstatt daß wir an die See fahren, machen wir (lieber) in den Alpen
   > Urlaub.*

   Als Infinitivkonstruktion: *Anstatt an die See zu fahren, . . .*
   – *ehe*; Gleichzeitigkeit

   > *Ehe er sich einen neuen Anzug kauft, setzt er lieber beim alten Herzen
   > auf die Ellenbogen*

   – *als daß*; Gleichzeitigkeit, mit *lieber* oder *besser* im Hauptsatz

   > *Lieber bleibe ich zu Hause, als daß ich mich naßregnen lasse.*

b) final (auf ein Ziel, einen Zweck gerichtet)
– *daß, damit*

Sie fuhren schnell, $\left\{ \begin{array}{l} \textit{daß} \\ \textit{damit} \end{array} \right\}$ *sie pünktlich kämen.*

– *um zu;* mit Infinitiv

Sie fuhren schnell, um pünktlich zu kommen.

c) kausal (Grund betreffend)
– *da, weil*

$\left\{ \begin{array}{l} \textit{Da} \\ \textit{Weil} \end{array} \right\}$ *es schon so spät ist, muß ich nach Hause gehen.*

– *zumal;* nachgeschobene Begründung, Nachstellung des Gliedsatzes

Ich muß nach Hause gehen, zumal es schon so spät ist.
Nicht: ? *Zumal es schon so spät ist, muß ich nach Hause gehen.*

d) konditional (Bedingung betreffend)
– *ehe, bevor;* Nachzeitigkeit, Negation

$\left\{ \begin{array}{l} \textit{Ehe} \\ \textit{Bevor} \end{array} \right\}$ *hier nicht aufgeräumt ist, gibt es kein Fernsehen.*

– *sofern, falls wenn*

Der Wein wird dieses Jahr sehr gut, $\left\{ \begin{array}{l} \textit{sofern} \\ \textit{falls} \\ \textit{wenn} \end{array} \right\}$ *die Sonne noch zwei Wochen scheint.*

wenn doch; konditionaler Wunsch

O wenn doch die Sonne schiene!

– *je nachdem, ob . . . oder;* einschränkende Bedingung

Der Wein wird dieses Jahr mehr oder weniger gut, je nachdem, ob die Sonne noch zwei Wochen scheint oder nicht.

e) konsekutiv (Folge betreffend)
– *sodaß, so . . . daß, derart(ig), daß;* Gliedsatz als Nachsatz

Er haute auf die Pauke, sodaß einem die Ohren weh taten.
Er haute so auf die Pauke, daß einem die Ohren weh taten.
Er haute derart(ig) auf die Pauke, daß einem die Ohren weh taten.

– *zu . . . als daß, zu . . . um zu*

> *Er war zu sehr mit sich selbst beschäftigt, als daß er das Klingeln hätte hören können.*
> *Er war zu sehr mit sich selbst beschäftigt, um das Klingeln hören zu können.*

f) konzessiv (Einräumung)
   – *obwohl, trotzdem* (schwankend zur koordinierenden Konjunktion und zum Adverb, vgl. *Ich tue es trotzdem*)

> $\left\{\begin{array}{l}\textit{Obwohl} \\ \textit{Trotzdem}\end{array}\right\}$ *er Hunger hatte, aß er nichts.*

   – *wie . . . auch, soviel . . . auch*

> $\left\{\begin{array}{l}\textit{Wie} \\ \textit{Soviel}\end{array}\right\}$ *ich mich auch anstrenge, ich bekomme immer schlechte Noten.*

g) modal, mit Unterkategorien
   1) instrumental:
   – *indem, dadurch . . . daß, damit . . . daß*

> *Sie munterte uns auf, indem sie uns einen Schnaps brachte.*
> *Sie munterte uns* $\left\{\begin{array}{l}\textit{dadurch} \\ \textit{damit}\end{array}\right\}$ *auf, daß sie einen Schnaps brachte.*

   2) nähere Bestimmung:
   – *insofern (als), insoweit (als)*

> *Er leistete ordentliche Arbeit* $\left\{\begin{array}{l}\textit{insofern} \\ \textit{insoweit}\end{array}\right\}$ *(als) er jede Spante einzeln abschliff.*

   3) vergleichend, real oder irreal:
   – *als, wie, (so) . . . wie*

> *Er war stärker,* $\left\{\begin{array}{l}\textit{als} \\ \textit{? wie}\end{array}\right\}$ *wir vermutet hatten.* (real)
> *Ich tat, als merkte ich das nicht.* (irreal)
> *Die Sache verlief (so), wie gehofft hatte.*

   – *als ob, als wenn, wie wenn*

> *Er tat,* $\left\{\begin{array}{l}\textit{als ob} \\ \textit{als wenn} \\ \textit{wie wenn}\end{array}\right\}$ *es uns nicht gäbe.*

4) fehlender Begleitumstand:
– *ohne zu, ohne daß*

> *Er parkte im Parkhaus, ohne zu bezahlen.*
> *Er parkte im Parkhaus, ohne daß er bezahlte.*

5) einschränkend:
– *außer daß, nur daß*

> *Der Wagen war gründlich überholt,* { *außer* / *nur daß* } *er Roststellen hatte.*

– *soweit, soviel*

> { *Soweit* / *Soviel* } *ich sehe, hört es auf zu schneien.*

g) ein Verhältnis ausdrückend:
– *je . . . desto, je . . . um so*

> *Je näher er dem Ziel kommt,* { *desto* / *um so* } *aufgeregter wird er.*

h) temporal, mit Zeitgefügebestimmungen
– *als;* Gleichzeitigkeit, Vergangenheitstempora

> *Als sie zur Türe hinein kamen, gingen gerade die Lichter aus.*

– *bevor, ehe;* Nachzeitigkeit

> { *Bevor* / *Ehe* } *Cäsar den Rubikon überschritt, machte er einen, heute berühmt gewordenen, Ausspruch, daß die Würfel gefallen seien.*

– *bis;* Nachzeitigkeit

> *Bis du kommst, ist das Essen sicher fertig.*

– *kaum daß, sobald, sowie;* Vorzeitigkeit

> { *Kaum daß* / *Sobald* / *Sowie* } *er drin war, hatte er schon den Mantel ausgezogen.*

– *nachdem;* Nachzeitigkeit, häufig bei relativen Tempora

> *Nachdem er ins Haus gekommen war, zog er in aller Ruhe den Mantel aus.*

- *seitdem;* Gleichzeitigkeit bei durativen Verben im Präsens und Präteritum

  Seitdem ich nicht mehr soviel trinke, habe ich keine Kopfschmerzen mehr.

- *seitdem;* Vorzeitigkeit, nur bei perfektiven Verben im Perfekt und Plusquamperfekt

  Seitdem die letzte Flasche ausgetrunken ist, hat er keine neue mehr gekauft.

- *solange . . . (wie);* Gleichzeitigkeit, Dauer

  Solange (wie) das gute Wetter anhält, werden wir jeden Tag eine Wanderung machen.

- *so oft . . . (wie), (jedesmal) . . . wenn;* Gleichzeitig, wiederholend

  $\left\{\begin{array}{l}\textit{So oft (wie)}\\\textit{(Jedesmal) wenn}\end{array}\right\}$ *er in der Badewanne sitzt, singt er lauthals Evergreens.*

- *während;* Gleichzeitigkeit

  Während ich hier schreibe, spielen draußen Kinder Fußball.

- *wenn;* Vorzeitigkeit, Hauptsatz im Präsens, Gliedsatz im Perfekt und auch Gleichzeitigkeit

  Wenn er gekommen ist, gehen wir zusammen in den Zoo.

5.3   Gliedsätze für obligatorische Satzglieder

§ 124   DEFINITION UND STRUKTURPOSITION

Eine große Anzahl von Gliedsätzen, eigentlich aller außer den Adverbialsätzen [→ Kap. 5.2] und den Attributsätzen [→ § 130], stehen an der Stelle von obligatorischen Satzgliedern. Außer den verbalen Satzgliedern und damit der Verbalgruppe können alle anderen Satzglieder, also alle nominalen Satzglieder, durch Gliedsätze wiedergegeben werden. Solche Sätze können sehr unterschiedliche Erscheinungsformen haben und inhaltlich Unterschiedliches leisten:

> *Daß du mitsegeln willst, freut mich.*
> *Wer mitsegeln will, muß eine Schwimmweste anlegen.*

Wann es losgeht, hängt vom Wind ab.
Ich frage, ob wir bald ablegen.
Wir warten darauf, daß der Wind aufbrist.
Wir fahren, wohin der Wind uns weht.
Die Segelpartie dauert, solange es hell ist.
Der Nachrichtensprecher sagt, daß der Wind aus Nordwest kommen soll.
Das Dumme ist, daß der Motor manchmal Mucken hat.

Außer Gliedsätzen können für obligatorische Satzglieder auch Infinitivkonstruktionen stehen:

Wir beschließen, die Segel zu setzen.
Die Segel zu setzen, ist für Anfänger nicht einfach.

Selten – vor allem in indirekter Rede [→ § 158] – tritt auch ein unangeschlossener Hauptsatz an die Stelle eines Satzgliedes:

Der Nachrichtensprecher sagt, es wird heute nicht regnen.
Wind kommt auf, glaube ich.

Insofern, als alle obligatorischen nominalen Satzglieder durch Gliedsätze ersetzt werden können, spricht man bei diesen Sätzen nach ihrer Satzfunktion von *Subjektsätzen*, *Objektsätzen* (einschließlich Sätzen für präpositionales Objekt), *Ergänzungssätzen* und *Prädikativsätzen*. An den Strukturbäumen wird die Satzgliedfunktion deutlich.

Subjektsatz

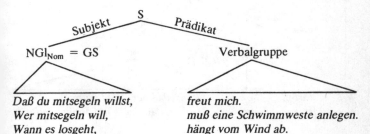

Objektsatz (Akkusativobjekt, direktes Objekt)

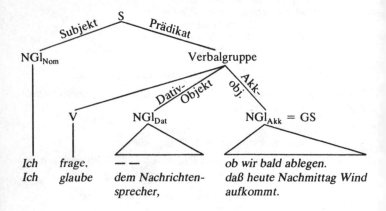

| Ich | frage, | — — | ob wir bald ablegen. |
| Ich | glaube | dem Nachrichten-sprecher, | daß heute Nachmittag Wind aufkommt. |

Objektsatz (präpositionales Objekt)

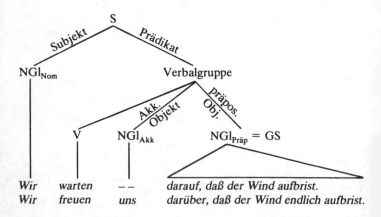

| Wir | warten | — — | darauf, daß der Wind aufbrist. |
| Wir | freuen | uns | darüber, daß der Wind endlich aufbrist. |

Ergänzungssatz (hier: Raumergänzung und Zeitergänzung)

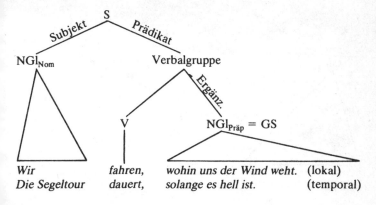

Wir	fahren,	wohin uns der Wind weht.	(lokal)
Die Segeltour	dauert,	solange es hell ist.	(temporal)

Prädikativsatz

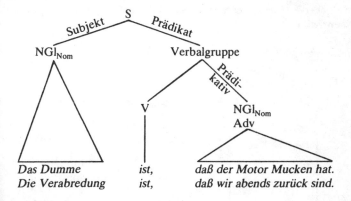

Das Dumme	ist,	daß der Motor Mucken hat.
Die Verabredung	ist,	daß wir abends zurück sind.

(Vergleiche:
Das Dumme sind die Mucken des Motors.
Die Verabredung ist unser Zurücksein am Abend.)

Subjektsatz und Ergänzungssatz

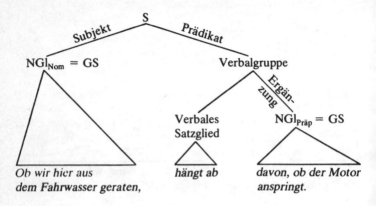

Unter bestimmten Bedingungen kann statt eines Gliedsatzes eine Infinitivkonstruktion stehen; das ist immer dann der Fall, wenn das Subjekt des Gliedsatzes mit dem Subjekt oder Objekt des Hauptsatzes identisch ist,

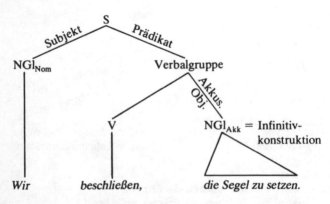

(Vergleiche: Wir *beschließen, daß* wir *die Segel setzen.*)

Einzelheiten und Einschränkungen werden in den folgenden Paragraphen, jeweils Zusammenhang mit den einzelnen Konstruktionen, behandelt [→ § 125 ff].

In den verschiedenen Grammatiken haben Gliedsätze, die an der Stelle von obligatorischen Satzgliedern stehen, je nach Betrachtungsaspekt verschiedene Bezeichnungen, und zwar unter dem Gesichtspunkt

– der Strukturposition: *Subjekt- und Objektsätze,* hier auch *Ergänzungssätze* und *Prädikativsätze;*
– ihrer Vertretereigenschaft: *Vertretersätze* oder *Inhaltssätze* (der Inhalt eines Satzgliedes wird durch einen Gliedsatz angegeben);
– des kommunikativen Zusammenhangs und der inhaltlichen Leistung: *indirekter Fragesatz, indirekte Rede (Woher er kommt, weiß ich nicht. – Es sagte, daß er komme.),* Modalsatz, Temporalsatz (diese Inhaltsbezeichnungen gelten dann auch für Adverbialsätze);
– der äußeren Erscheinungsform: *Gliedsatz,* mit *daß, ob* usw. (auch: *Nebensatz)* und *satzwertiger Infinitiv.*

§ 125 Subjektsatz und Objektsatz (direktes Objekt)

1. *daß, ob*
Subjekt- und Objektsätze werden mit *daß* eingeleitet, wenn das mit Gliedsatz Gesagte als eine Behauptung, ein gegebener Sachverhalt dargestellt wird; mit *ob* werden die Gliedsätze eingeleitet, wenn das Gesagte in Frage gestellt wird.
a) Subjektsätze (wer- oder was-Frage)

> *Daß sie zu spät kommen, ärgert uns.*
> *Daß sie zu spät kommen, ist ärgerlich. (ist-*Prädikation)
> *Ob sie zu spät kommen, wissen wir nicht.*
> *Ob sie zu spät kommen, ist ungewiß. (ist-*Prädikation)

b) Objektsätze (wen- oder was-Frage)
– direktes Objekt als Akkusativobjekt

> *Wir erfuhren leider zu spät, daß sie früher kommen würden.*
> *Wir wissen nicht, ob sie pünktlich sein werden.*

– im Prädikativ gibt es selten direkte Objektsätze,
Objektsätze vertreten dort Dativ-, Genitiv- oder präpositionales Objekt:

Er ist sicher, daß die Sache gut ablaufen wird.
(vgl.: *Er ist sich des guten Ablaufs der Sache sicher.*)
Er ist sich nicht sicher, ob die Sache gut ablaufen wird.

2. Satzwertiger Infinitiv mit *zu*

Der Infinitiv ist an der Stelle eines Subjekt- und Objektsatzes unter einer Reihe von Bedingungen möglich:

Grundsätzlich können satzwertige Infinitive nur an der Stelle von *daß*-Sätzen stehen.

Bedingungen sind weiter:

a) anstelle von *Subjektsätzen* steht der Infinitiv,
   – wenn das Subjekt des zugrundeliegenden Gliedsatzes identisch ist mit dem logischen Subjekt des Hauptsatzes:

   > *Die vielen Leinen des Segelbootes nicht zu verwechseln, freut den Anfänger.*
   > *Daß er die vielen Leinen des Segelbootes nicht verwechselt, freut den Anfänger.*

   – vor *ist*-Prädikationen, wenn als Subjekt des zugrundeliegenden Gliedsatzes *man* steht oder Identität des Subjektes gegeben ist:

   > *Die Segel zu setzen, ist für Anfänger nicht einfach.*
   > *Daß Anfänger die Segel setzen, ist für sie* (die Anfänger) *nicht einfach.*
   > *Auf den Kapitän zu hören, ist ratsam.*
   > *Daß man auf den Kapitän hört, ist ratsam.*

b) anstelle eines *Objektsatzes* steht der Infinitiv
   – wenn das Subjekt des zugrundeliegenden Gliedsatzes identisch ist mit dem Subjekt oder Objekt des Hauptsatzes:

   > *Er verspricht, abends den Hafen wieder anzulaufen.*
   > *Er verspricht, daß er abends den Hafen wieder anläuft.*
   > (Subjekt im Hauptsatz)
   > *Der Kapitän bittet den Smutje, das Essen zu richten.*
   > *Der Kapitän bittet den Smutje, daß er das Essen richtet.*
   > (Objekt im Hauptsatz)

   – bei Nominalisierungen von Verben und bei deverbativen Nomina, wenn das Subjekt des zugrundeliegenden Gliedsatzes identisch ist mit dem logischen Subjekt des Hauptsatzes:

   > *Seine Hoffnung,* $\left\{ \begin{array}{l} \textit{daß er Ostwind bekäme,} \\ \textit{Ostwind zu bekommen,} \end{array} \right\}$ *ging in Erfüllung.*

3. Subjekt- und Objektsätze mit Fragepronomen

Wer wagt, gewinnt. (Subjektsatz)
Was du sagst, klingt unglaublich. (Subjektsatz)
Es trifft, wen es trifft. (Objektsatz)
Ich sage, was ich will. (Objektsatz)
Er tat, wozu es ihn gelüstete. (Objektsatz)
Wohin er geht, ist unbekannt. (Subjektsatz, hier: indirekte Frage)
Wann die Fähre kommt, weiß ich leider nicht. (Objektsatz, hier: indirekte Frage)
Wielange wir warten müssen, hat er nicht gesagt. (Objektsatz, auch hier indirekte Fragefunktion angedeutet)

Anstelle eines Objektsatzes mit dem Fragepronomen *wie* steht auch der einfache Infinitiv:

Jörn lernt laufen. (Objektsinfinitiv)
Jörn lernt, wie man läuft.
Der Bademeister lehrt schwimmen. (Objektsinfinitiv)
Der Bademeister lehrt, wie man schwimmt.

[Zu den einfachen Infinitiven → auch modalähnliche Formen, § 75, 109].

4. Nominalisierung von Subjekt- und Objektsätzen

Die Subjekt- und Objektsätze können – wie alle Gliedsätze – nominalisiert werden in einem Rahmen, der durch die Wortbildung vom Verb zum Nomen und die Möglichkeit, Verbformen als Nomina zu gebrauchen, gesetzt wird. Die folgenden Beispiele sind aus den oben [§ 124 und § 125] aufgeführten Beispielsätzen paraphrasierend hergeleitet; man beachte den manchmal schwerfällig und distanzierend, manchmal aber auch ökonomisch knapp wirkenden Stil der Nominalisierungen. Zudem geht manchmal Modalbedeutung verloren:

Dein Mitsegeln freut mich.
Die Mitsegelnden müssen Schwimmwesten anlegen.
Das Lossegeln hängt vom Wind ab.
(Der Zeitpunkt des Lossegelns hängt vom Wind ab. (siehe unten, lexikalische Veränderung)
? Ich frage nach unserem baldigen Ablegen.
Wir warten auf das Aufbrisen des Windes.
Wir fahren in die Richtung, in die der Wind uns bläst. (s. u.)
? Die Segelpartie währt die Dauer der Helligkeit.
Der Nachrichtensprecher sagt den Wind aus Nordwesten (an).
? Das Dumme sind die manchmaligen Mucken des Motors.

Ich glaube den Nachrichten über das Aufkommen von Wind.
Ihr Zuspätkommen kümmert uns nicht.
Das Hören auf den Kapitän ist ratsam.
Das Setzen der Segel ist für den Anfänger schwierig.
? Der Wagende gewinnt.

Nicht selten muß bei der Nominalisierung das Material lexikalisch
verändert werden:

Vom wahrscheinlichen Drehen des Windes erfuhren wir leider zu spät.
Den Zeitpunkt des Auslaufens der Fähre weiß ich leider nicht.
Die Richtung (das Ziel) seines Gehens ist unbekannt.

5. Extraposition (Herausstellung) des Subjektsatzes
Man kann den Subjektsatz aus der Konstruktion des Gesamtsatz-
gefüges herausheben, indem man ihn an das Ende des Satzes stellt und
die freiwerdende Satzgliedstelle mit einem pronominalen Vertreterelement, meistens *es* oder demonstratives *der, die, das,* besetzt:

Es ist nicht gut für den Garten, daß es so wenig regnet.
Daß es so wenig regnet, ist nicht gut für den Garten.
Der(jenige) gewinnt, der wagt.

Ein solches Vorgehen nennt man *Herausstellen* oder *Extraponie-
ren.* Extraponiert wird häufig dann, wenn der Subjektsatz sehr lang
oder selbst ein Satzgefüge ist.

*Es ist betrüblich, daß sich die Wirtschaftslage derart ungünstig entwik-
kelt hat, daß eine Freisetzung von Arbeitskräften in einem gewissen
Umfang nicht mehr vermieden werden kann.*

6. Das demonstrative Vertreterelement bei Subjekt- und Objektsätzen.
Nicht selten begegnen auch Elemente wie *es* und *das* und *derjenige*
und *die Tatsache* als demonstrative Elemente unmittelbar vor dem
Subjekt- oder Objektsatz:

*Die Tatsache, daß sie schon wieder krank zu Bette liegt, gibt Anlaß
zu ernster Sorge.*
Daß er nicht pünktlich ist, das halte ich für ausgeschlossen.
Ich höre (es) morgen, ob ich mitfahren darf.

Manchmal ist ein *es* obligatorisch:

Er ist es überdrüssig, immer wieder dasselbe sagen zu müssen.

Die Beobachtung, daß ein solches demonstratives Element bei Subjekt- und Objektsätzen stehen kann und beim präpositionalen Objektsatz *(Ich halte dich* dazu *an, daß du wieder arbeitest.* s. u.) stehen muß, gibt Grund zu der Annahme, daß allen Sätzen, die obligatorische Satzglieder vertreten, eine Fügung mit demonstrativen Vertreterelementen zugrundeliegt. In der Transformationsgrammatik wird ein solches Element als grundsätzlich gegeben, aber unter bestimmten Bedingungen tilgbar angesetzt.

§ 126 OBJEKTSÄTZE FÜR DATIVOBJEKT, GENITIVOBJEKT UND PRÄPOSITIONALES OBJEKT

Die Objektsätze an der Stelle von indirekten Objekten (Dativ- und Genitivobjekten) und von präpositionalen Objekten sind in ihrem Auftreten und in ihren Erscheinungsformen den Subjekt- und Objektsätzen im engeren Sinne sehr ähnlich:

> *Sie folgten, wem sie vertrauten.* (Dativobjektsatz)
> *Er stand bei, wem er helfen konnte.* (Dativobjektsatz)
> *Plötzlich erinnerte er sich, daß er sie schon einmal gesehen hatte.* (Genitivobjektsatz, vgl. *Er erinnerte sich dessen, daß* . . . oder Präpositionalobjektsatz, vgl. *Er erinnerte sich daran, daß* . . .; zu den verschiedenen Satzmustern → §§ 93 ff.).
> *Er rühmt sich, daß er der Größte sei.* (Genitivobjektsatz)
> *Er vergewisserte sich, ob alles in Ordnung war.* (Genitivobjektsatz)
> *Er begnügte sich damit, daß er sie von ferne sehen durfte.* (Präpositionalobjektsatz)
> *Er reflektierte darauf, daß er befördert würde.* (Präpositionalobjektsatz)
> *Er zweifelt daran, daß sie zu ihm zurückkehren würde.* (Präpositionalobjektsatz)

Hinsichtlich der Infinitivierung und Nominalisierung gelten die gleichen Bedingungen wie bei den Subjekt- und Objektsätzen (direktes Objekt), also für satzwertige Infinitive die Beschränkung auf *daß*-Sätze, Subjektkongruenzen usw. [→ § 125].

Im Dativ sind nur Fügungen möglich, die sehr nahe an die Leistung – nicht Funktion! – des Relativsatzes herankommen. Entsprechend ist ein demonstratives Element *dem, der, demjenigen* usw. fast obligatorisch oder jedenfalls mitgedacht.

> *Sie folgten* (demjenigen), *dem sie vertrauten.*

Mit einem solchen demonstrativen Element kann allerdings auch dann ein Anschluß erfolgen, wenn der Gliedsatz seinerseits nicht mit einem Pronomen im Dativ eingeleitet werden muß:

Er unterlag dem, den er besiegen wollte.

[Zum relativischen Anschluß → § 54].

Bei den präpositionalen Objektsätzen ist das Vertreterelement, häufig ein sogenanntes Pronominaladverb [→ § 87], fast obligatorisch, zumindest üblich (siehe die obigen Beispiele).

In der *ist*-Prädikation sind an der Stelle von Dativobjekten und bei Adjektiven, die den Dativ, Genitiv oder einen Präpositionalkasus regieren [→ Liste § 80], Objektsätze möglich, als direktes Akkusativobjekt jedoch nicht. In der Regel steht ein Vertreterelement:

Er ist (es) wert, $\left\{ \begin{array}{l} \textit{daß er gefördert wird.} \\ \textit{gefördert zu werden.} \end{array} \right\}$

Er ist würdig, $\left\{ \begin{array}{l} \textit{daß er die Festrede hält.} \\ \textit{die Festrede zu halten.} \end{array} \right\}$

Sie ist es überdrüssig, $\left\{ \begin{array}{l} \textit{daß sie die Kleinarbeit immer allein macht.} \\ \textit{die Kleinarbeit immer allein zu machen.} \end{array} \right\}$

Sie ist daran interessiert, daß die Sache vorankommt.

Sie ist es gewohnt, $\left\{ \begin{array}{l} \textit{daß sie sich anstrengt.} \\ \textit{sich anzustrengen.} \end{array} \right\}$

Der Gliedsatz bzw. Infinitiv entspricht hier einem Akkusativobjekt, vgl.

Sie ist die Anstrengung gewöhnt.

§ 127   ERGÄNZUNGSSÄTZE

Wegen ihrer inhaltlichen Leistungen – Raum-, Zeit-, und Modalaussagen zu machen – werden die Ergänzungssätze häufig mit Adverbialsätzen verwechselt. Kriterium für die Einstufung als Ergänzungssätze ist wie bei den Ergänzungen, daß sie obligatorisch sind, d. h. vom Verb oder Adjektiv in der *ist*-Prädikation gefordert werden.

Zum Anschluß von Ergänzungssätzen werden Konjunktionen benutzt, aber auch die sogenannten Pronominaladverbien [→ § 87, § 123]:

Die Segeltour dauerte, solange es hell war. (temporal)
Das Schiff liegt, wo es gestern vertäut wurde. (lokal)
Das Segelboot fährt, wohin der Wind es treibt. (lokal)

Sie wohnt, wo *Milch und Honig fließen.* (lokal)
Sie ist, wie *man es nicht erwartet hätte.* (Prädikativ, modal)
Er bleibt, solange *er will.* (Prädikativ, temporal)
Er ist wohnhaft, wo *der Neckar in den Rhein fließt.*
(Ergänzung in der *ist*-Prädikation)

§ 128 INDIREKTE FRAGESÄTZE

Eine Reihe von Gliedsätzen, die für obligatorische Satzglieder stehen, können von ihrer kommunikativen Funktion als indirekte Fragen aufgefaßt werden.

Eine indirekte Entscheidungsfrage ist der Subjekt- oder Objektsatz mit *ob.* Obwohl von einer Konjunktion eingeleitet, wird auf die Unsicherheit hinsichtlich einer Entscheidung hingewiesen. Das kommt im Verb des Hauptsatzes zum Ausdruck.

Ob er heute noch einmal anruft, weiß ich nicht.
Ich fragte, ob er meine Telefonnummer notiert habe.

Häufig ist der Charakter der indirekten Frage des Gliedsatzes angezeigt, vergleiche:

Ob er mitfährt, bezweifle ich.
? Ich bezweifle, ob er mitfährt.
aber:*Ich bezweifle, daß er mitfährt.*

Bei diesen Sätzen kann kein demonstratives Vertreterelement stehen:

*Ich fragte das, ob er mitkommt.

Das demonstrative Vertreterelement kann auch nicht beim zweiten Typ des indirekten Fragesatzes stehen, der mit einem Interrogativpronomen *(wer, was)* bzw. einem sogenannten Pronominaladverb *(woher, wie lange, . . .)* eingeleitet wird:

Wer es ist, weiß ich nicht.
Ich frage, was wir tun sollen.
Wir bitten um Mitteilung, wie lange die Besprechung dauern soll.
Man konnte nicht feststellen, woher der Unfallwagen gekommen war.
aber: *Wer wagt, gewinnt.*
umformbar in: *Derjenige, der wagt, gewinnt.* und deshalb kein indirekter Fragesatz. [Zum Fragen als Sprechakt → § 155]

5.4   Attribuierung

§ 129   BEGRIFF UND LEISTUNG DER ATTRIBUTIERUNG

Mit *Attributen* werden Personen und Sachen, Begriffe und Kon-
zepte – alle Nomina und eingeschränkt auch Pronomina [→ § 130,
Pkt. 10] – gekennzeichnet. Der deutsche Name *Beifügung* ist eine
Übersetzung von Attribut (lat. attribuere = zuteilen) und kennzeich-
net diese Leistung, wenn man von der Beschränkung auf Nomina und
Pronomina absieht, durchaus zutreffend: das Attribut ist eine nähere
Bestimmung. Strukturell ist das Attribut immer Teil eines nominalen
Satzgliedes, eingebettet in ein übergeordnetes nominales Satzglied. Es
ist selbst ein Satzglied zweiter Ordnung.

> Anmerkung 1:
> In manchen Grammatiken wird die Ansicht vertreten, daß
> auch die nähere Bestimmung von Adjektiven und Adverbien
> als Attribut anzusehen ist. Wegen der eindeutig adverbialen
> Kategorie dieser Bestimmungen werden sie von uns – wie von
> einer Reihe anderer Autoren – als adverbielle Bestimmungen
> eingestuft [→ § 79,7].
> recht *hoch,* sehr *dünn,* ziemlich *dick,*
> intensiv *rot, rot* wie Blut, . . .

> Anmerkung 2:
> Ob man adjektivisch gebrauchte Pronomina der Funktion
> nach als Determinativa oder als Attribute auffaßt, ist eine
> willkürliche Entscheidung. Auf jeden Fall bestimmen sie das
> Nomen näher. Insofern die Pronomina häufig nach einem
> Artikel oder nach einem Demonstrativpronomen stehen und
> z. T. auch adjektivisch flektiert werden, rechnen wir sie zu
> den Attributen. – Insofern sie, wenn sie allein vor dem No-
> men stehen, stark flektieren [→ § 82], werden sie manchmal
> als Determinativa aufgefaßt, also den Artikeln gleichgesetzt.

§ 130   ERSCHEINUNGSFORMEN DER ATTRIBUTE

Die vielfältigen Erscheinungsformen der Attribute werden zunächst unter strukturellen Gesichtspunkten aufgeführt.
1. Vorangestelltes Adjektiv, Numeral oder Pronomen:

> *der* grüne *Baum* – *ein* kluger *Gedanke* – fünf *Minuten* – *die* wenigen
> *Augenblicke* – irgendein *Dummkopf* – *der* väterliche *Rat*

2. nachgestelltes unflektiertes Adjektiv oder Adverb (z. T. altertümlich poetisch):

   bei einem Wirte wundermild – der Baum, grün . . . – der Baum dort

3. nachgestelltes flektiertes Adjektiv:

   der Baum, ein grüner, . . . – der Rat, der väterliche, . . . –

4. nachgestelltes oder vorangestelltes nominales Satzglied im Genitiv:

   der Rat des Vaters – des Vaters Rat

5. nachgestelltes, selten vorangestelltes, nominales Satzglied mit
Präposition:

   *der Baum von grüner Farbe – der Rat von dem Vater – mit der roten
Mütze das Mädchen*

6. vorangestelltes oder nachgestelltes nominales Satzglied im gleichen Kasus (Kasuskongruenz):

   a) vorangestellt sind Vornamen, Verwandtschaftsbezeichnungen,
   Berufe und Titel

   Josef Maier – Onkel Franz – Lehrer Bolte – Dr. Müller aber süddeutsch: *der Maier Sepp*

   b) vorangestellt sind Maß- und Mengenangaben

   zwei Meter Stoff – fünf Sack Mehl – ein Faß Bier

   c) nachgestellt sind Datumsangaben

   am Sonntag, dem 6. September – Mittwoch, der 21. 4.

   d) nachgestellt sind nominale Satzglieder (Nomina oder Pronomen), die mit *namentlich, und zwar, das heißt, besonders, nämlich, als, wie* angeschlossen sind:

   die wichtigsten Mitglieder der Regierung, $\left\{\begin{array}{l}\text{namentlich}\\\text{besonders}\\\text{und zwar}\\\text{das heißt}\\\text{nämlich}\end{array}\right\}$ *die Minister,*
   werden gebeten . . .
   *du als mein Freund – das Adjektiv als solches – in Zeiten wie diesen –
   ein Mann wie ein Schrank*

7. Relativsatz (Gliedsatz), der immer nachgestellt ist

   der Baum, der grünte und blühte, . . .
   der Rat, den der Vater gegeben hatte, . . .

8. nachgestellter selbständiger Satz (Parenthese)

> *der Baum – er war grün – . . .*
> *der Rat, er kam vom Vater, . . .*

9. konjunktionale Gliedsätze sowie uneingeleitete Gliedsätze, die ein Nomen näher bestimmen

> *Ich vertrete die Meinung, daß man die Schule renovieren sollte. (Welche Meinung? – daß man . . .)*
> *Ein Jahr, nachdem der Bau fertiggestellt war, konnten sie endlich einziehen.*
> *Meine Frage, was geschehen sei, wurde nur zögernd beantwortet.*
> *Die Ansicht, wir seien aus dem Schlimmsten heraus, ist irrig.*

10. Nach einem Pronomen können attributiv gebraucht werden
   a) ein Nomen

   > *wir Menschenkinder; uns, den Studenten;*
   > *denen – den Hochschullehrern – . . .*

   b) ein nominal gebrauchtes Adjektiv oder Numeral

   > *ihr guten; wir beide; wir elf*

   c) Adverbien

   > *du da drüben; ihr da unten; jene dort oben*

   d) ein nominales Satzglied mit Präposition

   > *wir von der Waterkant; uns von der schnellen Truppe*

   e) Anschluß mit *als* [vgl. § 130, Pkt. 6 d] aber nicht mit *wie*

   > *sie, als gute Sportsleute, . . .*

   f) ein Gliedsatz

   > *wir, die wir es besser wissen, . . .*
   > *wir – wir wissen es schließlich besser –*
   > *wir, obwohl wir es besser wissen*

§ 131   Die Apposition als Sonderform der Attribution

Unter *Apposition* (Deutsch etwa *Beistellung*) wird zweierlei verstanden:
a) im syntaktischen Sinne einer nominale oder pronominale Form des Attributs, die im gleichen Kasus wie das Beziehungswort steht;

b) im kommunikativen Sinne ein mit Nachdruck hinzugefügter, syntaktisch nachgestellter Zusatz (funktionale Apposition); der Nachdruck des Hinzufügens wird nicht nur durch die Nachstellung, sondern auch durch Intonation (kurze Sprechpause) bzw. oft durch Satzzeichen (Kommata oder Gedankenstriche) ausgedrückt.

Vergleiche:

keine Apposition im funktionalen Sinne	funktionale Apposition
Karl der Große	*Karl, der Große, . . .*
Ludwig das Kind	*Ludwig, das Kind, . . .*
die Landeshauptstadt Kiel	*Kiel, die Landeshauptstadt (von Schleswig Holstein), . . .*
ein Sack Kartoffeln	*Kartoffeln, ein Sack, . . .*
der Professor Dr. Schulze	*Schulze – der Doktor und Professor – Dr. Schulze, der Professor, . . .*
der Vorsitzende des Taubenzüchtervereins Petersen	*(Herr) Petersen, der Vorsitzende des Taubenzüchtervereins, . . .*
	der Vorsitzende des Taubenzüchtervereins, Herr Petersen, . . .
	Herr Petersen, Vorsitzender des Taubenzüchtervereins, . . .
–	*der Messebesucher, der staunende*
die Stine aus Hamburg	*Stine, die aus Hamburg, . . .*

Der nachdrückliche Anschluß kann auch semantisch durch ein Wort ausgedrückt werden [→ § 130, Pkt. 6 d].

§ 132 DAS GENITIVATTRIBUT: LEISTUNGEN

Die Genitivattribute, die die *weitaus wichtigste Verwendung des Genitivs* im Deutschen darstellen, drücken sehr verschiedene Verhältnisse zwischen Attribut und Bezugsnomen aus. Nicht immer sind sie ohne Kontext richtig aufzulösen.

Viele durch den attributiven Genitiv ausdrückbare Beziehungen werden heute durch präpositionale Konstruktionen ausgedrückt:

das Auto meines Freundes – das Auto von meinem Freund

Die inhaltlichen Beziehungen im einzelnen (z. T. aus der lateinischen Grammatik bekannt, z. T. in neuerer Zeit mit speziellen lateinischen Namen belegt) sind:

a) Genitiv des Besitzes oder der Zugehörigkeit (genitivus possessivus)

> *das Auto meines Freundes* (Besitz)
> *die Freundin meines Freundes* (Zugehörigkeit)

b) Genitiv des Geschehnisträgers (genitivus subjectivus)

> *die Vorlesung des Professors* – *der Professor liest vor*

c) Genitiv als Objekt (Ziel oder Betroffener; genitivus objectivus)

> *die Verlesung des Textes*
> *der Text wird/wurde verlesen, jemand verliest/verlas den Text*

d) Genitiv des Verursachers (genitivus auctoris)

> *das Bild des Malers* – *der Maler hat das Bild gemalt*

e) Genitiv des Bewirkten

> *der Maler des Bildes*
> *das Bild wurde von dem Maler gemalt*

(andere Mitteilungsperspektive als d, siehe Auflösung in einen Aktivsatz in d, in einen Passivsatz in e)

f) Genitiv des Teiles (genitivus partitivus)

> *ein Drittel des Gehalts*
> *ein Drittel ist ein Teil vom Gehalt*

g) Genitiv der Eigenschaft, des Merkmals, der Definition (genitivus qualitatis)

> *die Mühe des Korrekturlesens* – die Mühe ist das Korrekturlesen
> *das Laster der Trunksucht* – das Laster ist die Trunksucht
> *der Held der Arbeit* – das Heldsein ist durch Arbeit begründet
> *ein Politiker des Ausgleichens* – der Politiker ist durch die Eigenschaft gekennzeichnet, daß er ausgleichend wirkt.

Die genannten Bedeutungsbeziehungen lassen sich auch bei Komposita feststellen [→ Wortbildung § 140a und d].

§ 133   DIE STRUKTURELLE POSITION DES ATTRIBUTS

Die Attribute gehören immer zu nominalen Satzgliedern; sie sind also Satzglieder zweiter Ordnung. Unterschieden wird zwischen dem Beziehungsnomen vorangestellten und nachgestellten Attributen, die vor oder nach dem Beziehungswort in das nominale Satzglied eingebettet werden.

Vorangestelltes Attribut:

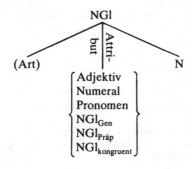

Nachgestelltes Attribut:

§ 134   LEISTUNGSGLEICHE ATTRIBUTKONSTRUKTIONEN: DER PROZESS
DER ATTRIBUTION

Ähnlich wie die adverbiellen Bestimmungen sind die verschiedenen
Formen des Attributs jeweils als eigene Aussage auflösbar:

> *Der blühende Baum steht im Garten.*
> *Der Baum steht im Garten. Er blüht.*

Auch die verschiedenen Erscheinungsformen als Satz, Satzglied
oder einfaches Wort zeigen an, daß das Hinzufügen von Attributen als
ein Prozeß der Einbettung einer Aussage – der des Attributs – in eine
andere Aussage – des nominalen Satzglieds – verstanden werden
kann. Diesen Prozeß nennen wir *Attribution.*

Die verschiedenen Erscheinungsformen sind häufig (stilistische)
Varianten einer gleichen Grundaussage, wie die folgende Umfor-
mungskette zeigt:

> *Der Baum steht im Garten. Der Baum blüht.*
> *Der Baum – der blüht – steht im Garten.* (Parenthese)
> *Der Baum – er blüht – steht im Garten.* (Parenthese)
> *Der Baum, der blüht, steht im Garten.* (Relativsatz)
> *Der Baum, der blühende, steht im Garten.* (Apposition)
> *?Der Baum – blühend – steht im Garten.* (Apposition als nachgestell-
> tes Adjektiv)
> *Der blühende Baum steht im Garten.* (Adjektiv)
> *Der Baum, in voller Blüte, steht im Garten.* (Apposition, präpositio-
> nales Satzglied).
> aber: *Der Baum steht in voller Blüte im Garten.* ist adverbielle Be-
> stimmung.

5.5   Pronominalkonstruktionen

§ 135   PRONOMINALISIERUNG

A   Leistung und strukturelle Voraussetzungen

Der Begriff *Pronominalisierung* bezeichnet den Prozeß des Einfüh-
rens von Pronomina, die ein Nomen ersetzen, und zwar von Personalpronomina der 3. Person, von Demonstrativpronomina, Possessivpronomina, reflexiven *(sich)* und wechselrückbezüglichen *(einander)*
Pronomina und Pronominaladverbien mit *da-.*

Mit diesen ersetzenden Wörtern stellt der Sprecher (Schreiber) *Sprach- und Situationskontextbezüge* her, und zwar sowohl innerhalb des Satzes als auch über die Satzgrenzen hinaus im Text. Die Pronomina sind auch *textkonstituierende* Mittel.

Regeln der Pronominalisierung lassen sich vor allem für sprachkontextgebundene Pronominalisierungen angeben. Situationsgebundene Pronominalisierungen sind stark an Zeigegesten gebunden und treten überwiegend in mündlicher Wechselrede auf.

Das Verwenden von Pronomina ist an die Voraussetzung gebunden, daß dem Sprecher und – im Sinne einer Sprechervermutung – auch dem Hörer das durch ein Pronomen ersetzte Nomen bzw. nominale Satzglied gegenwärtig ist. Das bedeutet für den sprachlichen Kontext, daß das Nomen genannt sein muß:

> Klaus *fährt nach Hamburg, weil* er *dort* seine *Mutter besuchen will.*
> Er *kauft* sich *eine Rückfahrkarte.*
> Dahinter steht: Klaus *fährt nach Hamburg, weil* Klaus *dort* Klausens *Mutter besuchen will.* Klaus *kauft* Klaus *eine Rückfahrkarte.*

Die Bedingung dafür, daß ein Nomen bzw. ein nominales Satzglied durch ein Pronomen ersetzt werden kann, ist, daß die Personen, Sachverhalte, Dinge, Begriffe usw., auf die Bezug genommen wird, jeweils *identisch* sind. Man spricht hier von der Voraussetzung der *Referenzidentität*. Entsprechend richten sich Genus und Numerus des Pronomens nach der Bezugsgröße, nach dem Beziehungswort. – Textpassagen, auch längere, und Sachverhalte werden zusammenfassend mit *dies* oder *dieses* aufgegriffen:

> *Dieses war es, was ich sagen wollte.*

Im Regelfall wird im Text das Nomen oder der Sachverhalt zuerst genannt und später durch ein Pronomen wieder aufgegriffen, wenn der Bezug eindeutig ist.

> *Ilsebill salzte nach. Dies überraschte ihn nicht.*

Nur bei vorangestelltem Gliedsatz kann das Pronomen vor der Einführung des Bezugsnomens stehen (sogenannte Rückwärtspronominalisierung):

> *Damit er den Zug noch'erreicht, nimmt Klaus ein Taxi.*
> Aber nicht: *Er bestellt ein Taxi, damit Klaus den Zug noch erreicht.*

Im zweiten Beispiel wird mit dem Pronomen *er* auf jemand anders verwiesen als Klaus.

Bei der Rückwärtspronominalisierung geht der Sprecher davon aus, daß der Sinn des Gliedsatzes ohnehin erst im Zusammenhang mit dem Hauptsatz verstanden wird.

B   Reflexivierung

1. Wenn das Subjekt und das Objekt in einem Satz identisch sind, kann das Objekt durch ein Reflexivpronomen ersetzt werden (Regelfall):

> *Vater rasiert sich.*

Oft ist ein verstärkendes Pronomen *selbst, selber* erforderlich oder zumindest gebräuchlich:

> *Vater holt sich (selbst) das Bier.*

Bei einer Reihe von Verben ist die Identität zwischen Subjekt und Objekt des Satzes semantisch und strukturell festgelegt, es sind die sogenannten reflexiven Verben [→ § 95 b: Zusammenstellung der reflexiven Verben].

2. Gelegentlich begegnet das reflexive Pronomen auch in einem Zusammenhang, wo die volle Identität zwischen Subjekt und Objekt nicht gewahrt ist, weil zwei Subjekte genannt sind, die einander zum Objekt haben:

> *Friederike und Fritz lieben sich.*
> *Frieder und Fritz prügeln sich.*
> *Die Soldaten beschießen sich.*
> *Die Nachbarn helfen sich.*

Solche Scheinreflexivität läßt sich leicht auflösen, man kann das wechselrückbezügliche Pronomen *einander* einsetzen:

> *Friederike und Fritz lieben einander.*
> *Die Soldaten beschießen einander.*

Zugrunde liegen Sätze wie:

> *Friederike liebt Fritz. Fritz liebt Friederike.*
> *Die einen Soldaten beschießen die anderen Soldaten.*
> *Die anderen Soldaten beschießen die einen Soldaten.*
> *Die Soldaten beschießen Soldaten und werden selbst beschossen.*

C   Besonderheiten des Gebrauchs der Pronomina

1. Wenn das grammatische Geschlecht einer Person Neutrum ist, also vom natürlichen Geschlecht abweicht, dann gebraucht man das Perso-

nalpronomen *es*. Sobald aber der Name der Person genannt wird, geht man zum natürlichen Geschlecht über. Das gilt auch für das Possessivpronomen.

a) Das Mädchen *fuhr mit dem Karussell. Es hatte viel Spaß daran. Sein Bruder fuhr auch mit.*

b) Erika *hatte viel Spaß.* Sie *lachte laut und* ihre *Haare flogen im Wind.*

Zum natürlichen Geschlecht übergegangen wird auch, wenn im Text die Person über mehrere Sätze hinweg nur mit dem Pronomen genannt wird.

Das Mädchen *fuhr mit dem Karussell. Sein Bruder fuhr auch mit. Er fuhr auf dem Feuerwehrwagen, sie saß auf einem weißen Pferd.*

2. Wenn nominale Satzglieder mit Präpositionen Sachen, Begriffe oder Sachverhalte zum Inhalt haben, wird statt einer präpositionalen Fügung mit Personalpronomen das Adverb *da-* mit der entsprechenden Präposition als Pronominaladverb gebraucht:

Wir haben sehr schöne Ferien verlebt. Wir zeigen euch heute abend Bilder darüber. (über die Ferien)
Die Mannschaft hat einen großen Pokal gewonnen. Alle Spieler trinken daraus. (aus dem Pokal)

Man beachte, daß die Pronominaladverbien häufig auch situativ gebunden gebraucht werden:

Ich werde schon darüber hinweg kommen.

Diejenigen Pronomina, die den Genitiv fordern, sowie *ohne, gegenüber* und *seit* lassen sich nicht mit *da-* verbinden. Man setzt hier das Personalpronomen oder ein Demonstrativpronomen zusammen mit einer Präposition:

Ich habe ein neues Fahrrad. Ohne es könnte ich gar nicht mehr auskommen.
Ich kenne das Problem. Deswegen bin ich ja hier.

Bei *in* und *aus* steht *das, hin* oder *her:*

Sie können gerne ins Wasser springen. Heraus kommen sie hier aber so einfach nicht.

3. Für das Personalpronomen *es* als Genitivobjekt steht *dessen* für den Singular, *deren* für den Plural:

Ich finde den Vorfall auch recht peinlich. Dessen können Sie versichert sein.

§ 136 PRONOMINALVERSCHIEBUNG

Bei zitierter oder erwähnter Rede [→ § 158] ist oft ein Verschieben der Personenrollen notwendig: aus den Sprechern *(ich)* und Angesprochenen *(du)* der ursprünglichen Rede werden gleichermaßen Besprochene *(er, sie, es)* und umgekehrt in der Berichtrede. Das heißt: Personal- und Possessivpronomen müssen von der 1. und 2. Person in die 3. Person überführt, gelegentlich auch innerhalb der 3. Person verschoben werden. – Die Verhältnisse der Pronominalverschiebung in der indirekten Rede sind recht kompliziert und können eigentlich nur verstanden werden, wenn die Situation der Redeeinleitung in die Analyse einbezogen wird. Analysiert wird demnach: *wer* berichtet *wem* über *wen, wen* betreffend. Vier Regeln lassen sich formulieren.

1. Das Personalpronomen, welches das Subjekt der erwähnten oder zitierten Rede ist, richtet sich nach der Person, die in der Redeeinleitung als der Besprochene eingeführt wird oder die gegenwärtig ist.

   a) Er *sagte:* „Ich *fahre mit.“* (direkte Rede)
      Er *sagte, er führe* mit.* (erwähnte Rede)
      Dahinter steht:
      Er sagte zu mir über sich, er führe mit.
      Das heißt: *Er, über den ich rede, sagte zu mir, der ich das jetzt berichte, über sich, über den ich jetzt berichte, er käme.*
   b) Er *sagte:* „Er *fährt mit.“* (direkte Rede)
      Er *sagte, du führest mit.* (erwähnte Rede)
      Dahinter steht:
      Er sagte zu mir über dich, du führest mit.
      Das heißt: *Er, über den ich berichte, sagte zu mir, der ich berichte, über dich, dem ich es berichte und über den, der es gesagt hat, du führest mit.*
   c) Er *sagte:* „Er *fährt mit.“* (direkte Rede)
      Er *sagte, ich führe mit.* (erwähnte Rede)
      Dahinter steht:
      Er sagte zu dir über mich, ich führe mit.
      Das heißt: *Er, über den ich berichte, sagte zu dir, dem ich das jetzt (noch einmal) sage, über mich, der ich dir das jetzt sage, ich führe mit.*

---

* Wir verwenden in den Beispielsätzen den heute gebräuchlichen Konjunktiv II.

2. Wenn die angesprochene Person (der Hörer) der Redeeinleitung in der direkten Rede nicht Subjekt ist, steht sie in der erwähnten Rede in der gleichen Person wie in der Redeeinleitung.

a) Er *sagte:* „Ich *fahre zu dir.*" (direkte Rede)
Er *sagte,* er *führe zu mir.* (indirekte Rede)
Dahinter steht:
Er *sagte zu mir über sich,* er *führe zu mir.*
Das heißt: *Er, über den ich berichte, sagte zu mir, der ich berichte, über sich selbst, er wolle zu mir, dem jetzt Berichtenden, damals Angesprochenen.*

b) Er *sagte:* „Er *fährt zu dir.*" (direkte Rede)
Er *sagte,* ich *führe zu dir.* (indirekte Rede)
Dahinter steht:
Er *sagte zu dir über mich,* ich *führe zu dir.*
Das heißt: *Er, über den ich berichte, sagte zu dir, dem ich das jetzt (noch einmal) wiederhole, über mich, ich führe zu dir.*

c) Er *sagte:* „Er *fährt zu dir.*" (direkte Rede)
Er *sagte,* du *führest zu ihm.* (indirekte Rede)
Dahinter steht:
Er *sagte zu ihm über dich,* du *führest zu ihm.*
Das heißt: *Er, über den ich berichte, sagte zu ihm (einem Dritten) über dich, dem ich das jetzt sage, du führest zu ihm (diesem Dritten).*

3. Wenn die sprechende Person der Redeeinleitung identisch ist mit der Person, die in der direkten Rede nicht Subjekt ist, so steht sie in der Redeeinleitung und in der erwähnten Rede in der gleichen Person.

a) Er *sagte:* „Du *fährst zu mir.*" (direkte Rede)
Er *sagte,* ich *führe zu ihm.* (indirekte Rede)
Dahinter steht:
Er *sagte zu mir über mich,* ich *führe zu ihm.*
Das heißt: *Er, über den ich berichte, sagte zu mir, der ich jetzt berichte, über mich selbst, ich führe zu ihm, über den ich berichte.*

b) Ich *sagte:* „Er *fährt zu mir.*" (direkte Rede)
Ich *sagte,* er *führe zu mir.* (indirekte Rede)
Dahinter steht:
Ich *sagte zu jemandem über ihn,* er *führe zu mir.*
Das heißt: *Ich sagte zu jemandem (eventuell zu dir) über ihn, er käme zu mir (dem jetzt und damals Sprechenden).*

c) Du *sagtest:* „Er *fährt zu mir.*" (direkte Rede)
Du *sagtest,* er *führe zu dir.* (indirekte Rede)

Dahinter steht:
Du sagtest über ihn, er führe zu dir.
Das heißt: *Du, dem ich das jetzt – wiederholend – berichte, sagtest zu mir, der ich das jetzt berichte, er (ein Dritter) käme zu dir.*

4. Wenn die Person, die nicht Subjekt der direkten Rede ist, mit der zweiten besprochenen Person in der Zitiersituation identisch ist, so steht sie in derselben Person.

  a) Er *sagte:* „*Ich fahre zu ihm.*" (direkte Rede)
   Er *sagte, er führe zu dir.* (indirekte Rede)
   Dahinter steht:
   Er sagte zu dir über sich, im Hinblick auf mich, er führe zu mir.
   Das heißt: *Er, über den ich berichte, sagte zu dir, dem ich das jetzt sage, er führe zu mir, dem jetzt Berichtenden.*
  b) Er *sagte:* „*Ich fahre zu ihm.*" (direkte Rede)
   Er *sagte, er führe zu dir.* (indirekte Rede)
   Dahinter steht:
   Er sagte zu mir über sich, dich betreffend, er führe zu dir.
   Das heißt: *Er, über den ich berichte, sagte zu mir über dich, dem ich das jetzt berichte, er führe zu dir.*
  c) Er *sagte:* „*Ich fahre zu ihm.*" (direkte Rede)
   Er *sagte, er führe zu ihm.* (indirekte Rede)
   Dahinter steht:
   Er sagte zu mir über sich, im Hinblick auf einen Dritten, er führe zu ihm.
   Das heißt: *Er, über den ich berichte, sagte zu mir, der ich das jetzt berichte, im Hinblick auf einen Dritten, er führe zu diesem Dritten.*

5. Für das Possessivpronomen gilt nur Regel 1:

  a) Er *sagte (zu mir) (über seine Mutter):* „*Meine Mutter fährt auch mit.*"
   Er *sagte, seine Mutter führe auch mit.*
  b) Er *sagte (zu mir) (über deine Mutter):* „*Seine Mutter fährt auch mit.*"
   Er *sagte (zu mir) (über deine Mutter), deine Mutter führe auch mit.*
  c) Er *sagte (zu mir) (über meine Mutter):* „*Deine Mutter fährt auch mit.*"
   Er *sagte (zu mir) (über meine Mutter), meine Mutter führe auch mit.*

6. Wortbildung

§ 137 DIE EINHEITEN DER WORTBILDUNG: MORPHEME, MORPHEMKLASSEN

Unter strukturellen Gesichtspunkten sind Wörter sprachliche Einheiten, die aus kleineren Einheiten, den *Morphemen,* bestehen. Die *Morpheme* sind die kleinsten bedeutungtragenden Einheiten der Sprache. Sie sind unter drei Gesichtspunkten zu betrachten:
1. nach ihrer Gestalt, ihrer Form,
2. nach ihrer Bedeutung, ihrer semantischen oder grammatischen Leistung,
3. nach ihrer Wortfähigkeit und ihrer Stellung im Wort.

Zu 1 ‚Gestalt und Form‘:

Mit Form ist die lautliche Struktur der Morpheme gemeint. Morpheme werden durch Laute oder deren Verschriftung in Schriftzeichen wiedergegeben; man spricht dann von einem Morph. Morphe haben damit physikalische Qualität, d. h. sind als materielle Größen erfahrbar (hörbar, lesbar). [Zu den phonetisch-phonologischen Aspekten (Lautstruktur) und zur deutschen Rechtschreibung → Anhang Kap. 9].

Zu 2 ‚semantische und grammatische Leistung‘:

Unter inhaltlichen Gesichtspunkten unterscheidet man grundsätzlich zwischen *autosemantischen* Einheiten, die selbst – für sich allein – Bedeutung tragen, und *synsemantischen* Einheiten, die Bedeutung nur in engerem grammatischen Verbund, meist in einem Wort, zusammen mit autosemantischen Morphemen haben. Man spricht bei den Autosemantika von Lexemen, bei den Synsemantika von grammatischen Morphemen und Wortbildungsmorphemen; die Übergänge sind oft fließend, z. B. bei suffixartigem *-weise.*

Bei den *Lexemen* sollte man zwischen den symbolsemantischen Bedeutungsträgern einerseits und den deiktischen (situations- und kontextsemantischen) Bedeutungsträgern andererseits unterscheiden. [Zur Semantik → Kap. 8.2, zu den deiktischen Wörtern jeweils Hinweise auf die Ich-Hier-Jetzt-Origo → § 89, und insbesondere bei Pronomina, Präpositionen und Konjunktionen.]

Die *grammatischen Morpheme* sind Flexionsmorpheme, die Tempus, Modus, Numerus, Kasus usw. anzeigen [→ dazu §§ 37, 44 ff Deklination und §§ 63 ff Konjugation].

Die *Wortbildungsmorpheme* schließlich haben einerseits grammatische Funktion – sie zeigen häufig Wortartzugehörigkeit an und neh-

men manchmal Flexionsaufgaben wahr (vgl. *Tag, tagen*) –, andererseits tragen sie zur Bedeutungsmodifikation der Lexeme bei, mit
denen zusammen sie ein neues Wort bilden [vgl. z. B. Aktionsarten
§ 59].

> Anmerkung:
> In der strukturalistischen Sprachwissenschaft, die den Auf-
> bau des Sprachsystems von den kleinsten Einheiten aus un-
> tersucht, hat man eine Vielzahl von Begriffen für verschie-
> dene Aspekte der Gestalt und Funktion der Morpheme
> entwickelt. So spricht man von Sememen, manchmal auch
> Noemen, als den abstrakten Bedeutungsgrößen, während die
> Lexeme die Verkörperungen in Lautgestalt meinen (die dann
> auch im Lexikon erscheinen). Man spricht von Tagmemen als
> Elementen einer Struktur (einer Taxonomie), von Monemen
> anstatt von Morphemen als Allgemeinbegriff usw. Auf diese
> an bestimmte sprachwissenschaftliche Schulen und deren
> Methoden und Untersuchungszielen gebundene Unterschei-
> dungen wird hier verzichtet.

Zu 3 Wortfähigkeit und Stellung im Wort
   Nach der Wortfähigkeit – der Fähigkeit, Wort zu sein – unterscheidet man zwischen *Stämmen* – sie sind immer Lexeme –, die den Kern
des Wortes bilden, und den an sie angelagerten *Präfixen* (vor dem
Stamm), *Infixen* (Einschüben) und *Suffixen* (hinter dem Stamm);
diese können Flexions- oder Wortbildungselemente sein; Infixe sind
manchmal auch nur Gleitlaute. Die Wortfähigkeit der Stämme bezieht sich prinzipiell auf die Grundform, nicht auf ab- und umgelautete
Wortformen. Die sog. „unikalen“ Morpheme wie *-lier-* in *verlieren*
oder *Him* – in *Himbeere* (altes *Hindebeere*) bleiben unberücksich-
tigt.
   Unter historischem Aspekt spricht man darüberhinaus von einer
Wurzel (oder mehreren Wurzeln) eines Wortes und meint damit
Stämme vergangener Sprachstufen.

> Beispiel:
> In *erlauben* sind die Wurzeln germ. **lub, liub, laub* mit der Grundbe-
> deutung *gut heißen* (vgl. heute *Lob, Glaube* usw.) und eine Wurzel
> ahd. *ur-, us-*, altnord. *or-, ur-* enthalten, die als Präposition *aus* und
> als Präfix *ursprünglich, anfänglich* bedeutet.
> Anmerkung:
> In manchen Grammatiken wird *Stamm* auch im Sinne der
> Grundform eines Wortes, des lexikalischen Lemmas ge-
> braucht: Stamm ist dann z. B. *glücklich* anstatt Stamm *glück*
> + Wortbildungssuffix *-lich*.

§ 138 WORTBILDUNG ALS GESCHICHTLICHER PROZESS, WORTBILDUNGSMUSTER

Wortbildung ist als (sprach)geschichtlicher Vorgang zu verstehen. Neue Wörter werden gebildet, weil sie von den Sprechern gebraucht werden, um neue Inhalte – neue Dinge, Konstrukte, Maschinen, Sachverhalte, geistige Konzepte, Begriffe – zu benennen oder Vorhandenes zu differenzieren. Urschöpfungen kommen fast nicht vor. Man greift auf vorhandene Wörter, Wortbildungselemente und Wortbildungsmuster zurück. Im Laufe der Sprachgeschichte wandeln sich die Bedeutungen von Wörtern und ebenso die Formen. Dabei ist in heutigen Wörtern oft weder die alte Bedeutung noch die alte Gestalt zu erkennen. Sehr häufig sind Formen im Präfix- und insbesondere im Suffixbereich abgeschliffen, sodaß z. B. in der Flexion die im Deutschen noch erhaltenen Endungen mehrere Flexionsleistungen zugleich repräsentieren (Tempus, Modus, Person usw. in den Konjugationsendungen, bzw. Genus, Kasus, Numerus in den Deklinationsendungen).

Auch alte Wortbildungspräfixe und -suffixe lassen sich heute teilweise nicht mehr erkennen, z. B. bei den schwachen Verben die alten *-jan, -ēn* und *-ōn* Endungen [vgl. Abschnitt Verb, Wortbildung § 61]. Schließlich gehen einige Wortbildungssuffixe auf alte Wörter zurück, die eine große Zahl von Zusammensetzungen bildeten. *-lich* ist z. B. altes germ. **lika* (Körper, vgl. *Leiche, Leichnam); -heit* ist ein altes Nomen, got. *haidus ,Art und Weise'*, altsächsisches *hed ,Stand, Würde'*, ahd. und auch noch mhd. *heit ,Person, Stand, Wesen, Beschaffenheit, Art und Weise'*.

Solche Zusammensetzungsreihen, die mehr und mehr Ableitungscharakter gewinnen, können wir auch heute noch feststellen: *-weise* ist heute schon Ableitungsmorphem für Adverbien, gleichzeitig als Nomen *die (Art und) Weise* noch vorhanden; auch das Suffix *-mal (einmal)* findet im Nhd. noch die Entsprechung in *Mal (zum ersten Mal)* und ist verwandt mit *Mahl (Zeitpunkt,* heute Zeitpunkt des Essens), ursprünglich hieß *Mal* so viel wie *Flecken* (heute noch als *Mal* bei Lauf- und Ballspielen, in *Denkmal* usw.).

Nach den *Wortbildungsmustern* kann man die Wörter in drei Klassen einteilen.

1. *Einfache Wörter,* die aus einem Lexem und möglicherweise einem Flexionsmorphem bestehen. Beispiele: *Sinn, gut, schreib/en.*

2. *Abgeleitete Wörter,* die aus dem Lexem, einem oder mehreren

Wortbildungsmorphemen und möglicherweise einem Flexionsmorphem bestehen. Beispiele: *sinn/lich, ver/güt/en, Be/schreib/ung.*

3. *Zusammengesetzte Wörter,* die aus mindestens zwei Lexemen, möglicherweise einem oder mehreren Wortbildungsmorphemen und Flexionsmorphemen bestehen. Beispiele: *Sinn/ge-dicht, gut/müt-ig, Blumen/topf, Topf/blume.*

Schließlich gibt es Grenzfälle, und zwar *Präfixbildungen,* die aus einem Lexem und möglicherweise einem oder mehreren Wortbildungs- und Flexionsmorphemen bestehen, wobei das Wortbildungsmorphem Präfix ist. Diese Wörter werden teilweise als abgeleitete, teilweise als zusammengesetzte Wortbildungen klassifiziert, Beispiele: *unschön, Urtier, verschreiben, vorschreiben.* Die Präfixe sind häufig Präpositionen, die beim Flektieren z. T. abgetrennt werden (trennbare Präfixe), man vergleiche: *vorschreiben – schreibt vor* und *verschreiben – verschreibt* (letzteres mit nicht trennbarem Präfix). In einigen Wortbildungslehren und Grammatiken werden solche Präfixbildungen bei trennbaren Präfixen als Zusammensetzungen und bei untrennbaren als Ableitungen behandelt. [Vgl. zu den Präfixen auch die Präpositionen §§ 89 ff. und die Wortbildung beim Verb § 60].

§ 139   ABLEITUNGEN (DERIVATIVA)

Ableitungen können nach Stellung und Anzahl der Morpheme und nach der Funktion der Wortbildungsaffixe betrachtet werden. Wortbildungsmorpheme können Präfixe wie *un-, ver-, zer-, ge-* usw. oder Suffixe wie *-ung, -lich, -ier(en), -igen, -eln, -ern* usw. sein. Sie können in großer Anzahl zusammen mit einem Stamm auftreten in *Unmenschlichkeit, Vermenschlichung* oder *Unverantwortlichkeit.* Interessanter als Anzahl und Stellung ist jedoch die Funktion der Wortbildungsmorpheme. Die meisten Wortbildungsmorpheme bestimmen die Wortart des entstehenden Wortes, wenn sie mit einem Lexem oder einem bereits abgeleiteten Wort kombiniert werden. Bei Suffixen trifft das generell zu: Wörter auf *-lich, -bar, -sam* sind Adjektive, Wörter auf *-ung, -keit, -chen, -er* usw. sind Nomina und Wörter auf *-ier(en), -eln* usw. Verben. Präfixe dagegen treten in Wörtern mehrerer Wortarten auf: *unklug, Unsinn, verlaufen, Verlauf.* In sprachgeschichtlicher Analyse kann man bei den Präfixen *be-, ent-, er-, mis-, ver-, zer-* zeigen, daß sie eindeutig zu Verben ableiten und daß Nomina, in denen sie in vorderster Position erscheinen, Deverbativa sind. In

sprach-systematischer Analyse ist ein solcher Ableiteweg nicht nach-
zuweisen. Nicht immer leiten jedoch Wortbildungsmorpheme Wörter
anderer Wortart ab. Häufig haben sie außerdem oder ausschließlich
eine semantische Funktion und bringen einen oder mehrere klar be-
stimmbare semantische Inhalte in das neugebildete Wort ein. Die Suffixe *-chen*, *-lein* z. B. geben dem im Lexem eines Wortes angesprochenen Referenten das semantische Merkmal „von kleiner Gestalt" hinzu
(in einer Reihe von Bildungen, meistens Deadjektiva, zeigt *-chen* eine
Koseform an, *-lein* eine Verniedlichung: *Liebchen, Dummchen,
Kindlein, Jesulein*), Das Präfix *un-* deutet auf ein negatives Gegenteil
des im Lexem ausgedrückten Sachverhaltes hin, *-eln* deutet auf itera-
tiven bzw. diminutiven Aspekt hin usw. Man hat demnach bei Wortbildungsmorphemen zwischen *grammatischer* und *semantischer
Funktion* zu unterscheiden. Daraus ergeben sich folgende Ableitungs-
vorgänge und Ableitungsmuster.

a) *Expansion:* der semantische Gehalt von Lexemen wird durch
Wortbildungsmorpheme verändert; die Wortart bleibt die gleiche wie
im einfachen Wort;

> Beispiele:
> *Kind – Kindchen, Kindlein*
> *schön – unschön*
> *schreiben – beschreiben, verschreiben*

b) *Derivation:* Lexeme, die in einfachen Wörtern in einer Wortart erscheinen, werden durch Kombination mit Wortbildungsmorphemen
in Wörter einer anderen Wortart umgewandelt. Dabei sind zwei
Grundtypen zu unterscheiden:
b 1) *funktionale Derivation:* das Wortbildungsmorphem hat nur
grammatische, wortartzuordnende Funktion, der semantische Inhalt
des Lexems gilt unverändert für das neue Wort:

> Beispiele:
> *verführen – Verführung = das Verführen*
> *beschreiben – Beschreibung = das Beschreiben*

b 2) *semantische Derivation:* das Wortbildungsmorphem hat grammatische und semantische Funktion; der semantische Inhalt des Lexems wird durch den semantischen Inhalt des Wortbildungsmorphems
modifiziert;

Beispiele:
schreiben – Schrift; Tag – tagen – Tagung
fahren, fuhr – Fahrt, Fahrer, Fuhre.

>   Anmerkung:
>   Zwischen den idealisierten Typen b 1 und b 2 ist nicht immer
>   leicht zu unterscheiden, zumal viele Wortbildungsmorpheme
>   in Wörtern beider Typen erscheinen, man vergleiche:
>   funktional: *verführen – Verführung*
>   semantisch: *umleiten – Umleitung* (im Straßenverkehr)

c) *geprägte Wörter:* viele der abgeleiteten Wörter haben ganz bestimmte, feste Bedeutungen und sind als neue Wörter lexikalisiert; bei
solchen geprägten Wörtern ist der semantische Gehalt des Lexems gegenüber dem Grundwort verschoben wie z. B. bei *Zeitung, Brandung*
und möglicherweise auch dem oben angeführten *Umleitung* (im Straßenverkehr) [→ zu solchen semantischen Verschiebungen §§ 147 f].
Solche geprägten, lexikalischen, dem Wortschatz angehörenden Formen können neben ad-hoc Bildungen stehen;

>   Beispiele:
>   *Schonung* =[1] ,Wald mit jungen zu schonenden Bäumen' und[2] ,Vor-
>   gang des Schonens'; *Leiter* =[1] ,Klettergerät' und[2] ,jemand, der etwas
>   leitet'. Geprägte Wörter treten ebenfalls beim Expansionstyp auf wie
>   z. B. *Reiterlein* =[1] ,kleiner Stern auf dem mittleren Deichselstern des
>   großen Wagens' und[2] ,kleiner Reiter'.

§ 140   Zusammensetzungen (Komposita)

Es ist ein Charakteristikum der deutschen Sprache, daß man in
reichlichem Maße Wörter bzw. Lexeme zu langen Wörtern zusam-
mensetzen kann. Der berühmte *Donaudampfschiffahrtsgesellschafts-
kapitänswitwenrentenabholstellenvorsteher* ist ein überspitztes Beispiel für die in der Sprache gegebenen Möglichkeiten. Bei der
Zusammensetzung werden einige Typen herausgegriffen, um die
Möglichkeiten der deutschen Wortbildung zu zeigen.
In Zusammensetzungen ist die Stellung der Wörter zueinander für
die Bedeutung wichtig (*Blumentopf – Topfblumen*), und dabei ist es
gleichgültig, ob die Teile einfache Wörter, Ableitungen oder Zusammensetzungen sind; Zusammensetzungen sind echte Wortzusammen-
setzungen und erst in sekundärer Hinsicht Morphemketten.
In Zusammensetzungen erscheint häufig ein Infix, gewöhnlich *Fu-*

genlaut oder *Bindelaut* genannt, dessen Funktion zweifach erklärt wird. Entweder wird der Fugenlaut als Artikulationshilfe erklärt oder genetisch als ursprüngliche Kasusendung gedeutet, z. B. als Genitiv oder Dativ *-s*, *-en*, *-er*, *-e* in *Frühlingsanfang*, *Sonnenstrahl*, *Wörterbuch* und *Hundesteuer*. Beide Erklärungen können nur im deskriptiven Sinn befriedigen, sie haben jedoch keine vorhersagende, regelartige Gültigkeit, wie die Beispiele *Winteranfang*, *Mondstrahl*, *Handbuch* und *Autosteuer* zeigen, bei denen es keinen Fugenlaut gibt.

a) *Zusammenbildung:* sie sind keine eigentlichen Zusammensetzungen oder Zusammenrückungen, sondern Zusammensetzungen und Ableitungen zugleich. Sie werden gewissermaßen als „Sätze" oder Wortgruppen durch das Suffix zu Wörtern abgeleitet;

> Beispiele:
> *Gesetzgeber, Gesetzgebung, einsilbig, diesjährig, vorsintflutlich.*

b) *Zusammenrückung* nennt man gewöhnlich ad-hoc Zusammensetzungen, bei denen Sätze zu einem Wort zusammengefaßt werden, z. B. *Sechsuhrladenschluß, Hansguckindieluft.* Häufig zeigt man den ad-hoc Charakter solcher Zusammenrückungen in geschriebenen Texten durch Bindestriche an: *Fußball-Weltmeisterschaft.* Als Zusammenrückungen werden manchmal auch sogenannte *Akronymbildungen* bezeichnet, bei denen Initialbuchstaben bzw. Teile von Wörtern zu neuen Wörtern werden: *Apo, ADAC, Hapag, Vopo, Schupo, Defaka, Edeka.*

c) *Komposita* (eigentliche Zusammensetzungen): bei den Komposita sind die Stellung der Wörter zueinander und ihre Funktion, d. h. die Art der Bedeutungsverknüpfung, voneinander abhängig. Beim häufigsten Typ, dem *Determinativkompositum*, fungiert jeweils das letzte Wort (Lexem) als Grundwort, das durch das oder die vorhergehenden Wörter modifiziert wird. Ein *Bierfaß*, z. B., ist ein – nicht notwendigerweise gefülltes – Faß für Bier, während *Faßbier* das Getränk ist; ein *Blumentopf* ist ein Topf für Blumen, und zwar für *Topfblumen;* ein *Glückslos* ist ein Los, das einem *Losglück* bringt. Bei den *Kopulativkomposita*, bei denen die semantischen Bedeutungen zweier Wörter addiert, zusammengebunden (kopuliert) werden, ist die Stellung nicht relevant, obwohl sich für einige Wörter Konventionen gebildet haben: es heißt *Hemdhose* und nicht *Hosenhemd*, und es heißt *dreizehn, vierzehn* usw. und nicht *zehndrei, zehnvier*, aber *einundzwanzig, zweiundzwanzig.*

d) *Geprägte Wörter:* wie bei den Ableitungen gibt es bei Zusammensetzungen eine große Zahl geprägter Wörter, bei denen die zusam-
mengefügten Lexembedeutungen nicht mehr in vollem Umfang erhalten sind, sondern das zusammengesetzte Wort als Ganzes auf
bestimmte Sachen verweist und lexikalisiert ist. Ein *Vatermörder* ist
in geprägter Wendung ein Hemdkragen und kein Patrizide, ein *Ma-
genbitter* ist ein Getränk (und das Wort ein Nomen und kein Adjektiv)
usw. Die Kopulativkomposita sind meistens auch geprägte Wörter
(vgl. oben *Hemdhose*).

§ 141 Etymologisches Feld: Wortfamilie

Diejenigen Wörter, die von einem Stamm abgeleitet oder durch
Zusammensetzung gebildet werden können und, im weiteren Sinne,
im Laufe der geschichtlichen Entwicklung von einer Wurzel abgeleitet
oder durch Zusammensetzungen gebildet worden sind, faßt man unter
dem Begriff *etymologisches Feld (Wortfamilie)* zusammen.

Ein Beispiel – das sicher nicht vollständig ist – soll die reichhaltigen
Möglichkeiten der Wortbildung zu einem Stamm und den Gebrauch,
der davon gemacht wurde, zeigen. Das etymologische Feld zu *SINN*
ist nicht ungewöhnlich groß (man vergleiche etwa die Felder zu *bind,
stell*).

Anmerkung:
Spontanbildungen sind durch Anführungsstriche gekennzeichnet. Heute nicht mehr geläufige Bildungen, von denen
aus aber weitere Wörter hergeleitet wurden, sind durch
Klammern gekennzeichnet.

Etymologisches Feld zu Sinn

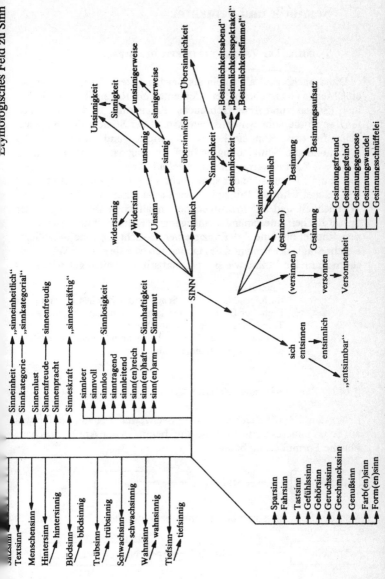

7. Semiotik und Semantik

7.1 SEMIOTIK: DIE ZEICHENHAFTIGKEIT DER SPRACHE

Die Sprache wird allgemein als Zeichensystem definiert, d. h. als eine Menge von zeichenhaften Elementen mit Regeln ihrer Verknüpfung (Syntax) und ihres Gebrauchs (Pragmatik). In den Abschnitten 2–6 wurde vom syntaktischen Aspekt der Sprachzeichen gehandelt. In den Kapiteln 1 und 8 wurde und wird auf die Kommunikationseinbindung und auf die Pragmatik eingegangen. In diesem 7. Kapitel werden die Zeichenhaftigkeit von Sprache (Semiotik) und die Inhaltsseite der sprachlichen Zeichen (Semantik) behandelt. Dabei wird auf Prinzipien des Verhältnisses von Sprache und Wirklichkeit und auf Prinzipien der inhaltlichen Beziehungen der Sprachzeichen untereinander eingegangen. Es handelt sich also in diesem Kapitel um eine Art *Prinzipienlehre,* nicht um eine detaillierte Beschreibung der Semantik des Deutschen, wie sie etwa in Wörterbüchern zu finden ist und wie sie systematisch noch nicht geleistet ist.

> Anmerkung:
> Im folgenden wird die Semiotik der Zeichen anhand einer Reihe von Begriffen entwickelt; dazu ist anzumerken, daß die Terminologie in der semiotischen Literatur nicht einheitlich ist, daß also unser Terminologiegebrauch nicht mit jeder Semiotik übereinstimmen kann.

§ 142 ZEICHENBEGRIFF, ZEICHENTYPEN

Mit dem Begriff *Zeichen* wird der Sachverhalt benannt, daß etwas auf etwas anderes verweist. Eine alte, bereits in der Antike durchaus übliche Formulierung besagt:

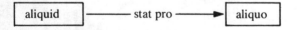

Von der Sprachleistung her gesehen bedeutet das:

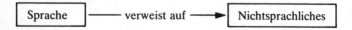

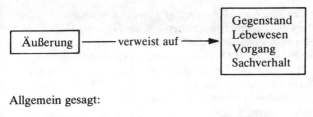

Allgemein gesagt:

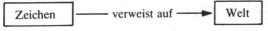

Wir sind umgeben von Zeichen, nicht nur von sprachlichen.

1. Die Menschen erheben Phänomene der Umwelt zu Zeichen: wenn das Flattern der Blätter eines Baumes als ‚Wind weht' gedeutet wird, ist dieses Flattern der Blätter zum (An)Zeichen erhoben: das Flattern weist auf Wind hin.

Solche Zeichen, die Teil des Phänomens sind, welches sie für uns bedeuten, nennen wir *Anzeichen* oder *natürliche Zeichen*. Einige weitere Beispiele:

> *Rauch* als Anzeichen für Feuer
> *Eis* als Anzeichen für Kälte
> *Licht* als Anzeichen für eine Energiequelle.

Der Prozeß der Zeichenerhebung ist ein geistiger. Man muß etwas über die Zusammenhänge von Wind und Blätterbewegung, von Eis und Temperatur, von Licht und Energieverbrauch erfahren haben, wissen, um ein Phänomen als Zeichen benutzen zu können.

> Anmerkung
> Die „Erfahrung" kann auf ontogenetischer oder phylogenetischer Entwicklung beruhen: auch ‚instinktiv' können Phänomene gedeutet werden, wie das Verhalten von Tieren zeigt.

Spontane Gesten, Gebärden und spontanes Mienenspiel haben den Charakter natürlicher Zeichen. Sie werden von dem Beobachter als Angst, Freude, Erregung usw. gedeutet. Diese Verhaltensweisen sind mehr oder weniger instinktgeleitet. Allerdings: jeder willkürliche, bewußte Gebrauch von Gesten, Mienenspiel und Gebärden ist nicht mehr natürliches Zeichen (vgl. unten zu den ikonischen Zeichen).

2. Neben den natürlichen Zeichen gibt es die künstlichen Zeichen. Während bei den natürlichen Zeichen erst die Deutung eines Phänomens dieses zum Zeichen erhebt, wird bei den künstlichen Zeichen eine *materielle Größe mit Bedeutung belegt* – oder überhaupt erst geschaffen. Die materielle Größe dient als Signal für Bedeutungen.

Das Zeichen hat also zwei Seiten: eine *materielle, wahrnehmbare Seite (Zeichenkörper)* und eine *Inhaltsseite, eine Bedeutung,* die auf *das andere* – Sachen, Konzepte, Verhaltensweisen, Personen usw. – verweist. Man erfaßt diesen Sachverhalt im ‚semiotischen Dreieck‘:

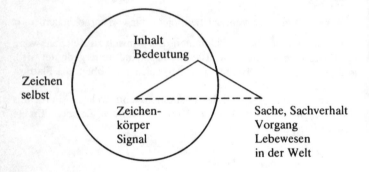

Zeichen
selbst

Inhalt
Bedeutung

Zeichen-
körper
Signal

Sache, Sachverhalt
Vorgang
Lebewesen
in der Welt

Beispiele:
Ein Hund hinterläßt in regelmäßigen Abständen an wichtigen Stellen Duftmarken. Zeichenkörper ist Harnsäure; Bedeutung ist Reviermarkierung. – Diese Bedeutung wird von jedem Hund ‚verstanden‘. Es handelt sich hier um Instinktverhalten, nicht um bewußtes, willkürliches Schaffen und Verwenden eines Zeichens.

Anders im folgenden Beispiel:
Man baut einen Turm am Meer, bringt eine Lichtquelle an seiner Spitze an und läßt diese in regelmäßigen Abständen leuchten. – Hier ist willkürlich ein Zeichen geschaffen; Licht und Blitzfolge sowie gegebenenfalls verschiedene Farben in verschiedenen Sektoren bedeuten etwas genau Festgelegtes bezüglich der Position eines Schiffes: im weißen Feld darf gefahren werden, im grünen ist man zu weit steuerbord (rechts), im roten zu weit backbord (links) von der Fahrrinne oder Fahrrichtung. Dies alles muß ein Seemann wissen, sonst ist das Licht für ihn nur Zeichen für Land, für eine Energiequelle, vielleicht ein schöner Anblick. Darüberhinaus muß er die Blitzfolge interpretieren können, die diesen einen Leuchtturm von allen anderen in einem definierten Fahrrevier (z. B. Kieler Bucht) unterscheidet. Diese Ken-

nung sagt ihm auch, wie lange er im weißen Feld fahren darf und ab wann er sich an einem anderen Leuchtturm oder einer Tonne orientieren muß. – Ein Tier würde nur auf das Licht reagieren, weglaufen oder sich darauf zu bewegen wie etwa die Motten und Nachtfalter.

An Folgerungen für die künstlichen Zeichen ergibt sich: Der Zeichenkörper und die Zeichenbedeutung eines künstlichen Zeichens sind willkürlich aufeinander bezogen (man spricht hier von *Arbitrarität = Willkür*) und diese Beziehung ist festgelegt (man spricht hier von *Konventionalisierung*) und muß gelernt werden.

Auch sprachliche Zeichen sind künstliche, willkürliche Zeichen: der *Sprachkörper* (die Lautseite von Wörtern) hat nichts mit der Bedeutung zu tun. In den Sprachen der Erde gibt es die verschiedensten Sprachkörper, die ähnliche oder gleiche Bedeutungen haben und mit denen man auf ähnliche oder gleiche Sachverhalte usw. verweisen kann. Außerdem werden in den Sprachen dieselben Lauteinheiten, unterschiedlich kombiniert, als Sprachkörper für verschiedene Bedeutungen verwendet: TOR, ROT, ORT.

> Anmerkung:
> Die Sprachkörper sind nur bei den sogenannten *lautmalenden Wörtern (Onomatopoetika)* dem, worauf sie verweisen, ähnlich. Es handelt sich um Wörter, die auf Geräusche, Töne usw. verweisen, bei denen also ein Aspekt der bezeichneten Sache (Geräusche, die z. B. Tiere machen) die gleichen oder ähnlichen Qualitäten hat wie das Sprachzeichen.
> Beispiele: *Kuckuck, wauwau, miau, muh* und in gewissem Sinne auch *klingeln, bimmeln, plätschern, quieken, kläffen, jaulen.* Einige der letzten Beispiele zeigen, daß auch diese Wörter in das System der Sprachzeichen eingebaut sind [vgl. die *-eln*-Bildungen und deren iterative Aktionsart § 59, 61]. Zudem gelten auch für die Geräuschwörter, daß sie in den verschiedenen Sprachen sehr verschieden klingen, daß sie unterschiedlich konventionalisiert sind. Hähne krähen auf Englisch *cockadoodledoo*, auf Deutsch *kikerikii;* Schweine quieken auf Deutsch *quiekquiek*, auf Englisch *oink,oink*. (In Comicheften quieken allerdings auch in deutscher Übersetzung die Schweine häufig *oink, oink*).

3. Zum Zwecke der einfachen und schnellen Verständigung – auch über Sprachgrenzen hinweg – sind Zeichen entwickelt worden, die sich jeweils an eine Interessentengruppe wenden. Bei den Zeichen orientiert sich der Zeichenkörper an Merkmalen des Sachverhalts oder Gegenstandes, auf den das Zeichen verweist. Es handelt sich hier um die

abbildenden Zeichen (Piktogramme). Solche Piktogramme begegnen
in Verkehrszeichen, auf Flugplätzen, bei großen – häufig sportlichen
– Veranstaltungen, mehr und mehr auch in Industriebetrieben, im
Fernsehen, als Warenzeichen usw. Es handelt sich um stark schemati-
sierte Abbildungen des sichtbaren Teils, des optisch Wahrnehmbaren
der Sachverhalte, auf die hingewiesen wird.

Diese Zeichen sind konventionalisiert insofern, als sie eine genau
umrissene Bedeutung haben, also: Lokomotive für ‚unbeschrankter
Bahnübergang‘, Andeutung eines Gatters (nicht einer Schranke!) für
‚beschrankter Bahnübergang‘; vier Pfeile, die auf einen Punkt zeigen,
für ‚Treffpunkt‘; die Andeutung eines Radfahrers mit zusätzlichem
Pfeil für ‚hier geht es zu den Radwettkämpfen‘ usw. Das Verstehen,
d. h. Erlernen und Erkennen dieser Zeichen wird erleichtert dadurch,
daß man in der konkreten Situation (Straßenverkehr, olympische
Spiele, Fernsehsendung) die Bedeutung dieser Zeichen erschließen
kann, vorausgesetzt, man ist mit dem Sachverhalt überhaupt vertraut.

Diese Zeichen sind aber auch unter dem Gesichtspunkt des Zei-
chenkörpers konventionell: das schematische Bild ist in seinem Umriß
– und häufig auch in der Farbe – festgelegt. Den Piktogrammen sind
zudem häufig, z. B. bei Verkehrszeichen, andere Signale beigegeben:
blauer Hintergrund bei Straßenverkehrszeichen bedeutet ‚Gebot‘,
weißer Hintergrund mit rotem Rand ‚Verbot‘. Auch die Farbe des
Piktogramms, der schematisierten Abbildungs selbst, kann Bedeutung
haben: schwarzes Auto auf Verbotsschild = ‚Dauerfahrverbot für
Autos‘; Auto nur durch schwarzen Umriß gebildet = ‚Sonntagsfahr-
verbot‘.

4. Alle Zeichen, die in irgendeiner Hinsicht willkürlich (arbiträr)
und damit notwendigerweise konventionalisiert sind, nennt man *Symbole.* Die Piktogramme sind insofern Symbole, als ein ganz bestimmtes, schematisiertes Bild mit einer genau festgelegten Bedeutung ver-

bunden ist; für den Symbolcharakter der Piktogramme ist
darüberhinaus konstituierend, daß sie ihre Bedeutung nur in normier-
ten Situationen haben, d. h. nur dann ihre Bedeutung „bedeuten". Ein
Verkehrszeichen ist nur am Straßenrand, eine Lokomotive auf einem
bestimmten Schild und nur vor einem Bahnübergang gültig, wirksam,
entfaltet nur dort die Symbolkraft. Auf dem Hof einer Straßenbau-
meisterei ist solch ein Schild nur ein potentielles Verkehrszeichen. –
Die Abbildung einer Lokomotive in einem Spielwarenladen oder einem Museum weist auf Eisenbahnspielwaren oder eine Eisenbahn-
ausstellung hin.

> Anmerkung:
> Alle abbildenden Zeichen, in denen der Zeichenkörper etwas
> Erkennbares von dem wiedergibt, worauf verwiesen wird,
> nennt man auch *ikonische Zeichen* (nach den Ikonen der by-
> zantinischen Tradition). Ikonische Zeichen können sowohl
> symbolische im Sinne der Piktogramme als auch naturgege-
> bene oder schematisierte Wiedergaben, z. B. auf Reklame-
> bildern oder Bildern überhaupt sein.
> Unter die ikonischen Zeichen rechnet man manchmal auch
> onomatopoetische Wörter sowie auch Gesten und Gebärden,
> die als Zeichen verwendet werden, z. B. Drohen mit dem
> Finger oder Ballen der Faust. Natürliche Zeichen sollte man
> nicht als ikonische Zeichen ansehen, aber gerade bei Gesten,
> Gebärden und Mienenspiel ist der Übergang vom natürlichen
> zum bewußt eingesetzten Zeichen fließend.

§ 143   Sprache und Wirklichkeit

Auch sprachliche Zeichen sind Symbolzeichen: die Beziehung zwischen Sprachzeichenkörper (Lautfolge, davon abgeleitet Buchstabenfolge) und Bedeutung, Inhalt ist arbiträr (willkürlich) und in einer geschichtlichen Entwicklung konventionalisiert. Sprachzeichen müssen
von jedem Menschen erlernt werden. Sprachzeichen sind – im Gegensatz z. B. zu den Piktogrammen – nicht an bestimmte Verwendungs-
zusammenhänge gebunden, sondern prinzipiell situationsneutral. Das
heißt nicht, daß sie nicht in – kommunikativen – Situationen verwendet werden, sondern nur, daß eine normierte Verwendungssituation,
die erst ein Verstehen möglich machen würde, nicht gefordert ist. Ein
Verkehrszeichen ist nur im Straßenverkehr als Hinweis auf eine
Schranke z. B. und damit auf eine Verhaltensregelung zu interpretie-

ren. Bei sprachlichen Zeichen bleibt in jedem Kommunikationsakt die Bedeutung weitgehend gleich [zu den Bedeutungsvarianten der Sprachzeichen → Semantik, insbesondere Mehrdeutigkeit §§ 147 ff.].

Der Symbolstatus der sprachlichen Zeichen und ihre freie Verwendbarkeit begründet die überragende Leistung der Sprache für den Menschen. Mit Sprache kann der Mensch – und das können Tiere mir ihren Kommunikationssytemen nicht – von Abwesenden reden, eine Situation argumentativ schaffen, darstellen, beschreiben, erklären. Mit Sprache hat der Mensch Vergangenheit und Zukunft, kann er historisches Bewußtsein entwickeln und in die Zukunft planen und Hypothesen aufstellen.

Wie immer man das Verhältnis von Sprache und Denken ansieht, sicher ist, daß das Denken beim Erwachsenen weitgehend sprachlich verläuft. Mit Sprache kann der Mensch Begriffe entwickeln, die selbst kein materielles Korrelat in der Wirklichkeit haben, d. h. mit Sprache kann man geistige Konzepte haben, die das Beurteilen und Hinterfragen von Wirklichkeit ermöglichen.

Insofern die Bedeutung eine mentale Größe ist, ist *die Bedeutung sprachlicher Zeichen nicht gleich der Wirklichkeit,* der Größen in der Welt, auf die sie verweisen. Es ist sogar die Frage, inwieweit die Bedeutung intersubjektiv ist, d. h. bei allen Sprachteilhabern in gleicher Weise vorhanden ist.

Das Verhältnis von Sprache und Wirklichkeit kann unter dem Gesichtspunkt des Anteils von Wirklichkeit in der Bedeutung angesehen werden: man spricht dann von der *Referenz* (dem Verweis) und der *Referenzsemantik.* Das Verhältnis muß aber auch unter dem Gesichtspunkt der geistigen Leistung, der Begriffsbildung, gesehen werden. Man spricht dann von der *Bedeutung* – in angelsächsischer Tradition *meaning* – und von der *Bedeutungssemantik.*

Die Doppeltbedingtheit der Bedeutungskonstitution wird z. B. deutlich, wenn man sich vergegenwärtigt, daß einerseits Dingen, die in der Welt als Einheiten vorhanden und immer wieder erkennbar sind, ein Name gegeben wird, daß andererseits durch Sprache die Wirklichkeit selbst geordnet und gegliedert wird. So ist *Unkraut* zweifellos *Kraut* (Name für bestimmte, immer erkennbare Gewächse), aber es wird von der Interessenlage her beurteilt als schlecht, nicht brauchbar und damit *Unkraut.* Die Durchgliederung der Wirklichkeit zeigt sich auch und typisch darin, daß der Mensch zusammenfaßt, daß er z. B. unterschiedliche Vorgänge wie *laufen, hüpfen, fahren, schwimmen, fliegen* usw. als Bewegung erfaßt und bezeichnet. Jeder

der Vorgänge hat einen eigenen Namen, aber sie werden außerdem einander zugeordnet.

Der Begriff der *Konventionalisierung* ist im Zusammenhang mit der Zeichenbildung einer Sprachgemeinschaft nur ein beschreibender Hilfsbegriff. Weder wird hier etwas ‚verabredet', noch ist für den Einzelnen die Beziehung zwischen Sprachkörper und Bedeutung willkürlich. Die Bedeutungskonstitution ist an eine lange geschichtliche Entwicklung gebunden. Sie unterliegt sozialen und kulturellen Einflüssen. Sie ist gesellschaftlich bedingt, und die Beziehung muß von jedem einzelnen Menschen in Abhängigkeit von seiner eigenen Erfahrung im Umgang mit Dingen und geistigen Konzepten und den dazugehörigen Wörtern erworben werden (individueller Aspekt). Entsprechend ändern sich zum einen die Bedeutungen derselben Wörter im Laufe der Geschichte; zum anderen haben die Bedeutungen für jeden Einzelnen individuelle Komponenten [→ Denotation und Konnotation § 149]. Dazu kommt, daß Wörter und ihre Bedeutungen nicht allein stehen, sondern immer im Verhältnis zu anderen Wörtern.

7.2 Lexikalische Semantik

Die *Semantik (Bedeutung)* eines Satzes konstituiert sich aus den Bedeutungen seiner einzelnen Wörter einschließlich der Wortartkategorie *und* aus den Leistungen der syntaktischen Funktionen. Die Leistungen der syntaktischen Funktionen, die Leistungen der Wortarten und z. T. der Wortbildung sind in den Kapiteln 2–6 behandelt, es sind die sogenannten syntakto-semantischen Leistungen. Auch die semantische Leistung der Deixiswörter ist im Zusammenhang mit der Ich-Hier-Jetzt-Origo des Sprechens jeweils bei den Wortarten, Flexionsfunktionen und syntaktischen Strukturen behandelt worden.

In diesem Abschnitt 7.2 geht es um die Bedeutung der autosemantischen Bedeutungsträger (der Lexemwörter [→ § 137]) unter den Gesichtspunkten der Bedeutungsbeschreibung und der Strukturierung des Wortschatzes.

§ 144 BEDEUTUNGSBESCHREIBUNG

Man kann die Bedeutung eines Wortes in verschiedener Weise beschreiben:

1. Man zeigt, in welchen Umgebungen ein Wort stehen kann, und illustriert dadurch seine Bedeutung. Als Beispiel möge die Illustration der Verwendung des Wortes *Glocke* dienen (nach Wahrig: Deutsches Wörterbuch):

> ... *eine Glocke gießen; die Glocke klingt, läutet, schlägt an, schwingt, tönt; die Kirchenglocken läuten den Sonntag ein; die Glocken läuten hören; die Glocke der Rathausuhr schlägt zwölf Uhr; die Glocke ziehen.* – Übertragene Bedeutung: *als Glocke fällt dieser Rockstoff am schönsten; eine Sache an die große Glocke hängen; er weiß nicht, was die Glocke geschlagen hat.*

2. Man definiert die Bedeutung eines Wortes, indem man Beziehungen zu anderen Wörtern bestimmt; die Wörter werden dabei zitiert und die Arten der Beziehungen, die Relation zwischen den Bedeutungen der Wörter werden definiert.

a) Gleiche Bedeutung (Synonymrelation)

> *Frauenarzt – Gynäkologe, Apfelsinen – Orangen, verstecken – verbergen, gestatten – erlauben – zulassen* (in einer Bedeutung), *Auto – Kraftwagen* ...

Mit Recht wird gesagt, daß es völlige Synonymie nicht gibt, d. h. daß sich die Bedeutungen der Wörter in einigen Aspekten unterscheiden [vgl. dazu Denotation und Konnotation § 149].

b) Oberbegriff und Unterbegriff (Hyponymrelation)

> *Pflanze – Baum – Nadelbaum – Fichte, Lärche, Tanne – Blautanne; sich fortbewegen – gehen – schreiten* ...

Die Hyponymrelation findet sich vor allem bei Klassifikationsbe- ·schreibungen, → z. B. auch Bedeutungsfeld [§ 146].

c) Bedeutungsgegensatz (Antonymrelation)

> *Liebe – Haß, Trauer – Freude, schlafen – wachen, klein – groß, schwach – stark, krank – gesund, klar – verschwommen, feig – mutig, leer – voll, traurig – froh, schön – häßlich, gut – böse,* ...

Die Antonymrelation findet sich vor allem bei Adjektiven, Gegensätze werden als solche gewertet [vgl. auch Adjektive § 79].

d) Verneinung (Negation)

schön – unschön, Mensch – Unmensch, jemand – niemand, etwas – nichts, ein – kein, . . .
[vgl. auch §§ 110 ff.].

3. Man gibt eine Bedeutungsdefinition in Form einer Beschreibung:

(1) Die *Glocke* ist ein kegelähnlicher, geschweifter, unten offener und nach außen aufgebogener Schallkörper mit einem Klöppel im Inneren, dessen Anschlag an der Wandung einen Ton verursacht.

(2) glockenförmiger Gegenstand, gläserner Lampenschirm, Glassturz, Schutzdeckel über Butter, Käse und Uhren; Handschutz am Florett; Rockform *(Glockenrock),* Hutform, Blütenform, Schutzhülle für Taucher *(Taucherglocke)* und anderes.

4. Man definiert die Bedeutung eines Wortes, indem man sie in einzelne Aspekte zerlegt und diese Aspekte als Bündel von Bedeutungsmerkmalen notiert:

Junge: konkret, Lebewesen, menschlich, männlich, nicht erwachsen
schreiten: Fortbewegung auf dem Boden, aufrecht, langsam, würdig
[→ §§ 145/6]
Wurzel[1]: konkret, belebt, Pflanze, Teil in der Erde, dient der Nahrungsaufnahme
Wurzel[2]: konkret, belebt, Pflanze, Teil in der Erde, genießbar (mundartlich für *Möhre)*
Wurzel[3]: konkret, belebt, menschlich, Teil des Menschen, Teil eines Körperteils
– *Zahnwurzel*
– *Haarwurzel*
– *Zungenwurzel*
– *Handwurzel*

Daneben gibt es auch metaphorischen Gebrauch, z. B. *Wurzel des Unglücks* oder etymologische *Wurzel* von Wörtern.

Solche Merkmalangaben sind eigentlich Ketten von Ober- und Unterbegriffen (vgl. oben Pkt. 2 b).

§ 145 MERKMALBESCHREIBUNG

Die *Bedeutungsmerkmale (semantischen Merkmale)* sind Be-
schreibungshilfen, die in Wörtern der Objektsprache ausgedrückt
werden. Sie selbst sind jedoch metasprachliche Einheiten und werden
zur unterscheidung von objektsprachlichen Wörtern gewöhnlich in –
spitze – Klammern gesetzt.

> Anmerkung:
> Die Unterscheidung zwischen *Objektsprache* und *Metaspra-
> che* meint den Unterschied zwischen normalem, unmittelbar
> kommunikativem – in Beispielen auch zitierendem –Ge-
> brauch (Objektsprache) und definiert reflektierendem Re-
> den über Sprache (Metasprache). Es ist für die Sprachwissen-
> schaft, insbesondere im Bereich der Semantik, problema-
> tisch, daß für die Beschreibungen von Sprache auf Sprache
> zurückgegriffen werden muß, daß man mit der Sprache über
> die Sprache als Sprache reden muß.

Das Verfahren der Merkmalgewinnung ist ein intuitives. Man stellt
zunächst Wörter ähnlicher Bedeutung zusammen und fragt nach Gemeinsamkeiten und Unterschieden.

> Beispiele für Gemeinsamkeiten:
> *Wasser, Benzin, Schnaps, Milch* – <Flüssigkeit>
> *grün, rot, blau, gelb, violett* – <Farbe>
> *essen, trinken* – <Nahrungsaufnahme>
> *sehen, hören, fühlen* – <wahrnehmen>
>
> Beispiele für Unterschiede:
> *Haus – Hütte* <Größe>
> *Wasser – Eis* <Aggregatzustand>
> *Wasser – Benzin* <brennbar>
> *sehen – hören – riechen* <mit Augen> <mit Ohren> <mit Nase>

Wenn man dieses Verfahren anwendet, merkt man, daß man mithilfe gewisser Merkmalgruppen ganze Wortgruppen zusammenfassen
kann, wie die folgende Matrix, mit Kreuzklassifikation, zeigt:

Mensch	Pferd	Rind	Huhn	<Gattung betreffend>
Mann	Hengst	Bulle	Hahn	<männlich erwachsen>
Frau	Stute	Kuh	Henne	<weiblich erwachsen>
Kind	Fohlen Füllen	Kalb	Küken	<kindlich geschlechtslos>
Eunuch	Wallach	Ochse	Kapaun	<männlich kastriert>
<menschlich>	<Gattung Pferd>	<Gattung Rind>	<Gattung Huhn>	

Solche Merkmalanalysen kann man immer weiter fortsetzen und versuchen, für alle Wörter einer Sprache oder gar für die Wortbedeutungen aller Sprachen ein Inventar semantischer Merkmale aufzustellen. Es zeigt sich dabei, daß man zwei Typen von Merkmalen unterscheiden kann:

1. Merkmale, die sich auf die Syntax, auf Bauformen von Sätzen beziehen. Gemeint sind Merkmale wie

<Zählbarkeit>: Pluralbildung möglich oder nicht, z. B. *Becher* <+zählbar>, *Milch* <−zählbar>
<Person>: Frage wer?, Pronomen *niemand, jemand*
<Sache>: Frage was?, Pronomen *nichts, etwas*
<Teil von>: kann Subjekt eines Satzes mit *haben* sein, Subjekt ist dann die übergeordnete Gesamtheit: *Die Pflanze hat eine Wurzel.*
<Transitivität>: fordert Akkusativobjekt
<Reflexivität>: fordert ein Reflexivpronomen

2. Merkmale, die eindeutig semantische Verhältnisse betreffen, wie z. B.

<flüssig>, <Gattung Pferd> usw.

Die Grenze zwischen Merkmalen, die eindeutig syntaktische Restriktionen festlegen, und solchen Merkmalen, die den syntaktischen

Rahmen eines Satzes nicht unmittelbar konstituieren, wohl aber Verträglichkeiten von Wörtern in Sätzen bestimmen, ist im einzelnen oft schwer zu ziehen [→ zur Verträglichkeit der Metapher § 148; → auch die Klassifikation der Nomina in Bedeutungsklassen und der Verben nach Aktionarten in den §§ 42 ff und 59 ff.]. Eine fortlaufende Merkmalanalyse der Bedeutungen der Wörter einer Sprache könnte zu einem Inventar der semantischen Merkmale aller Wörter dieser Sprache führen. Man spricht sogar schon von einem universellen Inventar der semantischen Merkmale natürlicher Sprachen. Der alte Traum von einem ‚Catalogus mundi‘, von einer Welttaxonomie, wird auch heute noch geträumt, ist aber nicht einmal in Ansätzen erfüllt.

Allerdings ist man soweit gekommen, daß der Wortschatz als nach allgemeinen Merkmalen in Feldern, in ‚Sinnbezirken‘ und Wortfeldern gegliedert, und diese wiederum nach Bedeutungsfeldern strukturiert gedacht wird.

§ 146   Wortfeld und Bedeutungsfeld

Ein Sprecher ist in der Lage, unter einem allgemeinen Begriff – oft auch als Sinnbezirk bezeichnet – intuitiv Felder von Wörtern zusammenzustellen, die mit diesem Begriff in einem Bedeutungszusammenhang der Ähnlichkeit stehen. Entsprechend verfügt er in der aktuellen Kommunikation über differenzierte Gebrauchsweisen.

Beispiele:
<Gewässer>
Bach, Becken, Fluß, Graben, Kanal, Ozean, Pfütze, Quelle, See, Talsperre, Teich, Tümpel, . . .
<Farben>
blau, braun, falb, gelb, grün, orange, rosa, rot, violett, . . .
<Verwandtschaftsbezeichnungen>
Mutter, Vater, Eltern, Tochter, Sohn, Kind, Großeltern, Oma, Opa, Enkel, Onkel, Tante (früher auch *Oheim, Muhme*), *Schwager, Schwägerin, Vetter (Gevatter), Neffe, Cousin, Cousine, . . .*
<gehen>
eilen, laufen, rennen, schlendern, schreiten, spazieren, stampfen, stolzieren, wandern, . . .
<Aufhören des Lebens>
sterben, eingehen, verenden, zugrundegehen, erliegen, umkommen, verhungern, erfrieren, fallen, heimgehen, hinübergehen, entschlafen, einschlummern, ableben, verscheiden, erlöschen, verröcheln, abkratzen, . . .

Auch andere wissenschaftliche Beschreibungen erstellen Klassifikationssysteme nach der Art von Feldern. Diese sind an den beschriebenen Phänomenen orientiert und – im Gegensatz zu den intuitiv konstituierten Feldern der Gemeinsprache – durch Methoden strukturiert. Man denke z. B. an die Einteilung der Lebewesen nach Arten, Gattungen, Familien in der Biologie.

Matrix zum Bedeutungsfeld „Gewässer"

	⟨fließend⟩	⟨stehend⟩	⟨natürlich⟩	⟨künstlich⟩	⟨sehr groß⟩	⟨groß⟩	⟨klein⟩	⟨sehr klein⟩
Bach	+	−	+	−	−	−	+	−
Fluß	+	−	+	−	−	+	−	−
Graben	+	−	−	+	−	−	+	−
Kanal	+	−	−	+	−	+	−	−
Quelle	+	−	+	−	−	−	−	+
Strom	+	−	+	−	+	−	−	−
Becken	−	+	−	+	−	−	−	+
Ozean	−	+	+	−	+	−	−	−
Pfütze	−	+	+	−	−	−	−	+
See	−	+	+	−	−	+	−	−
Talsperre	−	+	−	+	−	+	−	−
Teich	−	+	−	+	−	−	+	−
Tümpel	−	+	+	−	−	−	+	−

Die Entwicklung der Merkmalsemantik in der Sprachwissenschaft hat dazu geführt, daß die intuitiv assoziierten Felder strukturiert werden können; d. h. daß die Bedeutungsbeziehungen zwischen den Wörtern eines Feldes merkmalgemäß erfaßt werden können.

Solche Strukturierungen können als Merkmalmatritzen (Klassifikationsschemata) oder als hierarchische Felder die Differenzierungen von Bedeutungen ausweisen.

1. Eine einfache Matrix läßt sich für das Feld < Gewässer > aufstellen (siehe S. 247).

2. Das Wortfeld <Aufhören des Lebens> läßt sich hierarchisch strukturieren. Die Wörter *abkratzen, ableben, einschlummern, entschlafen, erlöschen, eingehen, heimgehen, hinübergehen, verenden* und *verscheiden* sind Ausdrücke für <Aufhören des Lebens>, die sich durch stilistische Merkmale <gehoben> oder <vulgär> [→ Denotation und Konnotation § 149] oder durch den Geltungsbereich <bei Tieren> oder <bei Pflanzen> von den anderen unterscheiden. Die übrigen Wörter sind im folgenden Diagramm mithilfe von Merkmalen (nach Klaus Baumgärtners Vorschlag), strukturiert (siehe S. 249).

> Anmerkung:
> In der heutigen Linguistik versucht man, solche Bedeutungsfelder nicht nur als statisch analysierte Strukturen zu sehen, sondern als dynamische Prozesse zu verstehen im Sinne von mentalen Prozessen zum Entwickeln semantischer Konzepte und zur Zuordnung von Wörtern zu diesen Konzepten, die der jeweiligen Aussageintention entsprechen. Man spricht in diesem Zusammenhang von semantischen Netzwerken.

7.2.1 Mehrdeutigkeit

Im Zusammenhang mit Mehr- und Vieldeutigkeiten sind einige unterschiedliche Phänomene zu beobachten.

§ 146 Homonymie und Polysemie

1. Homonymie: gleichlautende Wörter
Wenn zwei Wörter zufällig denselben Sprachkörper haben, sprechen wir von *Homonymie:*

> *Tor* (Schloßtor) und *Tor* (tumber Mensch)
> *Reif* als gefrorener Tau, als Ring, als Adjektiv mit der Bedeutung ‚entwickelt‘.

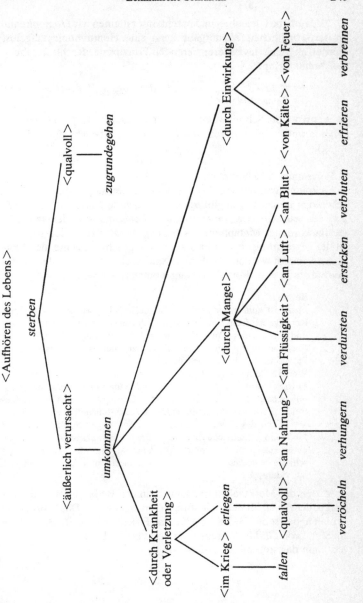

Die lautliche Gleichheit im Sprachkörper nennen wir *Homophonie*. In der schriftlichen Wiedergabe kann eine Homophonie aufgelöst werden im Sinne des differenzierenden Prinzips der Rechtschreibung [→ Anhang Kap. 9 § 164].

> *der Mohr – das Moor, das Lied – das (Augen)lid, der (Besen)stiel – der (Sprach)stil* usw.

Wenn nur die Schreibweise von Wörtern gleich ist, spricht man von *Homographie*, vgl. *übersétzen – úbersetzen* (unterschiedliche Betonung).

2. Polysemie: Vieldeutigkeit

Es kommt vor, daß ein Wort mehrere Bedeutungen hat; d. h. zwischen den Bedeutungen gibt es einen Zusammenhang und historisch gesehen ein Übertragungsverhältnis: *Polyseme* sind lexikalisierte (festgewordene) Metaphern [→ § 148], die zweite Bedeutung und weitere Bedeutungen sind im Laufe der Sprachgeschichte als Metaphern gebildet worden, die Wörter sind aber mit verschiedenen Bedeutungen in den Wortschatz aufgenommen worden.

> Beispiel:
> *Fuchs* ist zunächst einmal ein hundeähnliches wildes Tier (vulpus, Reinicke Rotfuchs). *Fuchs* bedeutet aber auch ,Pferd von roter Farbe', und es bedeutet einen bestimmten Schmetterling. Schließlich wird *Fuchs* auch für listige Menschen benutzt. Hier ist der metaphorische Prozeß noch deutlich nachzuvollziehen.
> Weitere Beispiele für Polyseme:
> *Fuchsschwanz* = ,Teil des Tieres' und ,Säge'; *(Tür)schloß* und *(Königs)schloß; Korn* = [1],Getreideart', [2],Schnaps', der aus diesem Getreide gebraut wird', [3],jedes einzelne Fruchtteilchen jeder Getreideart', [4],Teil des Gewehrs', [5],Geschwür am Auge'; *Strom* = [1],großer Fluß' und [2],elektrische Energie; *Löffel* = [1],Eßwerkzeug' und [2],Ohren eines Hasen oder Kaninchens'; *lahm* = [1],krank', [2]müde', abgeschlafft; *scheinen* = [1],leuchten', lat. lucere und [2],so tun, als ob', lat. videre; . . .

Mittels der Merkmalanalyse kann man den Bedeutungsaspekt isolieren, der Anlaß für die Bedeutungsübertragung war. Das Wort *Birne* erhielt neben seiner Bedeutung für eine Frucht eine zweite Bedeutung im Sinne von *Glühbirne* wegen der Form beider Dinge. Mit Merkmalen kann das so notiert werden:

Birne[1]	*Birne*[2]
< + Baumfrucht >	< − Baumfrucht >
< + Obst >	< − Obst >
< − künstlich >	< + künstlich >
< − mit Strom betrieben >	< + mit Strom betrieben >
< − Lichtquelle >	< + Lichtquelle >
< + Tropfenform >	< + Tropfenform >

Die Bedeutungen gehören unterschiedlichen Bereichen an. Mindestens ein Merkmal ist beiden Bereichen und beiden Bedeutungen gemeinsam. Man vergleiche dazu:

> *Fuchs* (Reinicke) und *Fuchs* (Pferd) <rot>
> *Sattel* (Pferde- und Berg*sattel*) <Form>
> Kirchen*glocke* und Käse*glocke* <Form>
> hoch   [1],räumliche Höhe', [2],gesellschaftliche Höhe' und [3]das Adverb im Sinne von ,sehr' (*hoch anständig*) <Abstand, oben>
> grün   [1],Farbe in der Natur', [2],hinter den Ohren' <jung, frisch>
> schießen [1],mit Waffen', [2],beim Ballsport' <schnelle, zielgerichtete Beschleunigung eines Gegenstandes von weg>

§ 148 Metaphorische Redeweise – Metapher

Die *Metapher* (griech. metaphora, lat. translatio, dt. Übertragung, bildhafter Ausdruck) ist eine besondere Erscheinungsform der Mehrdeutigkeit. Der metaphorische Prozeß (die eigentliche Metapher) ist nicht so sehr Element des Sprachsystems als vielmehr ein Prozeß der *Sprachverwendung*, des Sprechens (Schreibens), er ist ein *Stilverhalten*. Der Sprecher schafft eine übertragene Bedeutung, indem er ein Wort in einen fremden, mehr oder weniger verträglichen Kontext stellt. Der fremde Kontext bewirkt, daß ein Teil der semantischen Merkmale des Wortes unakzeptabel wird. Man spricht hier von kontradiktorischen Merkmalen. Der andere Teil der Merkmale der Grundbedeutung – zumindest eines – ist verträglich mit dem Kontext: diese Merkmale werden übertragen.

In dem Satz *Der Säugling kräht.* ist *kräht* Metapher. Die Merkmalanalyse von *krähen* und vom Kontext *der Säugling* ergibt verträgliche und kontradiktorische Merkmale:

Säugling	krähen	
\<Geräusch\>	\<Geräusch\>	
\<Lautstärke\>	\<Lautstärke\>	verträgliche
\<Tonhöhe\>	\<Tonhöhe\>	Merkmale
\<menschlich\>	\<tierisch\>	kontradiktorische
\<kindlich\>	\<des Hahns\>	Merkmale

Die kontradiktorischen Merkmale sorgen einerseits dafür, daß die Gesamtäußerung als vermindert akzeptabel eingeschätzt wird und andererseits dafür, daß der Ausdruck eine besondere Bildlichkeit erhält. Die verträglichen Merkmale sorgen dafür, daß die Äußerung nicht als unsinnig verworfen wird.

Ob eine in dieser Weise vermindert akzeptable Äußerung als Metapher empfunden wird, ist nicht nur von der Merkmalkonstellation abhängig, sondern auch von der Sprechsituation. Der metaphorische Sprachgebrauch ist als Abweichung vom Sprachsystem kommunikativ intendiert. Das heißt, die Entscheidung darüber, ob etwas als Metapher akzeptiert wird oder als Unsinn abgetan und ob eine Metapher angemessen ist, für den gemeinten Sachverhalt durch die Bildhaftigkeit des Ausdrucks die gewünschte Aufmerksamkeit weckt, alles das hängt weitgehend von den Urteilen der Beteiligten ab.

Der folgende Text – eine Parodie Morgensterns auf Gabriele d'Annunzio – ist voll überzogener Metaphorik und bildlicher Redeweise; diese Überzogenheit ist in der gegebenen Situation und unter den Absichten angemessen: als Parodie auf einen oft in schönen Bildern Schreibenden.

Das Mittagsmahl
(Il pranzo)
Speisezimmer einer italienischen Villa. Die Luft zittert Ahnung kommender Genüsse. Der allgemeine Charakter des Saales ist Hunger, aber nicht der Hunger des Plattfußes, sondern die feine melancholische Sehnsucht des gewählten Schmeckers seltener Gemüse, erlesener Öbste. Die Tapeten atmen den Geist gebackener Natives. Die Servietten bilden Schwäne wie zum Gleichnis. Die Kandelaber scheinen ihre Kerzen zu verzehren. Die Möbel krachen vor Begierde mit den Kiefern. Als die Tür geöffnet wird, tut sie einen tiefen Seufzer, und man hat die Vorstellung, als drehte sie ihren Kopf mit einem halb verzückten, halb gemarterten Augenaufschlag den prallen Amoretten der Decke zu.

Herein tritt ein Gruß vom Meere in Gestalt eines blauen Rechtecks, welches die Tür völlig ausfüllt...

§ 149 DENOTATION UND KONNONATION

Mit Wörtern wird einerseits auf Wirklichkeiten, Vorstellungen, Gedanken verwiesen (Referenz), andererseits werden Sichtweisen, Bewertungen, Einstellungen und Assoziationen zum Ausdruck gebracht. *Mund, Maul, Mäulchen, Schnauze, Fresse* verweisen im Zusammenhang mit Menschen jeweils auf den gleichen Körperteil (Referenz); diese Wörter enthalten aber zugleich Urteile positiver und negativer Art über das Objekt der Referenz. Die allen diesen Wörtern gemeinsame referentielle Bedeutung ‚Körperteil im Gesicht‘ wird die *Denotation* (Verweisbezeichnung) genannt; die Sichtweisen und Bewertungen, durch die sich die Wörter unterscheiden, werden *Konnotationen* (Mitbedeutung) genannt.

Die oben [→ § 143] getroffene Unterscheidung zwischen Referenzsemantik und Bedeutungssemantik hilft, den Unterschied zu erklären. Die *Denotation* ist das Ergebnis der kognitiven menschlichen Auseinandersetzung mit Referenzobjekten, die *Konnotation* ist das Ergebnis der – individuellen oder gruppenspezifischen – gefühlsmäßigen Auseinandersetzung mit den Referenzobjekten und deren sprachlichen Bezeichnungen (emotiv-sozialer Aspekt). Die Bedeutung eines Wortes im Sinn von ‚meaning‘ ist beides zusammen. Die Herausbildung der Konnotationen ist in zweierlei Hinsicht gesteuert: erstens durch die Erfahrungen, die der Sprecher im Umgang mit dem Wort macht (z. B. beim Erlernen, aber auch in Gebrauchssituationen), und zweitens durch die Erfahrungen, die er im Umgang mit den Sachen und Sachverhalten macht.

Man kann die Konnotationen in zweierlei Arten einteilen:

1. Man hat *generelle Konnotationen,* die allgemein akzeptierte Urteile, Gefühlswerte, Bewertungen sind, und die dem Wort über seine Denotation hinaus einen Sprachengebrauchswert und einen Stilwert geben:

> *Maul, Schnauze, Fresse* in Bezug auf Menschen sind Schimpfwörter
> *Mäulchen* ist ein Kosewort
> *Rosenmund* ist ein poetisches Wort
> *Mund* ist das weitgehend konnotationsneutrale Wort.

2. Man hat die *individuellen Konnotationen*, die der einzelne Sprachteilhaber aufgrund seiner individuellen Erfahrungen mit einem
Wort und dessen Referenten assoziiert:

> mit *Hund* verbinden sich generelle Konnotationen wie ‚treu‘, ‚Freund
> des Menschen‘; individuell gibt es durchaus unterschiedliche Konno-
> tationen wie ‚lästig‘, ‚kläffend‘, ‚bissig‘ einerseits oder ‚kamerad-
> schaftlich‘, ‚Beschützer‘, ‚Spielfreund‘ andererseits.

Neben – in gewissem Sinne „zwischen“ – den allgemein gültigen,
generellen Konnotationen und den individuellen Konnotationen be-
obachtet man noch gruppenspezifische Konnotationen, die ihren Ursprung in einer vergleichbaren oder ähnlichen Sozialisation der Grup-
penangehörigen haben und die gemeinsamen Interessenlagen
entsprechen; man vergleiche den verschiedenartigen Gebrauch z. B.
von *Ganove, Kamerad, Solidarität, Kapital, Spezi* in unterschiedlichen Gruppen.

Denotation und Konnotation sind idealtypische und analytische
Begriffe. Beide Aspekte von Bedeutung sind in jedem Wort gegeben,
und beide Prinzipien, das kognitive und das emotive, wirken bei der
Konstitution semantischer Konzepte mit. Während die individuellen
Konnotationen nicht sprachgebrauchsfähig sind – beim Benutzen der
Wörter werden sie dem Gesprächspartner nicht mitgeteilt, man müßte
sie also jeweils erläutern –, finden gruppenspezifische und generelle
Konnotationen auch im Wortschatz ihren Ausdruck.

Generelle Konnotationen schlagen sich nieder im Vorhandensein
mehrerer Wörter mit unterschiedlicher Konnotation für dieselbe Sache:

> *Gesicht* (neutral), *Visage* (negativ), *Antlitz* (positiv, poetisch)
> *Hund* (neutral), *Töle, Köter* (negativ)
> *Junge* (neutral), *Knabe* (ironisch oder ziemlich vornehm), *Bengel* (ab-
> wertend oder Kosename), *Bub* (Kosename, mundartlich auch neu-
> tral).

In dem schon angesprochenen Wortfeld ‚Aufhören des Lebens‘
[§ 146] haben die Wörter *einschlummern, entschlafen, heimgehen,
hinübergehen, erlöschen, hinscheiden, verscheiden* positive Konnotationen und verhüllende Funktion (sogenannter Euphemismus); Wörter wie *abkratzen, verrecken, verröcheln* haben negative Konnotationen, ggf. auch die Funktion, Gefühle herunterzuspielen oder zu
verdrängen.

Gruppen- und insbesondere Sondersprachen sind durch den Gebrauch und die Neuschöpfumg konnotationsreicher Wörter, oft auch durch metaphorische Redeweise, gekennzeichnet.

§ 150 Wortschatzerweiterung und Bedeutungswandel in historischer Sicht

Die Entwicklungen im kulturellen und sozialen Raum sind geschichtliche Entwicklungen; immer dann, wenn kulturelle und soziale Veränderungen eintreten, werden Veränderungen im Wortschatz besonders sichtbar. Im Rahmen einer Grammatik der Gegenwartssprache können lediglich Prinzipien der Wortschatzveränderungen aufgewiesen werden.

Wenn man von – seltenen – Urschöpfungen und der – reichhaltigen – Wortbildung [→ Kap. 6 und Wortarten] absieht, kann man zwei Prinzipien feststellen:

- Übernahme fremden Wortgutes
- Bedeutungswandel (und auch Lautwandel) eigensprachlichen Wortgutes.

1. Die Übernahme fremdsprachlichen Wortgutes *(Wortentlehnung)* findet vor allem statt, wenn Kulturen aufeinandertreffen oder Entwicklungen über Sprachgrenzen hinaus parallel laufen. Einige Beispiele für solche Entlehnungen werden im folgenden aufgeführt.

a) Christianisierung der Germanen

Missioniert wurde von drei verschiedenen Kulturkreisen aus, und das hat sich in der Sprache niedergeschlagen:

- Arianische Mission (griechisch-byzantinischer Kulturkreis): die ältesten christlichen Lehnwörter des Deutschen kommen aus dieser Mission; dazu gehören *Bischof, Engel, Heide, Pfaffe, Pfingsten, taufen, Teufel* und *Kirche;* auch die Tagesbezeichnungen *Samstag* und *Woche* gehören dazu.

- Römische Mission: sie brachte unter anderem folgende Wörter in die deutsche Sprache: *Abt, Kloster, Mönch, Nonne, Papst, Priester, Probst, . . .*

- angelsächsische Mission: *der heilige Geist, gotspel* (gute Botschaft, vgl. *gospel, gospel-songs*) für Evangelien, *Ostern, Sonnabend.*

b) Im Hochmittelalter, in höfischer Zeit, wurden aus dem französichen Sprachraum, besonders aus dem Burgundischen, viele Wörter entlehnt; einige Beispiele: *Turnier, Lanze, Banner, Pallais, Kastell,*

Reim, Flöte, Reigen, Stiefel, Preis, ade . . . wie überhaupt Wortbildungen auf *-ie* und *-lei* (afrz. „Art'), *-ieren* und *-isieren* wie *logieren, regieren, Prophetie,* die also schon eine lange Tradition im Deutschen haben und darum mit deutschen Wörtern produktiv werden.

c) In der Wissenschaftstradition des Abendlandes gewinnen mit dem Humanismus das Lateinische und Griechische, z. T. auch eine latinisierte griechische Sprache großen Einfluß als Sprachquelle für Fachtermini, und das ist noch heute so. Die Fachtermini gehen häufig in die Gemeinsprache über, vergleiche:

> *Text, Traktat, Glosse, Glossar, Matritze, Atom, Medizin, Tinktur, Essenz, Professor, Rektor, Doktor, Delinquent, Hypothek, Prozeß, Kaution, arretieren, protestieren, appellieren.*

Außerdem kommen Lehnübersetzungen vor wie *Durchlaucht* für *illustris, Machtvollkommenheit* für *plenipotentia, Gegner* für *adversarius, viereckig* für *quadrangulus* usw.

Überhaupt haben Fachsprachen häufig ihre Termini aus der Sprache des Landes, in der dieser Lebensbereich und dieses Fach eine besondere Entwicklung nahmen. So sind einige mathematische Ausdrücke arabischen Ursprungs, *Algebra* zum Beispiel, und so sind viele Begriffe im Bereich der Musik italienischen Ursprungs:

> *tempi, moderato, allegro, vivace, tutti, con sordino, Oper, Sopran, Alt, Tenor, Violine, Cello,* . . .

d) Auch in gegenwärtiger Zeit steht die deutsche Sprache unter dem Einfluß ausländischer Kulturen und damit Sprachen, derzeit insbesondere des Angelsächsischen (und dabei wiederum insbesondere aus dem amerikanischen Lebensraum):

> *Jazz, Jeans, Hobby, Fan, Star, Diskothek, Bar, Puck* (im Eishockey, wo lustigerweise des deutsche Wort *Scheibe* ins Russische als *scheibu* gekommen ist), *Styling, Computer, groggy, k. o.* (knock out), *okay* (das selbst aus dem Französischen *au quaye* nach Amerika entlehnt wurde) u. a. m.

Wortentlehnungen sind, wie die historische Perspektive zeigt, etwas Alltägliches in der Sprachentwicklung. Ein Teil neu entlehnter Wörter ist jeweils modisch und hält sich in einer Sprache nicht lange – man denke an viele französische Wörter des 18. Jahrhunderts –, andere werden von der Sprache assimiliert und in das Laut- und Schriftsystem übernommen (so wurde aus dem lateinischen *palatium* die *Pfalz,* aus *papa* der *Pfaffe* mit Lautverschiebung), andere behalten ihren fremdartigen Charakter lange (so, wiederum aus *palatium* – *der Pallast* und noch später, aus demselben Stamm, über das Französische *das Pallais*).

2. Der Bedeutungswandel im eigenen Wortgut findet teilweise ebenfalls unter fremdem Einfluß statt, so bei den *Lehnübersetzungen,* wo die fremde Bedeutung übernommen, aber durch eigene Wörter ausgedrückt wird: *Wolkenkratzer* für *skyscraper,* *(Zeitungs)ente* für französch *canard* (Falschmeldung), *Mitleid* für *lat. compassio, Halbwelt* für franz. *demi-monde* [→ auch oben c)].

Bedeutungsverschiebungen eigener Wörter, oft in Abhängigkeit von den Bedeutungen benachbarter Wörter, faßt man als *Bedeutungserweiterungen* oder *Bedeutungsverengungen* auf. Man meint damit eine Ausdehnung der Referenz oder eine Spezialisierung. Ein Beispiel für Bedeutungserweiterung: mhd. *frouwe* galt früher nur für adelige Frauen, heute für jede verheiratete Frau und seit etwa einem Jahrzehnt auch für unverheiratete, nicht mehr ganz junge weibliche Wesen.

Ein Beispiel für Bedeutungsverengung: mhd. *hôchzît* war jedes höfische Fest, heute ist die *Hochzeit* nur noch die Festlichkeit anläßlich einer Eheschließung (und das mhd. *brûtlouf* ‚Brautlauf‘ gibt es nicht mehr).

Auch die Konnotationen ändern sich häufig. Beispielsweise hat *Weib* heute die Konnotation abwertend ‚Schimpfwort‘, im mhd. Sprachgebrauch hatte *wip* die neutrale Bedeutung wie heute *Frau:* jede erwachsene Person weiblichen Geschlechts. Mhd. war *houbet* die normale Bezeichnung für *Kopf,* heute ist *Haupt* nur noch in gehobener oder in Dichtersprache üblich.

8. Kommunikatives Handeln: Sprechakte

Sprechen ist kommunikatives Handeln, Sprache ist Mittel des Sprechens und damit Mittel des Handelns. – Im folgenden Kapitel werden einige Begriffe, die heute bei der Analyse des Sprechens als Sprachhandeln, als kommunikatives Handeln eingeführt und verwendet werden, vorgestellt und anhand konkreter sogenannter Sprechakte erläutert. Es handelt sich sowohl dem Forschungsstand in der Pragmalinguistik als auch den Möglichkeiten einer Grammatik entsprechend um punktuelle Ansätze.

§ 151 Handeln versus Verhalten

Sprache ist Instrument des kommunikativen Handelns, Sprechen ist der Ausdruck dieses Handelns, das wie jedes andere Handeln an Voraussetzungen gebunden und auf Folgen hin ausgerichtet ist; das Handeln enthält ein Moment der *bewußten Absicht,* der *Intention* seitens des sprachlich Handelnden. Allerdings ist das sprachliche Handeln symbolisches Handeln.

Ein solcher Begriff von sprachlichem Handeln ist nicht gleichzusetzen mit ‚Sprachgebrauch‘, ‚Sprache verwenden‘, ‚Sprache benutzen‘. Bei einer Analyse sprachlicher Tätigkeit als Handeln kommt es auf die Bedingungen, Intentionen und die Folgen an.

Wenn man die Intentionalität nicht zur Maxime der Analyse macht, sondern sprachliche Tätigkeit für sich, ohne Rekurs auf Bedingungen und Intentionen, aber mit Augenmerk auf alle beobachtbaren Aspekte des Phänomens analysiert, würde man *Sprachverhalten* zum Gegenstand der Untersuchung machen. Verhalten wird hier verstanden als Gesamtheit beobachtbaren Geschehens.

> Anmerkung:
> In anderer Hinsicht wird mit dem Begriff Verhalten ein reagierendes Tun ohne Handlungsspielraum bezeichnet, das meist im Reiz-Reaktionsschema erfaßt wird.

Die Bedingungen kommunikativen Handelns wurden in Kapitel 1 [§§ 8 ff] bereits als *sachliche Voraussetzungen, soziale Bedingungen* und *situative Bedingungen* angesprochen. Es wird weiter vermutet, daß der Sprecher mit diesen Bedingungen als Voraussetzungen seine

sprachlichen Mittel auswählt und daß der Hörer sprachliche Äußerungen als Hörer auf solche Bedingungen und Voraussetzungen hin
‚versteht‘ und interpretiert. Das heißt also, daß angenommen wird:

– daß man unter gewissen *sachlichen Voraussetzungen* gewisse
sprachliche Handlungen nicht vollzieht: wenn man etwas bereits weiß,
fragt man nicht danach; wenn man nicht meint, etwas Unrechtes getan
zu haben, entschuldigt man sich nicht usw.

– daß man in gewissen *sozialen Konstellationen* gewisse sprachliche Handlungen vollzieht, andere dagegen nicht: als Vorgesetzter darf
man befehlen und anordnen, als Untergebener nicht, sondern allenfalls bitten, warnen oder anregen, . . .

– daß man in gewissen *kommunikativen Situationen* gewisse
Handlungen vollzieht, andere dagegen nicht: in einer Fragesituation
antwortet man als Gefragter; man signalisiert, ob man glaubt verstanden zu haben oder nicht; man wiederholt den Gang einer Argumentation nicht, sondern führt sie – eventuell – weiter; man geht auf den Gesprächspartner ein und ignoriert ihn nicht; . . .

Solche Annahmen sind in der Theorie und in der Praxis problematisch. Jemand kann täuschen wollen, d. h. dem anderen eine Deutung
der sprachlichen Äußerung nahelegen wollen, die nicht zutrifft. So
kann eine Behauptung in die Form einer Frage eingekleidet werden,
um jemanden dazu zu bringen, die Behauptung zu akzeptieren, ohne
daß er überhaupt merkt, daß etwas behauptet worden ist.

> Wenn jemand sagt: *„Wer von Euch hat die Fensterscheibe zerbro
> chen?“*, suggeriert er, daß feststeht, einer der Angesprochenen habe
> die Scheibe zerbrochen.
> Oder: jemand, der sich einem anderen unterlegen fühlt, kann versu
> chen, das durch forsches Auftreten, Befehlston, Einschüchterung zu
> verschleiern („Angstbeißer“).

Trotz dieser Einschränkungen kann man mit solchen Annahmen
viele sprachliche Handlungen erklären, wenn man die Gültigkeit der
Analyse entsprechend einschränkt. In der Sprechakttheorie werden
folgende Einschränkungen vorgenommen:

1. Es herrscht Aufrichtigkeit zwischen den Beteiligten (die sogenannte ‚sincerity rule‘, das Sinzerizitätsgebot).
2. Die Teilnehmer haben keinerlei Verständigungsschwierigkeiten
   und sind bereit, aufeinander einzugehen.
3. Psychische Faktoren werden ausgeklammert.

4. Die soziale Komponente wird nur reduziert und eigentlich erst in einem zweiten Analyseschritt berücksichtigt.

Es geht also bei den Sprechaktanalysen um die Analyse sprachlicher Äußerungen als ideale Kommunikation – im Sinne einer idealtypischen Kommunikation –, und dabei insbesondere um die Analyse der sachlichen Voraussetzungen.

Untersucht wird der Zusammenhang zwischen Voraussetzungen, Intentionen und Einschätzungen über die Aussicht, die Intentionen zu verwirklichen – die sogenannten Bedingungen des Gelingens oder Glückens. In dieser Grammatik werden im Zusammenhang mit den Einschätzungen bei den Beispielanalysen auch soziale Gegebenheiten (Rollenbeziehungen) und situative Momente mit einbezogen.

§ 152 KONSTITUTIVE MOMENTE DES SPRECHAKTES

Man analysiert den Sprechakt unter drei Gesichtspunkten, die als Aspekte, als Faktoren und nicht als aufeinanderfolgende Akte zu verstehen sind:

1. Das Sprachliche am Sprechakt, die lautliche, grammatische und semantisch inhaltliche Seite, wird als *lokutiver* oder *lokutionärer Akt* erfaßt (Englisch *locutionary*).
2. Das, was an Intentionen in der kommunikativen Situation zur Wirkung kommt und die Beziehungen zwischen den Kommunikationspartnern regelt, also der eigentliche Handlungsaspekt, wird als *illokutionärer Akt* oder *illokutiver Akt (illocutionary act)* und auch als kommunikative Wirkkraft *(communicative force)* definiert.
   So enthält beispielsweise der Sprechakt des Versprechens eine Verpflichtung des Sprechenden dem anderen gegenüber, den Inhalt des Versprechens (das Versprochene) einzulösen; somit ist für beide eine Handlungserwartung oder eine Erwartung, daß eine bestimmte Handlung unterbleibt, mit der Sprachhandlung etabliert (in Kindermund: „*Versprochen ist versprochen und wird auch nicht gebrochen*".)
   [Zu den Äußerungsteilen, die den illokutiven Akt zum Ausdruck bringen → § 153 performative Verben].
3. Die Erwartungen hinsichtlich der Folgen des illokutiven Aktes werden *perlokutiver Akt (perlocutionary act)* genannt. Dieser perlokutive Aspekt des Sprechaktes ist vom illokutiven nur schwer zu trennen und wird im folgenden nicht gesondert behandelt. Gemeint

ist, auf das Versprechen-Beispiel bezogen, daß der Versprechende
das Versprechen auch tatsächlich ausführt; gemeint ist bei einem
Befehl, daß die befohlene Handlung ausgeführt wird; bei einer
Bitte, daß ihr entsprochen wird.

§ 153 PERFORMATIVE VERBEN

Der Handlungsaspekt sprachlicher Äußerungen ist im illokutiven
und perlokutiven Anteil des Sprechaktes enthalten. Wir konzentrie-
ren uns auf den illokutiven Aspekt unter der Fragestellung: wie ist eine
Äußerung gemeint, was soll sie bewirken?

Alle die folgenden Äußerungen können als Aufforderungen, das
Radio leiser zu stellen, aufgefaßt werden. Dabei wird vorausgesetzt,
daß seitens des Sprechers eine Intention besteht, jemand anderen (den
oder die Angesprochenen) zu einer bestimmten Handlung zu veran-
lassen.

> (1) *Das Radio ist zu laut.*
> (2) *Dreht das Radio etwas leiser!*
> (3) *Bitte, sei so gut, und dreh das Radio leiser!*
> (4) *Ich bitte dich, das Radio leiser zu drehen.*
> (5) *Könntest du das Radio etwas leiser drehen?*
> (6) *Wer dreht das Radio mal etwas leiser?*
> (7) *Wenn du das Radio nicht etwas leiser drehst, passiert etwas.*
> (8) *Ruhe!*
> (9) *Man kann hier sein eigenes Wort nicht mehr verstehen.*
> (10) *Das Gedudel hält ja kein Mensch mehr aus.*

Die Aufforderung, das Radio leiser zu stellen, wird hier in unterschiedlichen syntaktischen Formen ausgedrückt: in der Form von Mitteilungssätzen (1, 4, 7, 9, 10), von Fragesätzen (5, 6), von Imperativ-
sätzen (2, 3) oder als Ausruf (8). Man kann, das zeigen die Beispiele,
von der grammatischen Form der Sätze nicht ohne weiteres auf ihren
Charakter als kommunikative Handlung, als illokutiven Akt schließen. Obwohl die syntaktischen Typen (Satzarten) Namen kommunikativer Handlungen haben, ist eine direkte Zuordnung von der Satzart
zur kommunikativen Handlung nicht möglich. Man beachte, welche
unterschiedlichen Äußerungen als Mitteilungssätze (auch Behaup-
tungs- und Aussagesätze genannt) klassifiziert werden mußten.

Eine Reihe der in diesen Äußerungen enthaltenen Sprechakte kann
man noch näher kennzeichnen:

Die Äußerungen (3) und (4) enthalten das Wort *bitte.* Man würde
solche Äußerungen als einen *Sprechakt des Bittens* einordnen. Das
Beispiel (7), der Form nach ein Mitteilungssatz, wird in der Regel als
Drohung bezeichnet: jemandem wird eine Sanktion angedroht, wenn
er etwas nicht tut. Eine Probe wäre, daß man die Äußerung einleiten
könnte durch *Ich drohe dir hiermit, wenn du* ... Im Beispiel (2)
stimmt die syntaktische Zuordnung ‚*Imperativ*‘ mit der Zuordnung als
Sprechakt überein. Die Imperativform *dreh* ist hier kennzeichnend für
den *Sprechakt des Befehlens.* Probe: *Ich befehle dir hiermit, dreh
das Radio* ... Im Beispiel (3) wird der Imperativ allerdings nicht zum
Kennzeichen eines Befehls, weil er hier mit *bitte* verbunden ist. Das
Beispiel (8) – der Ausruf *Ruhe!* – läßt sich als Forderung verstehen.
Probe: *Ich fordere hiermit Ruhe!* Der Zusammenhang mit dem
Radio ist allerdings nur aus der Situation zu verstehen. Dasselbe gilt
für die Beispiele (9) und (10). – (1), (9) und (10) lassen sich, sofern
sie als Aufforderung gemeint und verstanden werden, als Vorwürfe
interpretieren. Probe: *Ich werfe dir (euch) vor, daß das Radio zu laut
ist.* – (5) und (6) sind auf die Handlungssituation insofern bezogen, als
die Handlung thematisiert wird [→ Präsuppositionen § 155].

Die Analyse der Beispiele und die Proben haben gezeigt, daß der
Sprecher die Möglichkeit hat, zu signalisieren, wie eine Äußerung gemeint ist: *ich bitte dich, ich drohe dir, ich befehle, ich fordere.* Dazu
dienen die Verben des Sagens, die sogenannten *performativen* Verben
(performativ bedeutet vollzugsbezogen), die Bedeutung dieser Verben *ist* eine Sprechhandlung, d. h. *sie bedeuten sich selbst.* Beispiele
für solche performativen Verben sind:

(1) überwiegend eigeninitiierte Sprechakte kennzeichnend

> *anflehen, anordnen, anweisen, behaupten, drohen, entschuldigen,
> feststellen, fordern, fragen, raten, versprechen, warnen,* ...

(2) überwiegend Wechselrede betreffend

> *antworten, bestätigen, bestreiten, beteuern, bezweifeln, erwidern,
> versichern,* ...

(3) institutionelle Handlungen angebend und vollziehend

> *beeidigen, begrüßen, gratulieren, schwören, taufen (ich taufe dich),
> vereidigen, wetten,* ...

Welche kommunikative Handlung mit einer Äußerung vollzogen
wird, wird nicht immer explizit gesagt. Bei sehr vielen, wenn nicht den

meisten Äußerungen sind Sprecher und Hörer auf ihre Erfahrungen mit sprachlichen Handlungen als Formen und als Inhalte angewiesen. Diese Kenntnis haben sie sich als Sprachteilhaber erworben: es ist die Kenntnis der *Konventionen* des Sprachgebrauchs.

Wenn jemand immer wieder erfährt, daß nach bestimmten Mitteilungssätzen etwas getan wird, dann lernt er Sätze wie *Das Radio ist zu laut* und *Ich kann das Gedudel nicht mehr aushalten* als Aufforderungen zu interpretieren, also als *das Radio sei – bitte – leiser zu drehen*. Der Begriff der *Konvention,* so wichtig er für das Verständnis von Sprachäußerungen als kommunikativen Handlungen ist, ist bislang allerdings nur recht vage definiert.

§ 154 SPRECHAKTE DES AUFFORDERNS

Die folgenden Sprechakte sind Typen von Aufforderungen.

1. Befehl: *Komm mit! – Raus hier! – Abtreten!*
2. Verbot: *Laß das! – Du gehst heute nicht ins Kino! – Du darfst nicht mit ins Kino gehen.*
3. Begründete Anweisung (Anordnung): *Komm mit in den Keller, damit wir die Kartoffelkiste aufstellen können.*
4. Unbegründete Anweisung (Anordnung): *Es wird hiermit angeordnet, daß . . .*
5. Anregung: *Es wäre doch vernünftig, heute den Rasen zu mähen.*
6. Bitte: *Bitte, komm doch mit in den Keller. Könntest du bitte . . .*
7. flehentliche Bitte: *Ich flehe dich an, verlaß mich nicht.*
8. Rat: *Ich an deiner Stelle würde die Finger davon lassen.*
9. Warnung: *Wenn du dahin gehst, wird man dich vielleicht schlecht behandeln.*
10. Drohung: *Wenn du nicht mitkommst, darfst du heute nicht fernsehen.*
11. Forderung: *Wir wollen mehr Geld!*
12. Wunsch: *Ich möchte auch ein Eis haben.*

Es gibt auch indirekte Aufforderungen, in denen kein semantischer oder syntaktischer Hinweis auf den Aufforderungscharakter gegeben wird. Die Beispiele (1), (9) und (10) aus § 153 sind solche indirekten Aufforderungen: (1) *Das Radio ist zu laut.* (9) *Man kann hier sein eigenes Wort nicht mehr verstehen.* (10) *Das Gedudel hält ja kein Mensch mehr aus.* Diese Aussagen können deshalb als Aufforderungen interpretiert werden, weil sie in der Redesituation als Vorausset-

zung für eine Äußerung *Dreh das Radio leiser* interpretiert werden
können. [Vgl. zu den Voraussetzungen – den Präsuppositionen –
§ 155.]

Aufforderungen sind Sprachhandlungen, die vom Aufgeforderten
ein – nicht-sprachliches oder sprachliches – Handeln oder dessen Un-
terlassen verlangen. Ob eine Aufforderung zum Erfolg führt, hängt
von allgemeinen Bedingungen ab:
- daß sie verständlich formuliert ist
- daß sie ernst gemeint ist (Aufrichtigkeitsforderung)
- daß sie in die Konvention einer Aufforderung gekleidet ist.

Spezielle Voraussetzungen sind:
- daß der Sprecher annimmt, daß die Handlung überhaupt und vom
  Aufgeforderten ausgeführt werden kann
- daß es für den Auffordernden noch nicht offensichtlich ist, daß der
  Aufgeforderte den Inhalt der Aufforderung (von sich aus) tun
  würde (andernfalls würde es sich um eine Vergewisserung handeln,
  nicht um eine Aufforderung)
- daß der Auffordernde vermutet, der Aufgeforderte habe ein sachli-
  ches oder soziales Interesse, die Handlung auszuführen
- daß der Auffordernde glaubt, dem Aufgeforderten die Handlung
  zumuten zu dürfen (sozialer Aspekt) und in der gegebenen Situation zu können (psychischer Aspekt).

Ja nachdem, welche spezielle Form der Aufforderung gewählt wird,
treten noch weitere *speziellere Gelingensbedingungen* hinzu.

> Beispiele:
> Beim *Rat* kommt hinzu, daß der Auffordernde den Aufgeforderten zu
> überzeugen beabsichtigt, er an dessen Stelle würde die Handlung aus-
> führen.
> Bei der *Warnung* kommt hinzu, daß der Auffordernde die Aufgefor-
> derten davon überzeugen will, daß die Folgen einer Handlung für den
> Aufgeforderten ungünstig wären. Bei der *Drohung* kommt hinzu, daß
> der Auffordernde unter Umgehung der von ihm so eingeschätzten ob-
> jektiven Interessenlage des Aufgeforderten sich für berechtigt hält,
> Sanktionen anzudrohen.
> usw.

Die sozialen Rollengefüge und individuellen zwischenmenschlichen
Beziehungen wirken sich bei der Aufforderung mindestens in zweierlei Hinsicht aus:

1. Hinsichtlich der Zumutbarkeit – wer kann wem was (nicht) zumuten?

2. Hinsichtlich der Wahl des lokutiven Sprechaktes, der Formulierung im einzelnen.

Zunächst kommt es auf den institutionellen Rahmen an, auf die Rechte und Pflichten der Beteiligten und die darin begründeten Beziehungen.

So kann z. B. ein Schüler einen Lehrer sehr wohl auffordern *Erklären Sie mir das!*, nicht aber *Machen Sie mir die Schularbeiten!*. Der Lehrer kann verlangen *Rechne mir diese Aufgabe vor!* nicht aber *Bring mich nach Hause!*

In einer Autowerkstatt kann der Kunde zwar auffordern *Setzen Sie den Wagen instand!* aber nicht *Machen Sie keine Mittagspause!*

Ein Angeklagter kann einen Richter bei der Verhandlung nicht fragen *Wie heißen Sie, und wann sind Sie geboren?* (wohl aber der Richter den Angeklagten).

Dazu kommen die – oft mit dem institutionellen Rahmen verbundenen – Über- und Unterordnungsverhältnisse, die sowohl die Zumutbarkeit als auch die Formulierungsmöglichkeiten determinieren. Nicht möglich ist z. B., daß ein Schüler den Lehrer auffordert *Wisch endlich die Tafel ab!*. Nicht möglich ist, daß ein Lehrling dem Chef einen Befehl gibt, daß eine Verkäuferin einem Kunden droht, daß man einem Briefträger befiehlt, ein Päckchen aufzugeben (man kann ihn nur um die Gefälligkeit bitten).

§ 155 Sprechakte des Fragens

Fragen sind Sprachhandlungen, die speziell zu sprachlichen Handlungen auffordern. Voraussetzungen sind:
– Anlaß zum Fragen ist das Bewußtsein des Fragenden, etwas nicht zu wissen, wohl aber zu wissen, daß da etwas ist, und eben das wissen zu wollen.
– die Annahme, der zu Fragende wisse die Antwort
– die soziale Voraussetzung, daß der Fragende glaubt, die Frage an den zu Fragenden stellen zu dürfen
– die Annahme, daß der zu Fragende bereit ist, die Antwort überhaupt zu geben, und bereit, sie dem Fragenden zu geben.

Es gibt Äußerungen, die der Form nach Fragen sind [→ o. § 153/154]. *Kannst du, bitte, das Radio leiser drehen? – Kannst du nicht endlich einmal den Mund halten?*

Umgekehrt gibt es auch Äußerungen, die der Form nach keine Fra-

gesätze sind, aber als Sprachhandlungen Fragen sind, z. B. die indirekten Fragesätze [→ § 128]:

> *Ich weiß nicht, ob ich das jetzt richtig erklärt habe.* (heißt soviel wie:
> *Habe ich das jetzt richtig erklärt?*). – *Ich frage dich, wer es war. (Wer
> war es?)*

Weitere Fragen der syntaktischen Form nach sind keine Fragen; der
„Fragende" weiß die Antwort, er fordert den „Gefragten" auf, sich
zur Sache zu äußern.

> a) das Abfragen; der Fragende weiß die Antwort und will feststellen,
>   ob und wie weit der andere sie weiß; etwa die Lehrerfrage: *Wie kam
>   Hannibal über die Alpen?*
> b) die Thematisierungsfrage, typisch für Prüfungssituationen, aber
>   auch für Diskussionen, Gesprächsrunden: *man könnte jetzt die
>   Frage stellen, ob . . .;* diese Frage ist eine Aufforderung, sich zu ei-
>   nem Thema zu äußern, auch hier ist dem Fragenden die Antwort
>   mehr oder weniger bekannt
> c) die Bestätigungsfrage; der Fragende und der Gefragte wissen beide
>   die Antwort; die Frage gilt der Bestätigung gegenüber Dritten: *Sie
>   sind doch auch der Meinung, daß die Fahrpreise zu hoch sind? –
>   Habe ich das nicht seit drei Jahren kommen sehen und vorherge-
>   sagt? – Du weißt doch, daß ich gestern Tischtennis gespielt habe?
>   – Wollen Sie diese Petra Petersen heiraten?*

In jeder Frage sind Behauptungen enthalten.
– In der Frage *Wer von Euch hat die Fensterscheibe zerbrochen?* wird
  behauptet, daß die Scheibe zerbrochen ist, und daß einer der Gefragten sie zerbrochen habe.
– In der Frage *Wollt ihr Fußball oder Handball spielen?* wird behauptet, daß die Gefragten spielen wollen und daß nur Fußball oder
  Handball zu Wahl stehen.
Diese in der Frage und auch sonst in Äußerungen enthaltenen Be-
hauptungsvoraussetzungen nennt man *Präsuppositionen* (vom Englischen *presupposition = Voraussetzung*). Manchmal sind die Präsuppositionen auch nur triviale Existenzaussagen, z. B. in der Frage *Willst
du ein Eis?* die Präsuppositionen, daß es Eis gibt, welches erreichbar
ist, und daß es das Du, den Angesprochenen gibt, der in der Lage ist,
mit dem Eis etwas anzufangen.
Bei den Präsuppositionen unterscheidet man *semantische Präsuppositionen,* die im sprachlichen Kontext der Frage behauptet werden,
und *pragmatische Präsuppositionen* (Situationspräsuppositionen), die

man durch sein Wissen über Sachverhalte als mitbehauptet versteht. In der Aufforderungsfrage *Kannst du das Radio abdrehen?* ist semantisch präsupponiert, daß ein Radio da ist, das abgedreht werden kann und daß ein Du da ist, der es abdrehen kann. Pragmatisch ist präsupponiert, daß das Radio angedreht ist. – Für eine Aufforderung *Dreh das Radio leiser!* kann man als pragmatische Präsupposition ansetzen *Es ist mir zu laut.* – *Ich kann das Gedudel nicht mehr hören* und anderes mehr. Entsprechend kann es vorkommen, daß die Präsupposition anstelle der eigentlichen Intention genannt wird wie bei den Aufforderungen, das Radio leiser zu drehen, die Voraussetzungen für dieses Begehren nennen (*zu laut* usw.) [→ § 153].

Das bewußte Erkennen der Präsuppositionen in Fragen ist in zweierlei Hinsicht wichtig:

1. Es ist wichtig, damit erkannt werden kann, daß Fragen manipulativen Charakter haben können, daß in der Form einer Frage etwas unterstellt und seine Anerkennung durchgesetzt werden kann. Als vieldiskutierter, extremer Fall kann die Fangfrage vor Gericht gelten: *Wann haben Sie aufgehört, Ihre Frau zu schlagen?* – Wie immer die Antwort ausfällt, der Gefragte gibt zu, daß er überhaupt geschlagen hat, außer er verweigert die Antwort und protestiert gegen die Frage selbst, d. h. gegen die Unterstellung. Das Rechtsmittel, vor Gericht die Zulässigkeit von Fragen zurückzuweisen, ist ein Hinweis auf den Behauptungscharakter und Unterstellungswert von Fragen.

2. Das in der Frage Mitbehauptete (Präsupponierte) ist auch wichtig für die Bestimmung des *Fragebereichs* einer Frage. Nach dem Fragebereich haben die Fragetypen ihre Namen:

    Ergänzungsfrage
    Alternativfrage
    Entscheidungsfrage.

Der Fragebereich einer *Ergänzungsfrage* wird durch ein Fragepronomen angegeben. *Ergänzung* heißt hier, daß die Antwort einen Satz vervollständigt, entweder um ein obligatorisches Satzglied

    Wer hat das getan?
    Was hast du getan?
    Wen hat er getroffen?

oder um adverbielle Bestimmungen und Ergänzungen wie

    Wohin sind sie gefahren?
    Warum hast du das getan?

Wann bist du wiedergekommen?
Wie hast du das fertiggebracht?
Wie findest du das?

Bei *Alternativfragen* wird die Antwort bereits insofern vorgegeben, als Alternativen aufgezählt werden und die Entscheidung für eine davon gefordert wird:

Wollt ihr Fußball oder Handball spielen?
Möchten Sie lieber Tee oder Kaffee?

Hier ist behauptet, daß es nur die aufgezählten Alternativen gibt.

Bei der *Entscheidungsfrage* ist nur eine Ja-Nein-Entscheidung über eine gegebene Behauptung intendiert:

Haben Sie schon gegessen?
Kommst du mit?

Allerdings verlangen solche Alternativ- und Entscheidungsfragen das Aufstellen sehr präziser Behauptungen und die Berücksichtigung von Präsuppositionen, um als Sprechakte glücken zu können. Antworten wie *vielleicht – möglicherweise – nur zum Teil – keins von beiden, sondern . . . usw.* zeigen, daß die Frage nicht präzis gestellt war, oder daß der Gegenstand, der Sachverhalt nicht auf eine Alternative oder Entscheidung hin gesehen werden kann oder, nicht zuletzt, daß der Gefragte nicht bereit ist, sich auf eine Entscheidung oder die genannte, angebotene Alternative einzulassen.

Unabhängig von den spezifischen situativen und inhaltlichen Verhältnissen läßt sich sagen, daß die Alternativ- und Entscheidungsfragen eher manipulativ verwendet werden können als die Ergänzungsfragen.

§ 156 Sprechakte des Aussagens und Behauptens

Der dritte Sprechakttyp, für den es eine spezifische syntaktische Form in der deutschen Sprache gibt (Satzart: Mitteilungssatz), ist die *Aussage* bzw. *Behauptung.* Daß es sich um einen ganz wesentlichen Sprechakttyp handelt, wurde bereits bei der Analyse der in Fragen enthaltenen Behauptungen deutlich [→ § 155]. Für Aussagen und Behauptungen gibt es außerdem im Deutschen – wie in vielen Sprachen – einen eigenen Modus, den Indikativ [→ § 72], mit dem der Sprecher etwas als wirklich darstellt.

Was ist der Unterschied zwischen einer *Behauptung* und einer *Aussage?* Ein Indikator ist die Frage nach der Korrektheit, dem Wahrheitswert einer Mitteilung. Wenn sie korrekt, zutreffend, „wahr" ist, hat sie Aussagecharakter, andernfalls Behauptungscharakter. Allerdings können Kriterien wie Korrektheit und Wahrheit für Sprechakte nicht gleichgesetzt werden mit ontologischen Wahrheiten oder logischen Wahrheitswerten. Die mögen gegeben sein oder nicht, für die Funktion einer Äußerung in der Kommunikation sind andere Bewertungsinstanzen maßgebend: die Gesprächspartner. Das Bedingungsgefüge ist für Sprecher (S), Angesprochenen (A) folgendes, wenn Ä die Äußerung ist:

– Wenn S Ä für wahr, korrekt, zutreffend hält (weil er's weiß oder sicher glaubt), ist Ä für ihn eine *Aussage.*
– Wenn S Ä für wahrscheinlich hält, auch wenn er es nicht genau weiß, oder wenn er es dem A als wahr darstellen will, auch, wenn er weiß, daß es falsch ist, dann ist Ä für S eine *Behauptung,*
– Wenn A Ä für wahr, korrekt, zutreffend hält (weil er's weiß oder glaubt, oder weil er dem S glaubt), dann ist Ä für A eine *Aussage.*
– Wenn A Ä für nicht korrekt, unwahrscheinlich, nicht zutreffend hält, dann ist Ä für A eine *Behauptung.*

Es kann im Gespräch Kongruenz oder Diskrepanz in der Einschätzung geben, aber keine absoluten Aussagen bzw. Behauptungen, es sei denn, man hat ein Gespräch vom Typ *Gehen wir einmal von der Behauptung aus, daß . . .,* aber dann handelt es sich um eine Annahme *(Nehmen wir an, daß . . ., Gesetzt den Fall, daß . . .).*

Für den Sprecher haben Aussage und Behauptung den gleichen Stellenwert hinsichtlich der kommunikativen Intention, hinsichtlich der ‚communicative force': der Sprecher will, daß der Angesprochene die Äußerung für eine Aussage, eine zutreffende Feststellung hält. Für den Angesprochenen ist die Unterscheidung ebenfalls wichtig: er akzeptiert etwas als Aussage oder nicht. Voraussetzungen für die Einschätzung als Aussage seitens des Angesprochenen sind:

– daß er die Korrektheit selbst beurteilen kann, z. B. weil er den Sachverhalt weiß oder für wahrscheinlich hält (sachliche Kriterien)
– oder daß er den Sprecher für sachkompetent und vertrauenswürdig hält (personenbezogene Kriterien).

Das personenbezogene Kriterium ist von erheblicher Bedeutung für das Zusammenleben von Menschen, weil es immer ins Spiel kommt, wenn man Neues erfährt, und das heißt, wenn das Sprechen in einer zentralen Mitteilungsfunktion wirkt. Die ganze Skala der privat und/oder öffentlich akzeptierten Autorität eines anderen und die Begründung der Beziehungen in psychischen (sowohl gefühlsmäßigen als auch intellektuellen) und sozialen und gesellschaftlichen (also auch und gerade ökonomischen und politischen Faktoren) wirkt hierbei mit.

Das folgende Beispiel illustriert die Aktivitäten der Gesprächspartner beim Einschätzen von Gesagtem als Aussagen oder als Behauptungen:

> Marktfrau: *Ganz frischer Salat!*
> Käufer: *Der sieht aber welk aus!*
> Marktfrau: *Habe ich heute morgen geerntet.*
> Käufer: *Warum ist er dann so trocken. Es hat doch geregnet.*
> Marktfrau: *Der kommt aus dem Gewächshaus.*
> Käufer: *Ende Juni Salat aus dem Gewächshaus? Was behaupten Sie denn da? Das gibt's doch nicht!*

§ 157   KOMMENTIEREN

Kommentieren ist eigentlich kein Sprechakt, sondern eine Sprachverhaltensweise. Ein kommentierendes Aufeinandereingehen ist Motor, Triebkraft jeden Gesprächs.

> Anmerkung:
> Die Textsorte *Kommentar* der Publizistik und der Wissenschaft – z. B. Kommentar zu einer Nachricht, kulturpolitischer Kommentar, Rezension, Kommentar zum BGB (Bürgerlichen Gesetzbuch) – ist hier nicht gemeint.

Kommentieren heißt: im Gespräch an vorher Gesagtes auf irgendeine Weise anknüpfen. Wird in einem Gespräch nicht an das Vorhergesagte angeknüpft, handelt es sich um ein Aneinandervorbeireden, wie in folgendem Wortwechsel in einem Omnibus:

> Fahrgast: *Fährt dieser Bus zum Bahnhof?*
> Fahrer: *Bitte schnell einsteigen.*
> Fahrgast: *Ich will zum Bahnhof, ist das hier richtig?*
> Fahrer: *Schnell, wir haben Verspätung.*
> Fahrgast: *Komme ich mit diesem Bus auch zum Bahnhof?*
> Fahrer: *Durchgehen, durchgehen, es wollen noch mehr Leute mitfahren.*

Die Sprachverhaltensweise des Kommentierens kann man unter drei Aspekten betrachten:

1. Was und wieviel von der vorhergegangenen Äußerung wird aufgegriffen und dadurch kommentiert?
2. Auf welchen Aspekt – den der Sache oder den der Beziehung zwischen den Gesprächspartnern – richtet sich der Kommentar?
3. In welcher Weise, mit welcher Strategie wird kommentiert?

Zu 1: der kommentierende Gesprächspartner kann eine vorausgegangene Äußerung oder eine Reihe vorausgegangener Äußerungen als Ganzes oder in Teilen aufgreifen.

> Äußerung:
> *Alle zehn Minuten kommt ein Flugzeug über uns eingeschwebt, wir wohnen nämlich unter der Einflugschneise des Düsseldorfer Flugplatzes.*
> Kommentar zur gesamten Äußerung:
> *Ja, das ist bedauerlich, weil es so laut ist.* – oder: *Da kann man nichts machen.*
> Kommentar zu Teilen der Äußerung:
> *Warum wohnen Sie auch unter der Einflugschneise?* – *In Düsseldorf ist heute aber auch viel Betrieb.* – *Wirklich alle zehn Minuten, nachts auch?*

Zu 2: Hier sind zwei Aspekte zu unterscheiden.

a) Der Sachaspekt

Wenn die Inhalte der vorangegangenen Äußerung aufgegriffen werden, wird die Sache kommentiert; diese Inhalte können irgendetwas betreffen, sie können aber auch die Beziehungen der Gesprächspartner direkt aussprechen und thematisieren; in einem solchen Fall fallen Sachaspekt und Beziehungsaspekt teilweise zusammen (s. u. b)

> Beispiele:
> *Fährt dieser Bus zum Bahnhof?*
> *Nein, aber Sie können umsteigen.*
> oder: *Du gefällst mir heute gar nicht.*
> *Ich fühle mich aber ganz wohl.*

b) Der Beziehungsaspekt

Auf die Beziehungen zwischen den Gesprächspartnern kann man indirekt eingehen, wenn man das Kommentierungsverhalten abweichend von den sachlich zu erwartenden Verhältnissen gestaltet. Man kann z. B. die Äußerungen eines Gesprächspartners immer wieder aufgreifen und die eines anderen ignorieren und übergehen oder immer wieder herunterspielen und auf diese Weise Beziehungen signalisieren.

Beispiele:
A.: *Ich hatte herrliche Ferien in Skandinavien.*
B.: *Hör bloß auf mit deinen Ferienerlebnissen.*
C.: *Wir waren diesmal in Mallorca.*
B.: *Wir waren auch schon mal dort, wo waren Sie denn?*

In dieser Gesprächsrunde wird, zumindest wenn es nach B geht, das weitere Gespräch von C und B, unter Ausschluß von A bestritten.

Zu 3: Strategie des Kommentierens
Zur Analyse, welcher Teil einer Äußerung und welche Ebene der Äußerung aufgegriffen wird, kommt die funktionelle Analyse, die zeigt, was mit den unterschiedlichen Kommentierungen für das Gespräch erreicht wird. Hierbei unterscheidet man zwischen einer *reaktiven* und einer *aktiven Strategie*. *Reaktives Kommentieren* liegt dann vor, wenn der zweite Sprecher keine neuen, eigenen Gesichtspunkte vorbringt. Das tut er immer dann, wenn er die ganze Äußerung kommentiert und ein pauschales Urteil ohne Differenzierung fällt, also einfach zustimmt *Ja, ich weiß, Wie schön,* oder zurückweist *Interessiert mich nicht.* Für die Gesprächsführung wichtiger ist das *aktive Kommentieren.* Hier kann man, indem man einen Teil der Äußerung aufgreift und thematisiert, den Fortgang des Gesprächs aktiv steuern und im eigenen Sinne lenken, wie die Beispiele zeigen:

Äußerung:
D.: *Wir wollen dieses Jahr in Bagenkop Urlaub machen.*

Aktiver, weiterführender Kommentar
E.: *Wo liegt denn das?*
D.: *In Dänemark, auf Langeland.*
E.: *Oh, kann man da auch baden?*
D.: *Ja, es hat einen schönen Strand.*
E.: *Ist es da nicht zu einsam?*
D.: *Nein, es fährt eine Fähre nach Kiel.*

Reaktiver, nicht weiterführender Kommentar durch E.
E.: *So, so.*
D.: *Das liegt in Dänemark, auf Langeland.*
E.: *Wußte ich nicht.*
D.: *Da kann man prima baden.*
E.: *Na denn viel Spaß.*

§ 158 Redewiedergabe: Erwähnte Rede

A. Grundsätzliches

Reden ist normalerweise eine Sache des Augenblicks. Wenn etwas Gesagtes nicht aufgeschrieben oder auf Tonband usw. technisch konserviert wird, ist das Gesagte vorbei. Eine sprachliche Möglichkeit, diese Unwiederholbarkeit des Sprechens aufzuheben, die in den physikalischen Bedingungen des Sprechens angelegt ist, ist die Redewiedergabe, das Zitieren, das Erwähnen und Berichten von Gesagtem. Beim Wiedergeben oder Erwähnen hat der Berichtende nun allerdings die Möglichkeit, Stellung zu nehmen, die Rede zu kennzeichnen als der Ich-Hier-Jetzt-Origo des ursprünglich Sprechenden zugehörig. Er legt seine eigene Ich-Hier-Jetzt-Origo über die des zitierten Sprechers.

Diese eigene Ich-Hier-Jetzt-Origo des Berichtenden führt beim Wiedergeben von Rede dazu, daß die in der ursprünglichen Rede genannten Personen – also der dort Angesprochene, der, über den gesprochen wurde und der, der gesprochen hat – nun auf den Berichtenden bezogen werden.

Ursprüngliche Rede:

Fritz sagte zu Jakob: Ich komme morgen zu dir.

Bericht

Jakob sagt zu Franz: Fritz hat gesagt, er komme morgen zu mir.

Die Verschiebung in der Personenperspektive führt zu Pronominaverschiebungen in der berichteten Rede gegenüber der ursprünglichen und im Bericht dazu, in der Redeeinleitung des Berichts. [Zu den Einzelheiten dieser komplexen Verschiebungen, die die Komplexität der wechselnden Beziehungsverhältnisse zwischen den Personen wiederspiegeln → § 136].

B. Erscheinungsformen

Es gibt drei syntaktische Grundformen der Redewiedergabe.

1. Zitat

Das *Zitat* in direkter Rede gibt die ursprüngliche Rede besonders konkret und aktualisiert wieder. Hier wird keine Pronominalverschiebung vorgenommen, hier kann der Berichtende sogar die Intonation wiedergeben. Dadurch, daß er die Rede als Zitat wiedergibt, übernimmt der Berichtende die Gewähr für die Authentizität des Gesagten. Insofern er das Gesagte allerdings nicht einfach selbst sagt, sondern es als Äußerung eines anderen – in einem Kommentar – kennzeichnet, signalisiert er seinerseits eine gewisse Distanz vom Gesagten.

> *Klaus sagt zu Fritz: „Ich komme morgen."*
> Eine direkte Mitteilung wäre, wenn Fritz sagte:
> *„Klaus kommt morgen."*
> Zitat in einem Bericht ist:

> *Fritz: „Klaus hat gesagt: ‚Ich komme morgen'."*
>
> ⎵_____⎵   ⎵_____⎵
>
> Kommentar   Zitat
> Redeeinleitung
>
> ⎵_____⎵
>
> Bericht

2. Erwähnte Rede 1

Erwähnte Rede kann in einem der Form nach selbständigen, dem Inhalt nach abhängigen Gliedsatz im Konjunktiv oder Indikativ stehen. In schriftlichen Texten und in offiziellen Situationen ist der Konjunktiv angebracht und üblich.

> *„Klaus hat gesagt, er komme morgen."*
> *Fritz:* *„Klaus hat gesagt, er kommt morgen."*

Die Verwendung des Konjunktivs ist die ursprüngliche Form der *Redeerwähnung*, die indikativische Form ist sprachgeschichtlich jünger. Die Verwendung des Konjunktivs signalisiert insofern eine größere Distanz des Berichtenden zum ursprünglich Gesagten, als die erwähnte Rede mit dem konjunktivischen Merkmal der Möglichkeit versehen wird.

3. Erwähnte Rede 2

Die *erwähnte Rede* kann in einem abhängigen konjunktionalen Gliedsatz mit *daß* stehen, und zwar im Indikativ oder Konjunktiv.

> *„Klaus hat gesagt, daß er kommt."*
> *Fritz:* *„Klaus hat gesagt, daß er komme."*

Die Einbettung als Gliedsatz signalisiert auch im Indikativ Distanz, die Einbettung als Gliedsatz mit Konjunktiv ist wohl die distanzierteste Form der Redeerwähnung.

C. Kommentierung und Bewertung in der Redeeinleitung

Im Rahmen des Berichts hat der Sprecher die Möglichkeit, mit der Redeeinleitung, die einen Kommentar darstellt, die ursprüngliche Rede und die ursprüngliche Redesituation zu interpretieren, gegebenenfalls bewußt oder unbewußt abzuwandeln und auch zu verfälschen. Man bedient sich dabei der performativen Verben und adverbieller Bestimmungen:

Fritz: „Klaus hat

- (sicher) zugesagt
- (nachdrücklich) versichert
- (eigentlich nur) angedeutet
- (ernsthaft) beteuert
- bestätigt
- betont
- in Aussicht gestellt
- (so nebenbei) verlauten lassen
- gedroht
- . . .

- er kommt.
- er komme.
- daß er kommt.
- daß er komme.

Bei der Redewiedergabe können wesentlich mehr performative Verben als im performativ eingeleiteten Sprechakt stehen [→ § 153], weil auch der perlokutive Akt thematisiert werden kann, d. h. der Berichtende kann aus der Rückschau über die Folgen eines Sprechaktes Urteile abgeben wie

er überredete, wies nach, überzeugte (nicht), redete sich heraus, schwindelte, machte glaubhaft, . . .

Darüberhinaus kann der Berichtende auch die Redeweise und psychische Befindlichkeit kennzeichnen, z. B. wenn er sagt:

er

- brüllte
- flüsterte
- lachte
- flüsterte
- sagte

- mit tonloser Stimme
- mit hochrotem Kopf
- ängstlich
- kaum hörbar

Die Integration der berichteten Rede in den Bericht kann semantisch und syntaktisch zu Veränderungen an den berichteten Redetexten führen, bis hin zur Unkenntlichkeit.

Ursprüngliche Rede
Hans: „Leider habe ich mich verspätet."
Wiedergabe (korrekt dem Sinn nach)
Hans bedauerte, sich verspätet zu haben.
oder Polizeifunk an Radiostation: *„B 1 überlastet."*
Radiosprecher: *„Die Polizei warnt vor Überlastung der B 1."*

In diesen Zusammenhang gehören auch die Umschreibungen mit den Hilfsverben *wollen* und *sollen*.

Franz will sich verfahren haben.
Dahinter steht:
Franz sagt, er habe sich verfahren. Ich habe das gehört (und bin mir dessen nicht sicher oder/und glaube das eigentlich nicht oder er irrt sich aber wohl).

Franz soll sich verfahren haben.
Dahinter steht:
Ich habe jemanden sagen hören, daß Franz gesagt hat, er habe sich verfahren. (Ob das stimmt, weiß ich nicht.)

D. Mehrfacheinbettung

Natürlich kann erwähnte Rede ihrerseits wiedergegeben werden, die Möglichkeiten der Distanznahme und Interpretation durch Umschreibung sind erneut gegeben. Die ursprüngliche Rede kann erhalten bleiben, unterliegt aber mehr und mehr der Gefahr, abgewandelt oder gar verfälscht zu werden:

So entstehen Gerüchte.

9. Anhang: Lautstruktur und Schriftstruktur

§ 159 DIE LAUTLICH-PHYSIKALISCHE REPRÄSENTATION VON SPRACHE

Wie alle natürlichen Sprachen wird die deutsche Sprache primär durch Laute wiedergegeben: die Sprachzeichenkörper sind zunächst Lautfolgen. Mit einer begrenzten Anzahl von Lauteinheiten wird durch Anreihung und wechselnde Kombination eine sehr große Zahl von Sprachzeichenkörpern realisiert.

Versucht man, die beim Sprechen entstehenden, unterscheidbaren Laute zu zählen, so kommt man beim erwachsenen Sprecher zu einer Zahl von etwa 120–150 Einheiten, und zwar weitgehend unabhängig von der Sprache, die der Betreffende spricht, aber abhängig von der Person des Sprechers. Dem entspricht in etwa die Zahl der Lautzeichen, die das internationale lautsprachliche Alphabet vorsieht. Es hat über 100 Zeichen. Versucht man, die Zahl der mit den menschlichen Sprechorganen äußerbaren und deutlich voneinander unterscheidbaren Laute zu zählen, so kommt man zu etwa 400 bis 450 Einheiten. Der Sprecher macht also beim Sprechen nur einen begrenzten Gebrauch von den Möglichkeiten seiner Sprechorgane.

Erschwert werden Zählungen und Bestandsaufnahmen dadurch, daß die Sprechlaute sich uns zwar nach dem Gehör als deutlich unterscheidbare Einheiten ausgliedern, sich aber in einem objektiven akustischen Aufzeichnungsverfahren nicht eindeutig ausgliedern lassen. Versucht man z. B. auf einem Tonband einen bestimmten Laut herauszutrennen oder herauszuschneiden, dann stellt man fest, daß der Laut von den jeweiligen Nachbarlauten immer beeinflußt, überlagert, gefärbt ist: Im Wort *Talisman* hört man beim Schneiden eines Tonbandes niemals ein reines [t]*, sondern immer ein behauchtes *t*, das jeder deutsche Sprecher vor Vokal spricht, und einen Anklang des a [tha] oder ein [al] oder ein [li] usw. Die Sprechlaute sind also nur in der – geistigen – Verarbeitung des akustischen Geschehens abgegrenzte, eindeutig trennbare Einheiten; sie sind in der Wahrnehmung Einheiten des Höreindrucks (auditive Einheiten). Entsprechend ist die Definition „Sprachäußerungen sind substantiell gegliederte Lautfolgen" eine Definition über den Höreindruck. Die Fähigkeit, aus dem

---

* Im folgenden werden Sprechlaute mit [ ], Sprachlaute, Lautklassen mit / / und Schreibzeichen mit > < angegeben.

verwischten Klangereignis Sprachäußerung eine gegliederte Folge ab-
grenzbarer, deutlich unterscheidbarer Einheiten herauszuhören, ist
eine Sprachleistung, eine eigene Sprachfunktion (die übrigens für sich
gestört sein kann). Auch in der Artikulation, bei der Tätigkeit der Ar-
tikulationsorgane lassen sich immer wiederkehrende Merkmale feststellen. Sie betreffen die Artikulationsstellen und Prinzipien der Arti-
kulationsweise. So wird beim t immer ein dentaler Zungenverschluß
gebildet, der sich in der sogenannten Plosion löst; *t* wird deshalb als
dentaler Plosivlaut beschrieben. Vom ebenfalls dentalen Plosivlaut *d*
unterscheidet er sich durch das Nicht-Tätigwerden der Stimmbänder
(Stimmlosigkeit).

§ 160   Die Leistung der Laute im Sprachsystem

Versucht man die Leistung der Laute im Sprachsystem zu bestimmen, so stellt man zunächst fest, daß mit gegliederten Lautfolgen Bedeutungen ausgedrückt werden. Die bedeutungtragenden Einheiten
der Sprache, die Morpheme [→ Wortbildung § 137] sind durch Lautfolgen, mindestens jedoch durch einen Laut physikalisch realisiert:
[Maus] bei Maus aber das [t] und [ə] in [stɛck-t-ə] *steckte*. Die Wiedergabe mancher grammatischer und Wortbildungsmorpheme durch
nur einen Laut ändert nichts an der Richtigkeit der Aussage, daß die
Einzellaute selbst nicht Bedeutung tragen: keinem Laut läßt sich als
Laut eine feste Bedeutung zuordnen. Vielmehr ist die gelegentliche
Realisierung eines Morphems durch einen Laut ein Sonderfall der
Realisierung der Morpheme durch gegliederte Lautfolgen. Außerdem
kann derselbe Laut verschiedene Morpheme realisieren, vgl. [t] in
*steck*te (Präteritum) und *steckt* (dritte Person Singular). Man kann bei
der Analyse der Sprachzeichenkörper feststellen, daß *Laute die Funktion haben, Bedeutungen zu unterscheiden:*

> Hase/Hose; Haus/Maus; Floh/flieh; Mist/Mast/mußt/müßt/Most/
> meist/meßt usw.

§ 161   Laut und Lautklasse, Sprechlaut und Sprachlaut

Bei der Analyse der gegliederten Lautfolgen im Hinblick auf die
Leistung der in ihnen enthaltenen Einzellaute stellt man fest, daß nicht
alle unterscheidbaren Einzellaute, nicht alle Sprechlaute die Funktion
haben, Bedeutungen zu unterscheiden.

So wird beispielsweise das *r* von verschiedenen Sprechern sehr unterschiedlich ausgesprochen, z. B. als sog. Zungen-[r], also als „weiches" [r] oder als sog. Zäpfchen-[R], als „gerolltes" [R]. Beide Sprechlaute sind Varianten desselben Sprachlauts /r/, bilden eine Lautklasse /r/.

Ähnlich ist es bei der Aussprache des nur inlautend und auslautend vorkommenden /ch/ im Deutschen: Nach a, u, o wird ein härterer „ach"-Laut [X] am Hintergaumen, nach e, i, ei, ä, ü, ö wird ein weicherer „ich"-Laut [ç] am Vordergaumen ausgesprochen; nur die (hoch)alemannischen Mundarten, z. B. das Schweizerdeutsche, kennen allein den „ach"-Laut. Beide Sprechlaute sind Varianten desselben Sprachlauts, derselben Lautklasse /ch/, sie haben untereinander im Deutschen keine bedeutungsunterscheidende Funktion. Es ist darüberhinaus anzunehmen, daß auch der Hauchlaut [h], vgl. H*afen*, H*auchlaut*, der noch weiter hinten gesprochen wird als die bislang genannten /ch/-Laute, aber im Deutschen nur am Wortanfang vorkommt, eine Sprechlautvariante des /ch/-Sprachlautes ist. Der Hauchlaut [h] ist nicht zu verwechseln mit dem [j]-haltigen Gleitlaut in *Ehe* oder *sehen*, schon gar nicht mit dem Dehnungs-*h* in der Schrift [→ § 164], das lautlich nur als Länge des vorausgehenden Vokals erscheint, zu verwechseln.

Auch gibt es bei den deutschen Sprechern unterschiedliche Sprechlautvarianten für den Sprachlaut (kurzes) /ĕ/: Die halboffene Aussprache im Norden und die ganz offene, nach [ɛ] tendierende im Süden und zum Teil im mitteldeutschen Osten. Daneben gibt es Allgemeindeutsch noch eine einem kurzen /ö/ ähnliche Aussprache /ŏ/ für den Sprachlaut /e/ in unbetonten Mittel- und Endsilben, z. B. in *bitte* oder *wartete*.

Das geschlossene [e:], das nur lang gesprochen im Deutschen vorkommt, markiert im Allgemeindeutschen einen anderen Sprachlaut /e:/, allerdings gibt es dafür in einigen süddeutschen Dialekten auch eine offene, lange Sprechlautvariante [ɛ:].

Auch das lange [a:] und das offene, lange [ɔ:] sind im Deutschen Sprechlautvarianten desselben Sprachlauts /a:/, vgl. bayerisch, fränkisch, alemannisch: [frɔ:gn] für [fra:gɔn], [hɔ:s] für [ha:sə] usw.

Der Gebrauch der Begriffe Sprechlaut und Sprachlaut zeigt eine Differenzierung innerhalb der lautlichen Ebene von Sprache an: Man muß zwischen Lautklassen, die die bedeutungsunterscheidende Funktion wahrnehmen, und den aktuellen Sprechlauten, die die physikalische Repräsentation der Lautklassen übernehmen, unterscheiden:

Etwa 120 bis 150 auditiv deutlich unterscheidbare Sprechlaute repräsentieren je nach Analyse 42 bis 48 Sprachlaute, die bedeutungsunterscheidende Funktion im Sprachsystem haben; für manche Sprachlaute gibt es viele Varianten, für andere wenige, von der Vielzahl der
auditiv nicht wahrgenommenen Sprechlautvarianten [→ oben § 159:
akustisches Klangereignis] einmal ganz abgesehen. Weil es sich bei
den Sprachlauten prinzipiell um Klassen von Sprechlauten handelt,
sprechen wir von Lautklassen. Ein international gebrauchter, fach-
sprachlicher Name für Lautklassen ist *Phonem.* Die international
übliche Bezeichnung von Sprechlaut ist *Phon.*

Wir unterscheiden eine *phonetisch physikalische* Ebene der Repräsentation von Sprache von einer *phonematischen systematischen*
Ebene; letztere wird auch phonemische oder phonologische genannt.

Eine Zusammenstellung der bei einer Analyse auf bedeutungsunterscheidende Funktion ausgliederbaren Phoneme der deutschen
Sprache findet sich zusammen mit ihren Schreibungen in § 162.

§ 162 Das Hauptprinzip der deutschen Rechtschreibung: phonetisch-phonologische Abbildung

Dem deutschen Schreiber stehen zur schriftlichen Wiedergabe
sprachlicher Äußerungen 29 Buchstaben und insgesamt 85 Schreibzeichen (z. T. aus Buchstabenfolgen gebildet) zur Verfügung.

Bis vor nicht allzu langer Zeit ging man allgemein davon aus, daß
die deutsche Schrift grundsätzlich die lautlich-physikalische, also die
phonetische Ebene der Sprache wiedergebe, d. h. daß die deutschen
Buchstaben für Lautwerte der deutschen Sprache stehen. Von diesem
Prinzip sollte in der Beibehaltung historischer Schreibkonventionen in
geregelter Weise abgewichen werden können. Dem führenden Prinzip
der *Lauttreue* der deutschen Schrift wurden eine Reihe von Prinzipien
der Abweichung von der phonetischen Schreibung zugeordnet [→
§ 164].

Die Angaben darüber, welches Gewicht der Lauttreue im Gesamt-
system der deutschen Schreibkonventionen zuzuordnen ist, sind außerordentlich schwankend, sie reichen je nach Ansatz und Präzision
in der Analyse von 7% im Minimum bis zu 68,5% im Maximum. Die
großen Unterschiede kennzeichnen bereits die Unsicherheit der Au-
toren hinsichtlich der Bestimmung dessen, was ein Laut und was

Lauttreue ist. Obwohl es die Unterscheidung zwischen einer phone-misch-systematischen und der phonetisch-physikalischen Ebene frü-her nicht gab, sind bei den Analysen auch Lautklassengesichtspunkte berücksichtigt worden, z. B., wenn man zwischen eindeutig phoneti-schen Schreibungen (7%) und phonetisch falschen Schreibungen (13%) und phonetisch mehrdeutigen Schreibungen (etwa 80%) un-terschied.

Neuerdings wird mehr und mehr die Ansicht vertreten, daß die deutschen Schreibkonventionen hauptsächlich auf eine *phonemisch-systematische Ebene* bezogen sind. Im phonemischen Prinzip gehen die meisten phonetisch eindeutigen und viele phonetisch mehrdeutige Schreibungen auf [→ auch § 163]. Für die Analyse hat diese Zuord-nung den Vorteil, daß sich der Anteil des Hauptprinzips an den Schreibkonventionen viel präziser als früher bestimmen läßt. Eine neuere repräsentative Analyse anhand von 5163 Buchstaben (Riehme 1967) ergab, daß 16,65% dieser Buchstaben nichtphonolo-gischen Charakter hatten. Zu einer Zusammenstellung der Prinzipien in der Abweichung der nichtphonologischen Zeichen → § 164.

Trotz dieser einigermaßen sicher fixierten Zahl gibt es keine konsi-stenten Abbildungsbeziehungen zwischen der Phonem- und Schreib-ebene, schon gar nicht eine Eins-zu-Eins-Zuordnung. Das zeigt fol-gende Übersicht über die Abbildung der Phoneme des Deutschen in der Schrift in Anlehnung an den Vorschlag von Hofer.

Schriftsprachliche Repräsentationen der Vokalphoneme und deren allgemeindeutsche Lautrepräsentationen

– Langvokale

/a:/	[a:]	– >a<	*(Wal)*
		>ah<	*(Wahl)*
		>aa<	*(Saal)*
/e:/	[e:]	– >e<	*(wen)*
		>eh<	*(stehlen)*
		>ee<	*(See)*
/i:/	[i:]	– >i<	*(wir)*
		>ih<	*(ihn)*
		>ie<	*(sie)*
		>ieh<	*(Vieh)*
/o:/	[ɔ:]	– >o<	*(rote)*
		>oh<	*(Sohle)*

			>oo<	*(Moor)*
/u:/	[u:]	–	>u<	*(Rute)*
			>uh<	*(Ruhm)*

– Kurzvokale

/a/	[a]	–	>a<	*(As)*
			>a< + Dk*	*(Ratte)*
/e/	[ε,ə]	–	>e<	*(Ende)*
			>e< + Dk	*(Bett)*
			>ä< + Dk	*(Bälle)*
/i/	[i]	–	>i<	*(in)*
			>i< + Dk	*(Stille)*
/o/	[ɔ]	–	>o<	*(Schloß)*
			>o< + Dk	*(Motte)*
/u/	[u]	–	>u<	*(Rum)*
			>u< + Dk	*(Bulle)*

– Diphthonge

/aⁱ/	[ae]	–	>ei<	*(leiten)*
			>ay<	*(Bayern)*
			>ai<	*(Laib)*
/oⁱ/	[oi]		>eu<	*(Leute)*
			>äu<	*(Häute)*
/aᵘ/	[ao]	–	>au<	*(Haus)*

– Umlaute

/ä:/	[ε:]	–	>ä<	*(bäte)*
			>äh<	*(nähme)*
/ö:/	[ø:]	–	>ö<	*(höre)*
			>öh<	*(Höhle)*
			>oe<	*(Goethe)*
/ü:/	[y:]	–	>ü<	*(Güte)*
			>üh<	*(kühn)*
/ö/	[ø, œ]	–	>ö< + Dk	*(Götter)*
/ü/	[y]		>ü< + Dk	*(Mütter)*

* Dk = Doppelkonsonant folgt

Schriftsprachliche Repräsentationen der Konsonantenphoneme und deren allgemeindeutsche Lautrepräsentationen

– Explosive

/p/	[p]	–	>pp<	*(Pappel)*
			>p<	*(packen)*
			>(-b)<**	*(lieb)*
/t/	[t]	–	>tt<	*(Latte)*
			>t<	*(Tasse)*
			>dt<	*(Stadt)*
			>th<	*(Theater)*
			>(-d)<**	*(Lied, Pfund)*
/k/	[k]	–	>kk<	*(Mokka)*
			>k<	*(Kasse)*
			>ck<	*(Hacke)*
			>x<	*(Axt, Sex)*
			>ch<	*(sechs)*
			>q<	*(Quark)*
			>(-g)<**	*(Sieg)*
			>ch<	*(China)*
			>c<	*(Claus)*
/b/	[b]	–	>bb<	*(babbeln)*
			>b<	*(baden)*
/d/	[d]	–	>dd<	*(paddeln)*
			>d<	*(baden)*
/g/	[g]	–	>gg<	*(Dogge)*
			>g<:	*(Gasse)*

– Spiranten

/f/	[f]	–	>ff<	*(Waffe)*
			>f<	*(Fall)*
			>v<	*(Vater)*
			>ph<	*(Photo)*
			>w<	*(Löwchen)*
/v/	[v]	–	>v<	*(Vase)*
			>w<	*(Wasser)*
			>qu (kv)<	*(Quatsch)*

** → dazu Auslautverhärtung und kombinatorischer Lautwandel § 163

/s/	[s]	–	>ß<	(reißen)
			>s<	(Reis)
			>ss<	(hassen)
/z/	[z]	–	>s<	(Satz)
/š/	[š]	–	>sch<	(Schatz)
	s	–	>s<	(Steine vor t und p)
/ž/	[ž]	–	>g<	(Genie)
/ch/	[ç, χ]	–	>ch<	(möchte, Rauch)
			>igk<**	(König)

– Nasale

/m/	[m]	–	>mm<	(Hammer)
			>m<	(Masse)
/n/	[n]	–	>nn<	(Kanne)
			>n<	(Nase)
/ng/	[ŋ]	–	>ng<	(hängen)

– Liquide

/l/	[l]	–	>ll<	(halten)
			>l<	(lassen)
/r/	[r, R]	–	>rr<	(harren)
			>r<	(Rasse)

– Sonstige

/h/	(vgl. ch)			
	[h]	–	>h<	(Haß)
/j/	[j]		>j<	(Jacke)

Eine genaue Analyse eines Rechtschreibfalles, der Schreibungen der Phoneme /z/ und /s/ zeigt die Komplexität und den speziellen Charakter der Schreibregeln im einzelnen.

Phonem	Lautl. Umgebung (im Morphem)	Graphem > <	Beispiele	Regel
/z/	im Anlaut	s	*See*	nur >s<, (nie >ss, ß<)
	im Inlaut	s	*böse*	nur >s<
/s/	Inlaut nach langem Vokal, vor Vokal	ß	*rußen, Maße*	eindeutig nur >ß<
	Inlaut nach kurzem Vokal, vor Vokal	ss	*hassen, Nüsse*	eindeutig nur >ss<
	Inlaut nach Vokal vor Konsonant	ß	*spaßt, paßt*	ß nur wenn bei Umformung mit folgendem Vokal /s/ bleibt: *spaßen, passen;*
		s	*Rast, Rost, Ast*	sonst nur >s<
	Inlaut zwischen Konsonanten	s	*magst, hackst*	Formen ohne /s/ möglich: *mögen, hacken* (Flexions-st)
		x	*Axt*	Ausnahme
	Inlaut nach Kons. vor Vokal	s	*Achse, hopsen*	nur >s< nach /k, p/
	Inlaut nur nach Konsonant k	x	*flexibel, Sex, fix*	fremde Schreibungen
	Auslaut nach Vokal	ß	*Ruß, Maß, Nuß, Haß*	wenn bei Umformung mit folgendem Vokal /s/ bleibt: *rußen, hassen;*
		s	*Maus, Gas*	wenn /z/ auftritt: *Mäuse*
			Bus, Tennis	fremde Schreibungen; aber: *Busse*
			Finsternis	Suffix -*nis;* aber: -*nisse*
			aus, bis	Ausnahme (außen!)
	Auslaut nach Konsonant	s	*Gans*	wenn /z/ auftritt: *Gänse*
			Abschieds	Flexions-s (Gen., Plur.)
			stets, bereits, allerdings	Ausnahmen

§ 163 PROBLEMATISIERUNG DER STATISCHEN PHONEMANALYSE. DER CHARAKTER DEUTSCHER RECHTSCHREIBREGELN

Die Zusammenstellung der Phonem-Graphem-Beziehungen im § 162 zeigt deutlich, daß die Abbildungsbeziehungen zwischen den Phonemen und der schriftlichen Wiedergabe nicht konsistent und keine Eins-zu-Eins-Zuordnung sind: Bis zu sechs verschiedene Wiedergabemöglichkeiten waren für dasselbe Phonem zuzuweisen. Viele davon sind als nichtphonologische Schreibungen anzusehen, sie werden im § 164 angesprochen.

Die Zusammenstellung der Rechtschreibregeln um das /z/- und /s/-Phonem macht deutlich, welchen Charakter die Rechtschreibregeln des Deutschen haben: die Schreibungen im Deutschen sind *umgebungsabhängig*. Die Stellung einer Lauteinheit im Wort und die lautliche Umgebung hat Einfluß auf die Schreibung, und zwar derart, daß

1. gleiche Laute oder Phoneme in unterschiedlicher Position und Umgebung unterschiedlich geschrieben werden. Beispiele: oben § 162 >ss<, >ß<, >s< usw., weiter die Wiedergabe von /k/ vor /v/ als >qu<, von /k/ vor /s/ als >ch< (Ausnahme: *Axt* und Fremdwortschreibungen wie *Sex* usw.). Auch die Wiedergabe von /s/ vor Konsonanten im Wortanlaut schwankt je nach dem Folgekonsonanten: vor /r/ und /l/ und /w/ steht >sch<: *schlagen, schreiben, schwimmen*, vor /t/ und /p/ steht >s<: *Stein, Spiele* usw.
2. von lautlichen und phonematischen Unterschieden abstrahiert wird. Beispiel: Die stimmlose Aussprache der stimmhaften Verschlußlaute b, d, g im Silben- und Wortauslaut und vor stimmlosen Konsonanten (vgl. *Bran*[t] – *Bran*[d]*es*: sog. Auslautverhärtung, vgl. *blei*[b]*en* – *blei*[p]*t* (sog. kombinatorischer Lautwandel) wird in der Schrift nicht angegeben.

Damit ist zweierlei angedeutet:

a) Es gibt nicht nur in der Schrift umgebungsabhängig geregelte Schreibkonventionen, sondern auch in der Lautstruktur umgebungsabhängig geregelte Vokal- und Konsonantenschwankungen. Zum letzteren siehe das Beispiel oben unter 2., für das erstere vgl. z. B. den Wechsel zwischen [e] und [ə] in den Wortformen *wartend* gegenüber *warte* und *wartete*.

b) Es gibt zwischen den Rechtschreibregeln und den Regeln, die solche Schwankungen besorgen, eine Verwandtschaft im Charakter der Regel: ihre Umgebungsabhängigkeit.

Sowohl die Erscheinung des regelmäßigen Wechsels (der Alternation) von Lauten als auch die des umgebungsabhängigen Wechsels in der Schreibung sowie der Beseitigung von Lautalternationen in der Schrift läßt sich mit dem statischen Analyseverfahren der Phoneme nach ihrer bedeutungsunterscheidenden Funktion und mit einer einfachen Zuordnung der Schreibweisen nicht erfassen: Den Schwankungen z. B. im Rahmen der Auslautverhärtung und des kombinatorischen Lautwandels der stimmhaften Verschlußlaute (s. o. *Brand, Brandes; bleiben, bleibt*) müßte man Phonemstatus mit „seltsamer" graphemischer Wiedergabe gegen den Lautwert zubilligen, den Lautverbindungen *sp, st, schr, schl, schw* müßte man entweder einen eigenen Phonemstatus mit teilweise wieder seltsamer lautwidriger Wiedergabe zuordnen oder dem Phonem /s/ die phonemisch unsinnige Wiedergabe >sch< und >s< in der Schrift zuordnen. Beides wurde in der Tabelle § 162 weggelassen.

In der neueren generativen Phonologie hat dies zu einer wesentlichen Veränderung in der Phonemanalyse geführt: Es wurden umgebungsabhängige Prozeßregeln, sog. *phonologische Regeln* eingeführt und die Phoneme wesentlich abstrakter angesetzt. Die phonologischen Regeln vermitteln umgebungsabhängig zwischen einer abstrakten, vom Höreindruck her nicht mehr unmittelbar zugänglichen, phonemisch-systematischen Ebene zur konkreten physikalischen Lautebene, indem sie die Merkmale eines Phonems, je nach seiner Stellung und Umgebung im Wort, verändern. Mit solchen phonologischen Regeln kann weitergehend auch die Integration des Einzellautes in das Gesamtklangereignis [→ § 159] erklärt werden. An einem Beispiel sei die Ummarkierung im Rahmen der Auslautverhärtung vorgeführt:

Phonemisch /brand/	Merkmale	Phonetisch [brant]	
− − + − −	silbisch	− − + − −	
+ + − + +	konsonantisch	+ + − + +	
+ − − − +	obstruent	+ − − − +	
− − − + −	nasal	− − − + −	
+ + + + +	stimmhaft	+ + + + −	Ummarkierung
. . . .	usw.		

Zugrunde liegt hier ein Phonem /d/, das im Auslaut zu [t] gewandelt wird; die Schreibung ist hier jedoch phonemisch: >d<. Es können auch mehrere Regeln nacheinander zur Anwendung kommen: Nach sprachwissenschaftlichen Studien müssen die phonologischen Regeln

als in einem System verhakt gedacht werden. Viele phonologische Regeln haben jeweils *sprachgeschichtlichen Lautwandel* zum Inhalt, vgl.
auch das etymologische und historische Prinzip der Schreibung in
§ 164.

Man kann heute relativ endgültig sagen, daß die deutsche Rechtschreibung sowohl auf eine phonemisch-systematische Ebene bezogen
ist als auch seltener auf eine phonetische, gelegentlich sogar auf ,prä-
phonetische' Ebenen, d. h. solche, die nach Einwirken einzelner, aber
nicht aller phonologischen Regeln zustande kommen.

Die Verhältnisse kann ein vereinfachtes Beispiel verdeutlichen. In
den Wörtern *schlagen, schreiben, Spule, Stein* liegt am Wortanfang
jeweils eine Phonemverbindung /s/ + Konsonant zugrunde. Süddeutsch wird dieses /s/ immer als [š] ausgesprochen; wir haben bei
schlagen und *schreiben* eine phonetische Schreibung, bei *Spule* und
Stein eine phonologische Schreibung. Norddeutsch, wo *Stein* und
Spule mit anlautendem [s] ausgesprochen werden, haben wir bei diesen beiden Wörtern auch eine phonetische (und zugleich eine phonologische) Schreibung vor uns. Es gibt jedoch auch das Phonem /š/ wie
in *Schau*, vor Vokal, geschrieben >sch<.

Die Beispiele zeigen – und das ist für die Bewertung des phoneti-
schen und phonologischen Anteils in der Schreibung wichtig – daß
nicht selten das Phonem und seine phonetische Realisierung in etwa
zusammenfallen: viele sog. phonetische Schreibungen sind zugleich
phonologische.

§ 164 DIE NICHTPHONOLOGISCHEN PRINZIPIEN IN DER DEUTSCHEN RECHTSCHREIBUNG

Im folgenden werden
1. die Hauptphänomene (die Hauptrechtschreibregeln), die zu nichtphonologischen Schreibungen führen und
2. die Prinzipien, die den Abweichungen von der phonetisch-phonologischen Schreibung zugrundeliegen, zusammengestellt.

Zu 1. Die nichtphonologischen Schreibungen (insgesamt 16,65%
aller Schreibungen [→ § 163]) verteilen sich nach der Analyse von
Riehme prozentual auf folgende Regelkomplexe:

Großschreibung. 34%
bezeichnete Länge und Kürze. 28%
b, d, g – p, t, k. 11%
ts (ts, z, tz). 8%
f (f, v, ph). 5%
sp – st 5%
s (s, ss, ß). 4%
e für ä 3%
alle übrigen (eu, kw, w, ch, sch, -ig, -ich) zusammen 2%

                                                       ——————
                                                       100%.

Diese Regelkomplexe sind neben der Zeichensetzung [→ § 166] Hauptgegenstände des Rechtschreibunterrichts.

Zu 2. Den vom phonetisch-phonologischen Hauptprinzip abweichenden Regeln unterliegen folgende Prinzipien:

1. Das etymologisch-morphematische Prinzip

Prinzip ist, alle Flexionsformen und Wortbildungen eines Stammes und alle gleichen Morpheme gleich zu schreiben, auch dann, wenn sie unterschiedlich gesprochen werden,

also: *wahr, während, Währung, bewahren*;

oder: *Brand, Brandes; König, Könige.*

Dem etymologischen Prinzip folgt auch die sog. Fremdschreibung, d. h. das Bestreben, ein Fremdwort so zu schreiben, daß seine Herkunft erkennbar bleibt:

Chor, Corps, Christian, Emphase, Theater, Chauffeur, Vase, Vitrine usw.

Das etymologisch-morphematische Prinzip wird in der angelsächsischen Literatur auch als lexikalisches Prinzip bezeichnet.

Anmerkung:
Eine Reihe von Schreibungen nach diesem Prinzip würde sich bei Zugrundelegung einer generativen Phonologie [→ § 163] erledigen.

2. Das grammatische Prinzip

Ein Wort wird nach grammatischen, d. h. eigentlich nur nach syntaktischen Regeln und Kategorien geschrieben. Dazu gehört die Großschreibung am Satzanfang, die Großschreibung aller Wörter der Kategorie Nomen, die Großschreibung nominalisierter Wortformen *(das Lachen des Kindes),* die Großschreibung nach Doppelpunkt in gewissen Fällen, die Kleinschreibung adjektivierter Nomina *(kuhäugige Athene)* usw.

3. Das historische Prinzip

Ein Wort wird so geschrieben, wie es in geschichtlicher Zeit in anderer Lautung geschrieben wurde. So wurde das ursprünglich diphthongisch (zwielautig) gesprochene [ie] ein neuhochdeutsches langes [i:]. Dennoch wurde die Schreibung >ie< beibehalten und entwickelte sich – unter dem Analogieprinzip [→ unter 5.] – zum dominanten Längezeichen für [i:]. Auch die Schreibung von *sehen* mit >h< hat ihren Grund in der Aussprache des Wortes im Mittelalter, wo zwischen den beiden Vokalen ein „ich"-Laut gesprochen wurde. Auch diese Schreibung verbreitete sich nach dem Analogieprinzip.

4. Das logische oder differenzierende Prinzip

Homophone, gleichlautende Wörter [→ § 147] werden oft unterschiedlich geschrieben, um Mißverständnisse zu vermeiden:

> *Mohr – Moor, Stiel – Stil, sechs – Sex* (letztere ist eine fremde Herkunftsschreibung), *Meer – mehr, Lied – Lid, Saite – Seite* usw.

Allerdings wird die differenzierende Schreibung nicht immer angewendet, vgl. *acht* (8) und *die Acht (Reichsacht), Arm – arm.*

Das logisch differenzierende Prinzip ist nicht zu verwechseln mit der logischen Funktion des Rechtschreibens, d. h. des Wissens um und der bewußten Anwendung von grammatischen Regeln beim Schreiben.

5. Das Analogieprinzip

Ein Wort wird in – oft geschichtlich beobachtbarer – Anlehnung an die Schreibung anderer Wörter geschrieben. Weil z. B. in einer Reihe von Wörtern historisch ein [ç] zwischen zwei gleichlautenden Vokalen gesprochen wurde (Beispiel: *sehen*) und dieser in der Schreibung durch ein >h< angezeigt wurde, wurden auch andere Wörter, in denen zwei Vokale aufeinander folgten, mit einem eingeschobenen >h< geschrieben (Beispiele: *geschehen, Ehe, gehen*). Oder die historische Schreibung >ie< für das diphthongische [iə] bewirkt, daß, nachdem der Diphthong verstummt ist, auch andere Wörter mit einem langen [i:] mit >ie< geschrieben werden (Beispiele: *Biene, fliegen, wiegen* usw.). Die Ausbreitung der Schreibung eines >h< nach Vokal als Dehnungs- oder Längezeichen sowie die Konsonantenverdoppelung als Zeichen der Kürze ist eine Folge analoger Schreibweisen.

6. Das ästhetische oder graphisch-formale Prinzip
   Es handelt sich um teils sehr willkürliche „Verschönerungen" des Schriftbildes, z. B. um die Verlängerung des Schriftbildes bei zweibuchstabigen oder dreibuchstabigen Stämmen um ein >h< *Ehe, Mohn, Sohn* usw. Auch die Beseitigung des >y< zugunsten des >i< (*seyn* wird zu *sein*) und die Beseitigung anderer „altmodischer" Schreibungen gehören in diesen Zusammenhang.

§ 165 PRINZIPIEN DER ZEICHENSETZUNG IM DEUTSCHEN

Das Schriftbild wird im Deutschen durch optische Abgrenzung von Wörtern durch Lücken und durch den Lay-out sowie durch folgende Zeichen gegliedert: . = Punkt, : = Doppelpunkt, , = Komma, ; = Semikolon, – = Gedankenstrich bzw. im Wort Bindestrich (je nach vorhandener oder nicht vorhandener Lücke), ? = Fragezeichen, ! = Ausrufezeichen, „ " = Anführungs-, Abführungsstriche, ' = als Hervorhebungszeichen oder als Auslassungszeichen in Wortformen (*gibt's*).
Die Zeichensetzung folgt mehreren Prinzipien

1. Das Hauptprinzip: die Ersetzung intonativer Signale
   Die deutsche Zeichensetzung ersetzt überwiegend in mehr oder weniger reduzierter Weise intonative Signale der Sprechkommunikation oberhalb des Wortes und der Wortbildung.

> Intonative Signale sind kürzere und längere Pausen, Stimmführung als Stimmhebung und Stimmsenkung, Intensität der Aussprache und sprechmelodischer Rhythmus.
> Die meisten dieser intonativen Signale dienen der Signalisierung syntaktischer Gegebenheiten. Selbständige unangeschlossene Sätze werden durch Sprechpausen und, soweit sie Mitteilungssätze oder W-Fragen sind, Senken der Stimme voneinander abgegrenzt. Bei angeschlossenen Teilsätzen wird die Pause von der Konjunktion gefüllt. Bei Gliedsätzen in Anfangstellung wird die Stimme zur Abgrenzung gehoben, kurz pausiert und mit dem Hauptsatz der stimmliche Spannungsbogen geschlossen. Nachgestellte Gliedsätze werden im allgemeinen durch eine kurze Pause getrennt, desgleichen unangeschlossene Aufzählungen von Satzgliedern, bei denen der stimmliche Spannungsbogen aber durchgehalten wird.

Auch die kommunikativen Funktionen von Äußerungen werden durch Stimmführung signalisiert: die Entscheidungsfrage durch Heben der Stimme, der Befehl durch besondere Intensität der Aussprache des Verbs, Ausrufe durch Intensität der Gesamtaussage. Daneben werden intonativ auch rhetorische Leistungen erbracht, z. B. die besondere Hervorhebung wichtiger Aussagen durch Intensität der Stimme und durch Eingrenzung in Pausen, die Signalisierung struktureller Gleichheit (Äquivalenz) durch gleichen melodischen Rhythmus, die Signalisierung von Nachträgen durch Pausen, Stimmintensität und Sprechtempo.

Während die intonativen Signale zur Syntax weitgehend, z. T. über die intonative Kennzeichnung hinaus (s. u. Prinzip 2), in der Zeichensetzung repräsentiert sind, werden die Signale zur kommunikativen Funktion eher syntaxorientiert, die rhetorische Funktionen kaum durch Zeichensetzung angezeigt.

So dient der Punkt der Abgrenzung von Mitteilungssätzen und Satzgefügen voneinander, das Komma der Abgrenzung von Glied- und Hauptsätzen voneinander und der Markierung der Aufzählung selbständiger Sätze und der Aufzählung unverbundener Satzglieder oder unverbundener Einzelwörter in gleicher syntaktischer Funktion.

So werden Sätze, die syntaktisch Fragen sind (nicht: die kommunikativ Fragen sind), durch Fragezeichen, Befehle und Ausrufe sowie deutlichere Aufforderungen durch Ausrufezeichen signalisiert.

Von den rhetorischen Funktionen werden der Nachtrag durch Gedankenstrich, weniger intensiv signalisierte Nachträge auch nur durch Kommata abgegrenzt.

2. Das Prinzip der Signalisierung besonderer syntaktischer Verhältnisse

Über die Ersetzung intonativ-syntaktischer Signale hinaus werden im Deutschen besondere syntaktische Verhältnisse durch Zeichensetzung angezeigt. So wird die Selbständigkeit von Sätzen, die mit einer Konjunktion verbunden sind, durch ein Komma signalisiert; wenn Satzglieder und Gliedsätze mit Konjunktionen verbunden sind, steht kein Komma. Insofern dient das Komma zur Unterscheidung von Selbständigkeit versus Gliedsatzcharakter. Beim Sprechen wird hier kein Signal gegeben. Auch wird der Infinitiv als satzwertiges Glied durch Kommata abgetrennt, der Infinitiv als Form im Verb (Beispiel: *möchte gehen*) nicht. Allerdings wird ein weiterer, vordergründiger Unterschied gemacht: Der satzwertige Infinitiv muß erweitert sein, entweder durch ein Satzglied (*Er schickte sich an, das Haus zu bauen.*

oder: *Er schickte sich an zu bauen.*) oder doch wenigstens um ein *um,* *ohne* oder *anstatt,* d. h. um ein konjunktionswertiges Element, wenn er durch Komma(ta) abgegrenzt werden soll.

3. Das Prinzip der Signalisierung besonderer semantischer und kommunikativer Verhältnisse

Zu den Bezeichnungen besonderer semantischer, wenn nicht sogar kommunikativ-semantischer Verhältnisse gehören der Doppelpunkt, die Anführungszeichen und das Semikolon.

Mit den Anführungszeichen wird der Tatbestand der direkten Rede, ggf. der direkten Rede, eingebettet in einen anderen Satz, angezeigt. Die Anführungszeichen sind also Zeichen für illokutive Verhältnisse. Mit dem Doppelpunkt (wie auch mit dem Gedankenstrich) wird ein besonderer Anschluß des Folgenden signalisiert: Nach dem Doppelpunkt folgt entweder direkte oder indirekte Rede, oder es folgt eine Schlußfolgerung bzw. eine folgernde Äußerung. Im Gedankenstrich werden, wie schon gesagt, Nachträge, nähere Erläuterungen eingefaßt.

Eine nur syntaktische, intonativ orientierte Markierung ist möglich: dann stehen Kommata wie üblich.

Das Semikolon markiert das besondere Verhältnis der Anreihung semantisch sehr *unterschiedlicher,* angeschlossener und unangeschlossener Aussagen. *Ähnliche* Aussagen werden dagegen, der Intonation folgend, nur durch Kommata angezeigt. Die Anreihung von Satzgliedern gleicher Funktion legt bereits meistens die Verwendung des Kommas nahe, so daß das Semikolon auf die Abtrennung von Teilsätzen unterschiedlichen Inhalts oder mit einem Wendepunkt im Inhalt beschränkt ist. Allerdings wird das Semikolon differenzierend als „Komma über dem Komma" in komplexen Anreihungen verwendet:

Hans, Liese und Frieder; Karl, Klaus und Max; Franz, Karin und Heiner bilden je eine Gruppe.

Die deutsche Zeichensetzung ist einmal durch die Konkurrenz verschiedener Prinzipien in den Normen, z. T. aber auch durch die Mehrdeutigkeit der intonativen Signale, die sie ersetzt, in ihren Einzelregeln nicht ganz übersichtlich. Sie ist jedoch eindeutiger geregelt als die deutsche Rechtschreibung.

§ 166   DIE ZEICHENSETZUNGSREGELN IM EINZELNEN

A. Der Punkt

Der Punkt steht nach jedem Mitteilungssatz und Satzgefüge. Abhängige Frage-, Ausrufe- und Befehlssätze am Ende eines Satzgefüges werden ebenfalls durch Punkt geschlossen.

Der Punkt steht nach Ordnungszahlen und Abkürzungen, soweit diese voll ausgesprochen werden, z. B., Dr., Prof. Sind die Abkürzungen selbst ein Wort, z. B. *Edeka, BGB, Kripo* oder Abkürzungen für Maße und Gewichte *(cm, g)* steht kein Punkt. Kein (zweiter) Punkt steht, wenn die Abkürzung am Satzende steht.

Kein Punkt steht nach Überschriften und Schlagzeilen, nach Anschriften auf Briefen, Grußformeln und Datumsangaben:

> 200 Tote bei Erdbeben – mit herzlichen Grüßen Dein Frieder – Frankfurt, den 22. 4. 1976

Mit mehreren Punkten hintereinander wird eine Auslassung bezeichnet, z. B.: *er sagte, er werde schon kommen und* . . .

B. Das Komma

Grundsätzlich wird alles, was den intonativen Fluß des Sprechens im Satz unterbricht, durch Kommata, selten durch stärker trennende Satzzeichen (Semikolon oder Gedankenstrich) abgegrenzt. Von da her lassen sich die unterschiedlichen Regeln, die für grammatisch ähnliche Konstruktionen gelten, verstehen.

1. Das Komma in Satzreihe und Satzgefüge

Das Komma steht zwischen angereihten, vollständigen Hauptsätzen, auch wenn diese durch *und* oder *oder* verbunden sind.

Das Komma umschließt den eingeschobenen Hauptsatz (die Parenthese → § 130): *Klaus, das ist der Junge mit der roten Mütze, hat* . . .

Mitteilungssätze in der indirekten Rede werden durch Komma vom performativen Rahmen abgetrennt: *„Das war schön", sagte sie.*

Das Komma trennt Haupt- und Gliedsatz voneinander: *Ich glaube Dir, weil Du mein Freund bist.*

Das Komma trennt von Gliedsätzen abhängige Gliedsätze voneinander: *Ich meine, daß jemand fehlt, der hier sein sollte.*

Das Komma trennt aufgezählte Gliedsätze voneinander, sofern sie nicht mit *und* oder *oder* verbunden sind: *Wir freuen uns, daß ihr kommt, daß es euch gut geht und daß wir uns bald wiedersehen.*

2. Das Komma zwischen Satzgliedern

Das Komma trennt aufgezählte, gleichartige Satzglieder, sofern sie nicht durch *und* oder *oder* oder *ähnlich* verbunden sind: *Klaus, Frieda und Elke gehen gemeinsam nach Hause.*

Zu den Aufzählungen gehören auch Stellenangaben in Büchern oder Anreihungen in Wohnungsangaben: *Deutsche Grammatik, Kapitel 9, Zeichensetzung im Einzelnen, Seite 294. Fritz Meissner, 224 Heide, Johann-Hinrich-Fehrs Str. 23, Erster Stock.*

Wenn Adjektive aufgezählt werden, die miteinander eine begriffliche Einheit bilden, wird das letzte nicht durch Komma abgetrennt: *Viele bekannte Philosophen ... Ein gründlicher, fähiger sensibler Denker ...*

Durch Komma werden auch Datumsangaben getrennt: *Kettwig, den 31. 3. 76, 20.30 Uhr.*

Bei angeschlossenen Aufzählungen entscheidet der Charakter der Konjunktion über die Setzung des Kommas. Bindet die Konjunktion die Satzglieder eng zusammen, steht kein Komma, ist die Anbindung locker oder adversativ, steht das Komma. Kein Komma steht bei Anschlüssen mit *und, oder, sowie, sowohl als auch, weder noch, entweder oder, als, wie* und *denn.* Ein Komma steht bei Anschlüssen mit *bald – bald, einerseits – andererseits, ob – ob, teils – teils, nicht nur – sondern auch, aber, allein, vielmehr.*

Das Komma umschließt nachgestellte eingeschobene Satzglieder (z. B. Apposition, → § 131), sofern es sich nicht um feste Wendungen handelt, hier kann das zweite Komma entfallen oder auch gar kein Komma stehen: *Franz Beckenbauer, der bekannte Fußballspieler; Karl der Große.* Dieselbe Regel gilt für mit *nämlich, und zwar usw.* angeschlossene Einschübe.

Das Komma steht vor und nach herausgehobenen Satzgliedern, z. B. bei Ausrufen oder der Anrede: *Otto, wirst du wohl kommen! Die Mütze da, die will ich! Oh, ich habe mich verletzt!*

Erweiterte Infinitive mit *zu* werden, weil sie satzwertigen Charakter haben, durch Kommata abgetrennt. Sie werden wie Gliedsätze behandelt. Ein Infinitiv ist auch schon durch *um zu, ohne zu, anstatt zu* erweitert. *Ich gehe in die Fabrik, um mich vorzustellen. Ich glaube, all ihe Wünsche erfüllt zu haben.* Aber: *Ich habe vor zu bauen. Ich gehe baden. Ich werde ein Haus bauen.*

Nicht durch Komma abgetrennt werden erweiterte Infinitive mit *zu,* wenn sie

a) an der Stelle des Subjekts am Satzanfang stehen: *Dich kennenzulernen war schon immer mein Wunsch*

b) wenn sie mit dem Satz intensiv verschränkt sind: *Ich glaube dich gernhaben zu können*

c) nach *sein, haben, scheinen, pflegen, brauchen: Ich habe nichts zu sagen, ich pflege mich nicht zu irren,* manchmal auch nach performativen Verben wie *versprechen, befehlen, denken, wünschen, fürchten, glauben, aufhören, verlangen: Ich verlange sie zu sehen.*

Die nicht erweiterten Infinitive mit *zu* werden nicht durch Komma abgetrennt, außer wenn sie

a) durch ein Deixiswort wie *es, dies, darum* usw. hervorgehoben werden und

b) wenn mehrere Infinitive mit *zu* folgen: *Er glaubte, zu helfen und zu nützen.*

Der einfache Infinitiv wird praktisch nie durch Komma abgetrennt.

C. Das Semikolon (Strichpunkt)

Das Semikolon trennt stärker als das Komma und schwächer als der Punkt. Es steht daher

1. zwischen Hauptsätzen anstelle des Punktes, wenn die Hauptsätze enger zusammengehören;

2. in Satzgefügen vor dem Gliedsatz, wenn dieser loser eingefügt ist. Eine losere Verbindung signalisieren die Konjunktionen und Adverbien *denn, doch, allein, gelegentlich* auch *warum*;

3. als ‚Komma über dem Komma' in Aufzählungen mit Untergruppen, z. B.: *Hans, Liese und Frieder; Klaus, Heinrich und Wolfgang; Sabine, Erika und Max bilden je eine Gruppe* und

4. in komplexen Satzgefügen, die eine gestufte Durchgliederung verlangen, vgl. z. B. oben die Aufzählung zum Semikolon 1.–3. und: *Die Welt hat sich im letzten Jahrhundert grundlegend verändert; das einmal deshalb, weil die industrielle Revolution die Produktions- und Arbeitsbedingungen grundlegend verändert hat, was zur Ausbildung ganz neuer Sozialstrukturen führte; zum zweiten deshalb, weil die Wertvorstellungen der Menschen auch durch den Fortschritt in den Naturwissenschaften radikal verändert wurden; zum dritten deshalb . . .*

D. Der Gedankenstrich

Der Gedankenstrich steht im allgemeinen an der Stelle des Kommas. Er trennt stärker als dieses und ist im Gegensatz zum Semikolon ein intonatives Signal.

Der Gedankenstrich steht zur Bezeichnung einer längeren Pause bei Nachtragsstil oder bei besonders hervorgehobenem Einschub: *Wir – wir alle sind gut vorbereitet – werden das Spiel gewinnen,* weiter bei Aufzählung von Überschriften von Kapiteln: *Erstes Kapitel, die Länder Europas: Frankreich – England – BR Deutschland –* . . . und bei Abbruch der Rede: *"Nein, alles ist –",* sie stockte . . .

Der Gedankenstrich steht für den schlußfolgernden Doppelpunkt, wenn stärker getrennt wird: *Da haben wir nun so lange gelernt – ohne Erfolg.* Der Gedankenstrich signalisiert den Wechsel der Sprecher in der direkten Rede: *"Was fällt dir eigentlich ein!" – "Ich wollte doch nur den Traktor aus der Scheune fahren." – "So, du wolltest nur . . ."*

E. Das Fragezeichen

Das Fragezeichen steht nach einem *direkten* Fragesatz.

Gelegentlich, in Konkurrenz mit dem Komma, steht es auch nach einem einfachen Fragepersonen: *Wieso? warum? weshalb?* oder *wieso, warum, weshalb.*

Das Fragezeichen steht in Klammern hinter bezweifelten Aussagen. *Er sagte vor der Wasserschutzpolizei aus, daß er das Boot am Ufer gefunden (?) habe.*

F. Das Ausrufezeichen

Das Ausrufezeichen steht nach direkten Aufforderungs-, Wunsch- und Befehlssätzen.

Das Ausrufezeichen steht nach Ausrufen und Interjektionen, auch wenn diese die Form eines Fragesatzes haben: *Au!; Wie lange haben wir uns schon nicht mehr gesehen!*

Das Ausrufezeichen steht nach der Anrede: *Sehr verehrte Damen und Herren! Mit den angefügten Unterlagen . . .*

Das Ausrufezeichen nach der Anrede kann durch ein Komma ersetzt werden, insbesondere dann, wenn der Anredecharakter nicht hervorgehoben werden soll.

G. Der Doppelpunkt

Der Doppelpunkt ist ein Zeichen der (Rede)-Ankündigung und der Schlußfolgerung.

Der Doppelpunkt steht vor der angekündigten direkten Rede und vor direkt angekündigten Sätzen oder Aufzählungen: *Klaus sagte: "Wollen wir es nicht noch einmal versuchen?" – Die übliche Form des Schuldiktates ist: Der Lehrer liest den zu diktierenden Text zunächst einmal als Ganzes vor, dann . . . – Es gibt vier Grundrechnungsarten: addieren, subtrahieren, multiplizieren und dividieren.*

Der Doppelpunkt steht schlußfolgernd, wenn mehrere Äußerungen zusammengefaßt werden, vor dem zusammenfassenden Satz. *Deutschland war zu 60% zerstört, Deutschland wurde geteilt, Deutschland war von den Alliierten besetzt: der Zweite Weltkrieg war zu Ende. Haus, Hof, Gut und Geld: alles verloren.*

H. Das Anführungszeichen

Die Anführungszeichen „ " stehen zur Kennzeichnung der direkten Rede, zur Anführung, Zitation oder objektsprachlichen Hervorhebungen von Textstellen, Titeln und Wörtern, sowie um die Benutzung eines Ausdrucks zu relativieren. Beispiele:

> *Klaus sagte: „Wollen wir es nicht noch einmal versuchen?"*
> *X macht in seiner Arbeit zum Morphembegriff deutlich: „Das Morphem ist nicht nur eine distributionelle Einheit, sondern auch eine funktionelle. Seine Funktion ist, Bedeutung zu tragen."*
> *Wir lasen in der Schule von Gerhard Hauptmann „Die Weber".*
> *Das Sprichwort „Es ist nicht alles Gold, was glänzt", gilt auch hier.*
> *Das Wort „Anführung" ist für die objektsprachliche Hervorhebung ein nicht sehr angemessener Ausdruck.*
> *Wir haben uns da „hindurchgemogelt".*

Das halbe Anführungszeichen steht anstelle des „ "

a) bei einer innerhalb der direkten Rede gemachten Anführung: *„Sie führen Hauptmanns ,Die Weber' auf?"*
b) abschwächend bei Anführungen überhaupt, jedoch nicht zur Anführung der direkten Rede
c) oft bei der Angabe von Gedachtem: *Er dachte ,ich werde es schon schaffen.'*

Register

athenäum⁵ taschenbücher

athenäum
Savignystr. 53
6000 Frankfurt a.M. 1

athenäum^s studienbücher

**Geschichte der deutschen Literatur vom
18. Jahrhundert bis zur Gegenwart**
Herausgegeben von Viktor Žmegač

Band I/1, I/2   1700 – 1848
Band II/1, II/2   1848 – 1918
Band III/1, III/2 1918 – 1980

Die Bände sind einzeln oder auch in einer Kassette
erhältlich.

»Die vorliegenden Bände setzen in der kritischen
Ausgewogenheit ihrer Darstellung und der Auswahl
und Kommentierung der Fakten neue Maßstäbe der
Literaturgeschichtsschreibung.«

Die Zeit

**Karl-Dieter Bünting/Henning Bergenholtz
Einführung in die Syntax**
Grundbegriffe zum Lesen einer Grammatik
2., überarbeitete Auflage

**Dieter Kafitz
Grundzüge einer Geschichte des deutschen
Dramas von Lessing bis zum Naturalismus**
2. Auflage

Sturm und Drang
Ein literaturwissenschaftliches
Studienbuch
Herausgegeben von Walter Hinck